一读就忘不了的
大唐史

祺昌才　编著

民主与建设出版社
·北京·

© 民主与建设出版社，2023

图书在版编目（CIP）数据

一读就忘不了的大唐史 / 襁昌才编著 . -- 北京：
民主与建设出版社，2023.10
ISBN 978-7-5139-4420-5

Ⅰ . ①一… Ⅱ . ①襁… Ⅲ . ①中国历史—唐代—通俗
读物 Ⅳ . ① K242.09

中国国家版本馆 CIP 数据核字（2023）第 202142 号

一读就忘不了的大唐史
YIDU JIU WANGBULIAO DE DATANGSHI

编　　著	襁昌才
责任编辑	刘　芳
封面设计	王照远
出版发行	民主与建设出版社有限责任公司
电　　话	（010）59417747　59419778
社　　址	北京市海淀区西三环中路 10 号望海楼 E 座 7 层
邮　　编	100142
印　　刷	天津文林印务有限公司
版　　次	2023 年 10 月第 1 版
印　　次	2024 年 1 月第 1 次印刷
开　　本	710 毫米 ×1000 毫米　1/16
印　　张	14
字　　数	200 千字
书　　号	ISBN 978-7-5139-4420-5
定　　价	59.00 元

注：如有印、装质量问题，请与出版社联系。

前言

一直以来，很多人对历史都有一种深深的误解，认为历史是一门枯燥乏味的学问。之所以会有这种误解是因为他们只看到历史事实的罗列与陈述，而没有注意到历史背后那些生动的故事。其实，历史远比我们想象的有趣得多。

本书为大家讲述了大唐帝国的风雨历程，它犹如一幅长长的画卷，将大唐王朝近三百年的故事一幕幕展现在读者面前。

隋朝末年，隋炀帝的暴政导致天下民不聊生，怨声载道，百姓纷纷揭竿而起，各路英雄开始走上历史的舞台。一时间，"十八路反王，六十四处烟尘，七十二家盗贼"现于中华大地。隋朝灭亡之后，大家相互征伐，最终的胜利者只有一个，他就是李渊。李渊本是隋朝贵族，他趁着隋末农民起义的浪潮起兵并很快进军长安，在关中立稳了脚跟。之后，他的次子李世民与堂侄李孝恭分别平定了山西、河北、洛阳、江南、岭南等地的割据势力，使天下重归一统。

公元626年，李世民发动了玄武门政变并在不久后登上皇位。他在位期间，任人唯贤、虚怀纳谏，实施了一系列有利于社会稳定与经济发展的措施。与此同时，他积极进取，不断开拓疆土，并在少数民族中赢得了很高的声誉，被尊称为"天可汗"。唐太宗李世民创造了大唐王朝的第一个盛世，史称"贞观之治"。

唐太宗逝世后，他的儿子李治继承了皇位。但李治性格软弱，于是武则天乘势而起，经过一系列的宫廷政治斗争，武则天逐渐掌握了唐王朝的最高权力。公元690年，武则天正式登基，自称"圣神皇帝"，成为中国历史上唯一的女皇帝。武后时期，唐朝的社会经济继续发展，但政局却十分黑暗，特别是武则天晚年的时候。最终，唐王室的大臣们发动政变，迫使武则天退位，一代女皇结束了她传奇的一生。

几经波折之后，皇位终于又回到了李家的手里。公元712年，武则天的孙子李隆基即位，他就是唐玄宗。唐玄宗登基之后，任用贤相，励精图治，纠正了武则天时期的一些错误，使唐朝的政治、经济、文化都得到了新的发展，开创了大唐王朝的巅峰——"开元盛世"。

然而盛世之下也潜藏着危机，唐玄宗晚年宠幸杨贵妃，荒废朝政，导致了"安史之乱"的爆发。这场动乱一直持续了8年才结束，严重破坏了北方的经济，同时也导致边防空虚，一些少数民族政权纷纷自立，侵占唐王朝的疆土。大唐的盛世景象早已一去不返。

安史之乱后，唐王朝陷入宦官乱政与藩镇割据的混乱局面之中。尽管后期一些皇帝希望能够挽救唐王朝衰落的命运，也尝试着进行改革，但积重难返的唐王朝问题重重，百姓们也生活在水深火热之中。黄巢起义后，唐王朝名存实亡，最终灭于朱温之手。

唐王朝的兴衰荣辱已经成为过去，对我们今天的人来说，阅读历史最重要的还是"以古鉴今"。历史的功能在于立足往事以预知未来，这是一种大智慧，也是读史的最高境界。西方史学家说："历史是现在与过去之间永无止境的问答与交流。"我们现在正处于有史以来最伟大的变革时代，中华民族正在实现伟大复兴，过去历史进程中的兴盛、衰败、复兴的奥秘，都能给今天的我们带来启示。读史能开阔我们的眼界和胸怀，增加我们的历史责任感和信心，为我们前进的道路打开一盏明灯。

本书附录精心收录了三篇历史名家的学术论文，内容涉及政治、军事、社会、经济、文化等各方面，让读者能更加详尽地了解大唐帝国的兴衰起伏。前三篇文章节选自吕思勉先生的《白话本国史》。其中，《唐朝的初盛》重点讲述了唐太宗登基以后的对外关系，包括唐朝和周边少数民族的征伐过程以及唐朝与日本、朝鲜及南洋诸国的往来。《从魏晋到唐的政治制度和社会情形》则重点介绍了唐朝的官制、教育、兵制、刑制、税制、学术、门阀等七个方面，还特地追溯了各项制度或风气的历史渊源。《唐朝的分裂和灭亡》则从藩镇和宦官两个方面入手，分析了唐朝由盛世走向衰落的原因。这些文章，有的从细节处分析，有的进行宏观总结，皆细致入微、见解独到，他们提出的许多问题至今仍值得我们学习和深思。

　　值得注意的是，由于吕思勉先生主要生活在民国时期，因此他在文中多采用民国纪年法，为方便读者查阅，编者已在每个年代后面标注出相应的公元纪年。恐读者不明，特此提出。

目录

附录　名家论史

第一章

李渊建唐

——乱世群雄，谁主沉浮？

隋朝末年，隋炀帝的暴政导致天下民不聊生，怨声载道，百姓纷纷揭竿而起，各路英雄开始走上历史的舞台。一时间，"十八路反王，六十四处烟尘，七十二家盗贼"现于中华大地。隋朝灭亡之后，大家相互征伐，最终的胜利者只有一个，他就是李渊。

第1节 烽烟四起

公元581年—公元618年

隋朝是一个短命的王朝，从隋文帝开皇元年（581年）到隋炀帝大业十四年（618年），总共只有37年的历史。

隋文帝杨坚原是北周大臣，他的女儿是周宣帝的皇后。因此，当周宣帝去世，年仅7岁的周静帝即位后，身为随国公、静帝外祖父的杨坚便成为辅政大臣，控制了北周的朝政。开皇元年（581年），周静帝禅位，杨坚在临光殿登基，改国号为"隋"，并大赦天下。隋朝建立之后，先后灭掉了西梁和南陈，结束了西晋末年以来三百年的分裂局面，统一了全国。

隋文帝在位期间，采取了各种措施巩固政权、发展经济。他废除北周的六官制度，建立三省六部制；制定《开皇律》，统一了全国的法律，并在前朝的基础上减轻了一些刑罚；创立科举制度，从而打破了魏晋以来门阀子弟对高官的垄断，有利于朝廷选拔人才。除了政治改革，隋文帝也非常重视农业，他实行均田制，减免人民的赋税和徭役，鼓励人们从事农业生产，并且大规模兴修水利，促进农业的发展。

在隋文帝的统治下，国力逐渐强盛，人口迅速增加，府库充盈，社会安定，一片繁荣景象，史称"开皇之治"。可惜好景不长，隋文帝晚年开始变得喜怒无常，疑心甚重。他猜疑身边的功臣，又随意破坏自己曾经定下的法律，加重刑罚，对官员和百姓都十分严苛。同时，他不喜欢自己的长子杨勇，于是废掉了他的太子之位，改立次子杨广为太子。隋文帝晚年的许多举动，动摇了政权的根基，激化了人民的矛盾，为隋朝的灭亡埋下了祸根。

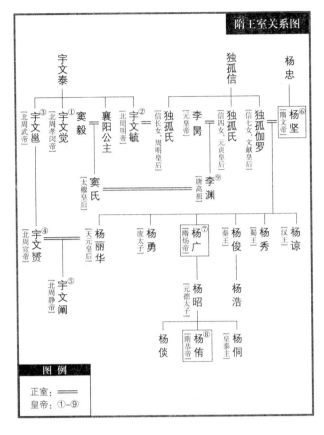

隋王室关系图

图例
正室：＝＝
皇帝：①～⑨

仁寿四年（604年），隋文帝逝世，太子杨广即位，史称"隋炀帝"。隋炀帝登基后，开始了穷奢极欲、纵情声色的生活，致使朝纲不稳、民不聊生，人民生活苦不堪言，隋文帝开创的盛世局面也毁于一旦。他登基后不久，就大兴土木，下旨修建东都洛阳，并派人在全国各地搜寻奇花异草、珍禽异兽。为了修筑豪华的宫殿，他让人在江南各地砍伐各种珍贵的木材，并不远千里运送到洛阳。结果，在14年的皇帝生涯中，他在自己耗费了大量钱财与人力、物力修建起来的洛阳城中总共只生活了四年左右，其余的绝大多数时间里，他都在全国各地巡游。他每次出巡都兴师动众，沿途州县无论贫富，都要为他供给精美的饮食，即使只住一夜，也要修建豪华的行宫。所以，隋炀帝的行宫几乎遍布全国各个地方。行至江南时，豪华的出巡船队更是首尾相接，足有二百多里长。

大业二年（606年），突厥的启民可汗前来朝拜，隋炀帝为了炫耀自己的显赫地位，不惜一切代价挥霍。他下旨让全国各地的艺人齐聚京师，并且让所有的艺人都穿上五彩锦衣，身上佩戴着各种名贵的玉器、环佩。为了给这些艺人们置办服饰，京兆、河南两地的彩锦都被用光了。大业六年（610年），各少数民族首领会聚洛阳，隋炀帝为了炫富，命人在洛阳排演了上百场戏。戏场周长五千多步，演奏各种乐器的人多达数万，从戏场内传出来的声音在好几十里外都能听见。戏场里人们通宵达旦地演奏，烛火灯光亮彻天地，演出前后持续了一个月，耗费了上千万的钱财。

大业七年（611年），他派幽州总管元弘嗣在东莱海口督造三百艘战船，准备进攻高句丽。为了造船，隋炀帝在全国各地征役了大批工匠，这些工匠被迫日夜站在水中工作，很多人腰部以下都被水浸泡得溃烂生蛆了，不少人因此死去。

大业八年（612年）到大业十年（614年），隋炀帝先后三次发动了对高句丽的战争。首次征战，隋军人数多达113万人，而负责运送粮草给养的人就有200多万人。结果，隋军在萨水（今朝鲜平壤北部）战败，参加这次战役的30多万人，最后只剩下了2700人。第二次、第三次的征战，也以隋朝的失败而告终。在这三次战争中，大量百姓妻离子散、家破人亡。隋炀帝的横征暴敛与穷兵黩武终于激起了人民的反抗，大家纷纷揭竿而起，反对隋朝暴政。

大业七年（611年），山东邹平人王薄因为反对隋朝对高句丽用兵，在长白山（今山东章丘）地区聚众起义，掀开了隋末农民起义的序幕。紧接着，翟让在瓦岗起义，孙安祖、张金称、高士达、刘霸道等人也先后起义。大业九年（613年），孟海公在济阴周桥起义，孟让在齐郡起义，郭方预在北海起义，郝孝德在平原起义。

除了各地农民起义，许多隋朝重臣也纷纷叛变。大业九年（613年），隋朝第二次征伐高句丽时，督运军粮的杨玄感在黎阳（今河南凌县东北）叛变。杨玄感是杨素的儿子，杨素曾经帮助隋炀帝登基，并且平定了汉王杨谅的叛乱，立有大功。杨玄感因为父亲的关系，官至柱国、礼部尚书。当时朝政腐败，隋炀帝对大臣一向怀有猜疑之心，内心对前途和命运深感不安的杨玄感一直在等待推翻隋炀帝的机会。隋炀帝第二次发兵征讨高句丽时，派杨玄感督粮，杨玄感认为时机已到，就召集亲戚故友，率兵起义了。杨玄感起兵后，隋朝一些贵族官僚子弟也纷纷响应，投奔到了杨玄感的军中，如蒲山公李密，观王杨雄的儿子杨恭道，大臣韩擒虎的儿子韩世谔，等等。另外，光禄大夫赵元叔、兵部侍郎斛斯政等人，也暗中与他通谋。李密给杨玄感提出了三条进军策略：一是北据幽州，截断隋炀帝的后路；二是西入长安，控制潼关；三是攻下洛阳。杨玄感采纳了李密的第三条策略，他挥军南下，进攻东都洛阳，并顺利到达洛阳城下。杨玄感的起兵给朝廷带来很大的冲击，并进一步推动了农民起义，迫使隋炀帝仓促间放弃攻打高句丽，从辽东撤军南下。杨玄感在洛阳城外屯兵后，迟迟没有能够攻下洛阳城，结果隋朝援军赶到，杨玄感腹背受敌，被迫西撤，最后被追兵击败，死于葭芦戍。

杨玄感起兵后，刘元进在余杭地区率数万人起义响应。八月，吴郡朱燮也举兵起义，随后，管崇带领十万人在晋陵起义，梁郡韩相国起义并队伍迅速发展到十多万人；九月，东海彭孝率数万人起义；十月，吕明星率军进攻东郡；十二月，扶风向海明起义。此外，杜伏威、辅公祏、苗海潮等人也分别在各地起义。起义大军的队伍越来越庞大，隋炀帝终于失去了控制全国的能力，长安、洛阳、江都等地都被农民起义大军包围了。到了大业十二年（616年），隋末农民战争进入了一个新阶段，各地分散的起义军逐步会聚起来，最后形成了三支强大的队伍，它们分别是窦

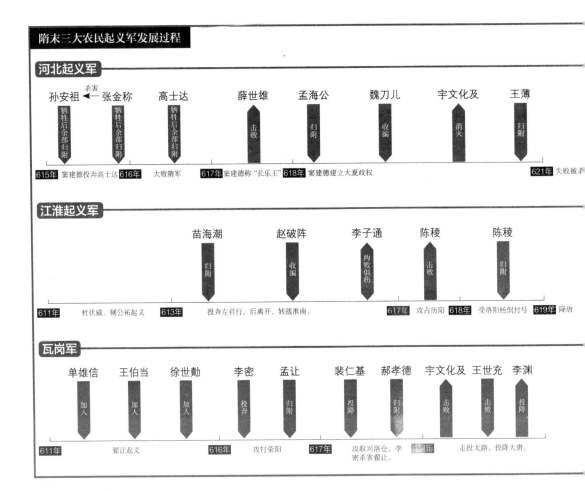

建德领导的河北起义军，杜伏威、辅公祏领导的江淮起义军，以及由翟让、李密领导的瓦岗军。

窦建德原是清河郡漳南县人，他同情穷苦农民，热心帮助别人，在当地百姓中拥有很高的威信。当初隋炀帝征召农民准备讨伐高句丽，窦建德被选为二百人长，他的同乡孙安祖也在被征召的队伍中。可是，孙安祖家遭水灾，妻子饿死，他不愿意参军打仗，拒绝前去高句丽，结果遭到县令的鞭笞。孙安祖一怒之下，刺杀了县令，之后去找窦建德商议对策。窦建德让他去高鸡泊聚众起义。于是，孙安祖带着窦建德为他招募的几百个人在高鸡泊正式起义了。当时，清河鄃县（今山东夏津）人张金称聚集了一百多人，渤海蓨县（今河北景县）人高士达聚集了一千多人，共同组成了高士达起义军。高士达起义军在清河起义，往来于漳南一带，四处烧杀抢夺，唯独没有骚扰窦建德住的村子。郡县的官员怀疑窦建德和高士达起义军私通，就杀害了他的全家。窦建德忍无可忍，聚集了二百多人参加高士达的起义军。后来，孙安祖被张金称杀死，孙安祖手下的几千人马也全部归窦建德掌握。大业十二年（616年），隋朝涿郡通守郭绚率领一万多人进攻高士达，高士达任命窦建德为军司马，负责指挥作战。窦建德带领七千精兵前去迎敌。他们先假装投降，麻痹郭绚，等到郭绚放松警惕之后，窦建德突然出击，大败隋军，杀了数千名隋军，缴获了千多匹马，郭绚也被斩首。这次大捷，使得起义军声威大震，窦建德的威信也得到了提高，获得了起义军众多将士的拥戴。之后不久，高士达在与隋军的战斗中牺牲，窦建德正式成为河北起义军的领袖。

大业十三年（617年）正月，窦建德率领河北起义军在乐寿县（今河北献县）建立了政权，自称"长乐王"。这一年，瓦岗军逼临东都洛阳，隋炀帝命涿郡留守薛世雄率领三万人南下镇压沿途的起义军，以解洛阳之围。薛世雄率军南下，到达河间七里井时，窦建德一边埋伏了重兵，一边佯装要逃跑，以此来麻痹薛世雄。薛世雄信以为真，果然放松了对河北起义军的警惕性，并中了埋伏。窦建德一见时机成熟，亲自率领一千人的敢死队猛攻隋军，打得隋军措手不及，全军溃乱。在这次战斗中，隋军死了一万多人，薛世雄逃入河间城内，忧郁成疾，回到涿郡后不久就死了。隋朝在北方的这支主力部队就这样被窦建德的农民起义军消灭了。大业十四年（618年），窦建德定都乐寿，改国号为"大夏"，河北地区的农民起义军纷纷前来归附。武德二年（619年），窦建德在山东聊城一带打败了宇文化及，俘获了大批隋朝皇室后裔及宫人、官员。同年八月，窦建德将大夏都城从乐寿迁到洺州（今河北永丰东南）。到此为止，窦建德领导的大夏政权已经占有黄河以北的大部分地区，南与洛阳王世充抗衡，西与关中的李渊对峙。

隋末的三大农民起义军中，第二支主力是杜伏威、辅公祏领导的江淮起义军。大业九年（613年）年底，齐州章丘（今山东章丘）人杜伏威与好友辅公祏聚众起义，并加入了左君行领导的长白山地区的起义军。后来，因为和左君行在意见上有分歧，杜伏威就率部离开了长白山起义军，带着自己的人马转战淮南一带。杜伏威为了壮大自己的力量，采用软硬兼施的办法兼并了苗海潮领导的下邳起义军和赵破阵领导的海陵起义军。杜伏威起义军的人数和声势日益庞大，隋炀帝派校尉宋颢领兵前去镇压。面对来势汹汹的隋军，杜伏威采取了"诱敌深入"的战略。在交战之初，杜伏威带着起义军假装败退，引诱隋军主力进入江边的芦苇丛中。隋军未辨真假，果然中计。待隋军一入圈套，杜伏威就下令放火焚烧芦苇丛。芦苇丛中的火势特别猛，隋军很快就被烧得四散逃亡、溃不成军。杜伏威起义军大获全胜。大业十三年（617年），隋炀帝再次派右御卫将军陈稜带领八千人的精锐部队镇压杜伏威起义军。这一次，陈稜不敢正面发动进攻，一直坚守城池不出。杜伏威为了激怒陈稜，就想了一个办法，他派人给陈稜送去一套女人的衣服，并戏称他为"陈姥"，意思是说陈稜胆小如鼠，没有丈夫气概，跟女人一样。果然，陈稜不堪羞辱，一怒之下就带着城中所有精兵迎战杜伏威。杜伏威见陈稜中计，便身先士卒，带着起义军奋勇冲杀，士气高昂的起义军又一次大败隋军。之后，杜伏威又乘胜攻占了高邮、历阳以及附近的诸多地方。一时之间，杜伏威起义军声势大壮，其他力量比较弱小的江淮地区起义军都纷纷投奔到杜伏威的麾下，就这样，杜伏威的农民起义军成为当时江淮地区力量最强大的起义军。

在隋末三大农民起义军中，实力最强的是翟让、李密领导的瓦岗军。李密是京兆长安（今陕西西安）人，他的曾祖父、祖父分别是北魏、北周的重臣，父亲是隋朝的名将，封上柱国、蒲山公。隋文帝时，李密承袭了父亲的爵位，被封为蒲山公。隋炀帝即位后，又加封李密为左亲卫府大都督、东宫千牛备身（一种高级禁卫武官）。大业九年（613年），杨玄感起兵反隋，李密投靠杨玄感，为杨玄感出谋划策。杨玄感兵败之后，李密也在逃亡途中被捕，后来在押送途中，他又用计逃脱。此后好几年，李密一直流浪于平原、淮阳之间，过着亡命生活，穷困潦倒。

大业七年（611年），韦城（今河南滑县）翟让因为犯罪入狱，狱吏黄君汉和他相交甚好，私下将他释放了。于是，翟让逃到瓦岗（今河南滑县东南），并在瓦岗聚众起义，人称"瓦岗军"。翟让的家乡人单雄信、徐世勣也先后参加了瓦岗军。大业十年（614年），在翟让部将王伯当的推荐下，走投无路的李密投奔了翟让，并成为翟让的智囊。李密劝说翟让先攻打荥阳，因为荥阳是中原地区的战略要地，这里地势险要，自古以来都是兵家必争之地。

当时驻守荥阳的是通守张须陀，隋炀帝让张须陀带两万精兵镇压瓦岗军。李密带着一千多人埋伏在大海寺北的丛林中，翟让率兵和张须陀正面交战，然后佯装打不过，向后撤退。当张须陀带着隋军追到大海寺附近时，李密带着伏兵突然杀出，包围了张须陀。张须陀被打得措手不及、溃不成军，最后兵败身亡。瓦岗军全歼隋军，大获全胜。瓦岗军的这次胜利，对隋炀帝政权产生了巨大的冲击。同时，这次胜利也提高了李密在瓦岗军中的威望。在翟让的授意下，李密开始有了自己的部属和队伍，称为"蒲山公营"。李密善于带军，且朴素节俭，吃穿住行都和普通士兵一样，每次获胜后所得的各种战利品，包括钱财、珍宝等，李密也从不独占，都分赏给众人，因此深得人心，手下的人个个都很拥护他。

大业十三年（617年）二月，李密提出袭取兴洛仓（又称洛口仓，在今河南巩县境内）的建议。他和翟让率领七千精兵，从阳城北出发，翻过方山，从洛口奇袭取下了兴洛仓。之后开仓济贫，受到广大老百姓的欢迎和拥戴，当地的很多老百姓都加入了瓦岗军。因为兴洛仓是东都洛阳的粮仓，洛阳留守越王杨侗便派虎贲郎将刘长恭率领二万五千人前往镇压。隋军和瓦岗军隔着石子河布阵。翟让、李密再次设计，趁着隋军初来乍到、饥饿疲乏，李密亲自带着部分精兵埋伏在横岭下面，翟让率军正面迎敌。交战后不久，翟让就假装打不过隋军，带着瓦岗军逃走，等隋军追到横岭一带，李密带着伏兵出现，再一次杀得隋军大败而归，刘长恭狼狈逃回洛阳。

经过这几次大胜，李密在瓦岗军中的威望越来越高，最后，翟让主动让贤，推举李密做了瓦岗军的首领，人称"魏公"。大业十三年（617年），李密在巩县建立起新的政权——魏国，设立军元帅魏公府，并设置了三司六卫等各部官员。翟让被封为上柱国、司徒、东郡公，单雄信被封为左武侯大将军，徐世勣被封为右武侯大将军，其他人如房彦藻、邴元真、杨德方、郑德韬、祖君彦等，也分别被封

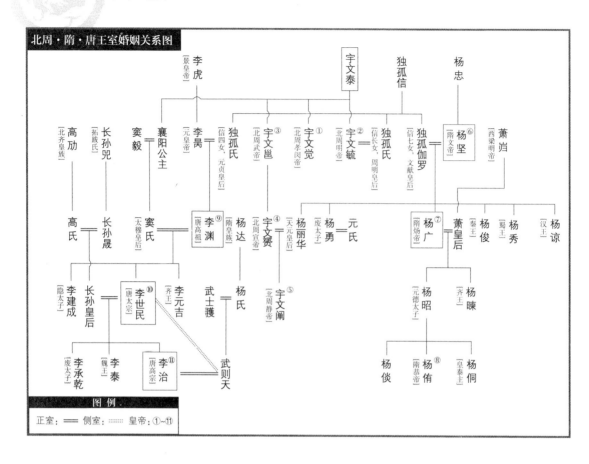

北周·隋·唐王室婚姻关系图

图例
正室：＝＝＝ 侧室：┈┈┈ 皇帝：①～⑪

官。李密让人修筑洛口城，将其周围方圆四十里作为魏国的都城。此时，隋朝大将裴仁基也率兵投降了李密，李密让裴仁基和孟让带领三万多人突袭回洛仓（今河南洛阳东北），逼近洛阳城。因为洛阳城中缺乏粮食，隋朝守军很快就陷入困境。起义军趁机攻入洛阳，烧毁天津桥，但他们很快就被洛阳隋军打败，并被隋军赶出回洛仓。之后，李密亲自带领三万人马出战，又一次攻下回洛仓，逼临洛阳。同时，李密采纳了徐世勣的建议，让徐世勣带着五千精兵从原武过河，与其余几支起义军会合，袭击黎阳仓（今河南浚县东南）。攻下黎阳仓后，起义军开仓济贫，又有很多老百姓加入了起义军，此时起义军的队伍已经壮大到二十多万人，并控制了中原的大部分地区。随后，李密发出檄文，罗列隋炀帝的十大罪状，公开声讨隋炀帝，表示要推翻隋朝的暴政。此时的隋炀帝已经坐立不安，他让监门将军庞玉、虎贲郎将霍世军带着关内的隋军，又让江都通守王世充带着江淮的隋军，共同前去增援洛阳。同时，洛阳原有的十万驻军都交由王世充指挥。李密带着起义军与隋军在洛口、洛水一带展开激战，双方各有胜负。恰恰在这时，起义军的内部出现了矛盾和分裂。翟让和李密因为意见不统一，矛盾越来越深，最后，李密设下鸿门宴，诱杀了翟让及其亲信将士。翟让之死在一定程度上削弱了瓦岗军的力量，为这支农民起义军后来的败北埋下隐患。不过，翟让死后的一段时间内，李密仍然率领瓦岗军屡次打败隋军，坚守着中原的大片地区。

各地轰轰烈烈的农民战争最终迫使隋炀帝逃到江都。在农民起义军的包围中，江都和洛阳的联系中断，从此成为一座孤岛，隋炀帝只能困守在江都苟且偷安。大业十四年（618年），隋朝右屯卫将军宇文化及在江都缢杀隋炀帝，立秦王杨浩为帝，然后率领十来万隋军沿着通济河北归。但是，在瓦岗军的阻击下，宇文化及不能在中原立足，于是又到了魏县（今河北大名西南）。不久后，宇文化及杀掉杨浩，自己登基称帝，国号"许"。听到这一消息，窦建德立即率河北起义军攻打魏县，宇文化及战败，逃到山东聊城。窦建德率军追到聊城，活捉宇文化及，彻底消灭了这最后一支隋军主力。

第 2 节　李渊登基
公元617年—公元618年

李渊（566~635）的祖籍是陇西狄道（今甘肃临洮），后来他的家族几经迁徙，到了他的高祖父李熙、曾祖父李天赐时，李氏家族已定居于赵州昭庆县（今河北隆尧）。李渊的祖父李虎是西魏的柱国大将军（西魏最高官职，位在丞相之上），北周时被追封为唐国公；父亲李昞是北周的安州总管、柱国大将军，并承袭了唐国公的爵位；母亲独孤氏和隋文帝的皇后独孤伽罗是亲姐妹，都是西魏柱国大将军独孤信的女儿；其妻窦氏的母亲是北周武帝的姐姐襄阳长公主。有着这样特殊的家庭背景，李渊和隋朝朝廷的关系自然也非同一般。李渊七岁时，就承袭了父亲的爵位，被封为唐国公。成年后，李渊又被封为千牛备身，并深得姨母独孤皇后的宠爱，先后被封为谯州（今安徽亳州）刺史、岐州（今陕西凤翔）刺史、陇州（今陕西陇县）刺史。仁寿四年（604年），隋炀帝即位后，他又晋升为荥阳太守、楼烦（今山西静乐）太守。后被召为卫尉少卿，掌管宫廷禁卫之事。

大业九年（613年），隋炀帝派军征伐辽东，让杨玄感负责督运粮草。此时老百姓都厌倦了隋炀帝的穷兵黩武，许多将士在半路上便逃走了。当时杨玄感已经在酝酿起兵反隋，隋炀帝对此事可能也有察觉，所以，为了牵制杨玄感，他下旨让李渊担任弘化留守，并让他统管各郡的兵马。大业十一年（615年），隋炀帝又下旨任命李渊为山西、河东慰抚大使，指挥隋军镇压农民起义。

自从杨玄感起兵反隋后，隋炀帝对朝中文武大臣的猜疑之心越来越重，他不再相信任何人。他下旨杀害大将鱼俱罗、董纯，逼死一代名将吐万绪，又因为郕国公李浑的名字应了"李氏当为天子"这句谶语，他下令把李浑全家32人全部处死。这一系列的举动，使得朝中人人自危。李渊把这一切看在眼里，为了不惹祸上身，他行事极为谨慎，表面忠诚恭顺，但内心却对隋炀帝充满戒备。

大业十三年（617年），隋炀帝任命李渊为太原留守。不久后，突厥人侵犯隋朝边境，李渊多次出兵都被突厥人打败。隋炀帝又让太原副留守高君雅和马邑太守

隋年表		
皇帝（朝）	年份（年）	主要事件
隋文帝（1）	581	北周重臣杨坚登基，建立隋朝，改元"开皇"，立长子杨勇为皇太子。
	583	建造新都大兴城（长安）；制定租庸调制的税法。
	587	创立科举制度。
	589	晋王杨广消灭南陈，隋朝统一天下。
	590	发展与整顿府兵制。
	592	改革均田制，重新分配天下田产。
	600	废皇太子杨勇，立晋王杨广为太子。
	604	文帝逝世，太子杨广即位，即"隋炀帝"；隋炀帝下令开始修建东都洛阳城。
隋炀帝（2）	605	在广通渠的基础上修筑运河，中国大运河的建设开始。
	606	突厥启民可汗至大兴城朝拜。
	610	各少数民族首领会聚洛阳，洛阳排演了百场大戏。
	611	山东人王薄在长白山起义，拉开了隋末农民起义的序幕。
	612	第一次远征高句丽，以惨败告终。
	613	杨玄感叛乱，后被平息；第二次远征高句丽失败。
	614	第三次远征高句丽，高句丽求和。
	615	隋炀帝被突厥骑兵围困于雁门关，艰难解围。
	616	隋炀帝出巡江都，之后一直困守江都。
	617	李渊父子举兵，攻陷长安，立代王杨侑为隋恭帝，把持朝政。
	618	宇文化及缢杀隋炀帝，隋朝灭亡；隋恭帝禅位，李渊登基，唐朝建立。

王仁恭领兵迎敌，仍然遭遇了失败。于是，隋炀帝下旨杀了王仁恭，并派人抓李渊问罪。此时李渊对次子李世民说："眼看隋朝就要灭亡了，我之所以继续效忠隋朝，没有早早起兵，只是因为顾及你们兄弟四处分散，没有聚在一处。现在我被问罪，你们兄弟一定要联合起兵，不要轻易被隋炀帝杀了，落得个家破人亡、被英雄耻笑的下场！"不过没多久，隋炀帝又下旨赦免了李渊，并恢复他的官职。但这次变故，让李渊加快了起兵反隋的准备。

李渊在做太原留守期间，一直把河东看成自己的地盘。一方面，他遵奉隋炀帝的命令，派遣隋军镇压农民起义军；另一方面，他又暗中向北部边境的突厥人讲和，想争取突厥人的支持，巩固自己的地位。李渊让自己的姻亲、太原令刘文静拿着自己亲手写的书信，带着厚礼，出使突厥，要求得到突厥始毕可汗的帮助。始毕可汗给李渊回信说："如果你能自己做天子，我愿意派兵马前去帮助你。"

同时，李渊四处招揽人才，积极发展自己的力量。他让长子李建成、次子李世民分别在河东、太原暗中结交英雄豪杰，招纳了一批亡命之士。隋朝右勋卫长孙顺德、右勋侍刘弘基等人为逃避征伐高句丽，都先后逃亡到太原，投奔到李渊的麾下。左亲卫窦琮等人也因为触怒了隋炀帝而逃到太原依附他。

不过，作为一名老谋深算的政治家，李渊反隋的准备工作一直都做得很隐秘，就连他的儿子李世民、亲信刘文静都不知道详情，一开始并不明白李渊的真实用意。因此当李世民和刘文静私下谈妥了起兵之事后，还瞒着李渊，唯恐把实情告诉给李渊之后，不能得到李渊的支持。据史书记载，李世民和刘文静想把密谋起兵的实情告诉李渊，却怕李渊不听，于是找来裴寂商议此事。当时，李渊除了太原留守，还有一个身份是晋阳宫监，也就是替皇帝管理晋阳宫的头儿，在晋阳宫担任副监的人就是裴寂。一日，裴寂借遴选晋阳宫人、和李渊私下吃饭的机会，趁着李渊在酒兴之上，就把准备起兵的事情告诉给李渊。李渊听后表现得大吃一惊，看上去手足无措的样子。这时，一直躲藏在帘幕后面的李世民趁机入内，恳请李渊点头同意。李渊开始还假装不答应，假意要把李世民送交给官府，双方互相坚持了一会儿后，李渊才对李世民说："你是我的儿子，我怎么忍心去告发你呢？其实我也早有起兵的打算，只是现在时机还不成熟，我们还需再忍耐片刻。"就这样，起兵之事在李家内部已经明朗化了。

此时，全国各地的农民运动早已风起云涌。一些农民起义军的领袖，如刘武周、林士弘、刘元进等人都先后称帝：朱粲在南阳起兵，自称楚帝；李子通在海陵起兵，自称楚王；邵江海据守岐州，自称新平王；薛举在金城起兵，自称西秦霸王；郭子和在榆林起兵，自称永乐王；窦建德在河间起兵，自称长乐王；汪华在新安起兵、杜伏威在淮南起兵，两人皆自称吴王；李密在巩地起兵，自称魏公；王德仁在邺地起兵，自称太公……

大业十三年（617年），刘武周带着自己的人马进攻汾阳宫。李渊把将领们召集起来说："我现在是太原的留守，反贼刘武周已经占据了皇上的离宫，如果我们纵容反贼，不诛杀他们，我们就罪该当死。但是，我们如果出兵的话，也必须要有皇上的旨意才行。可是现在皇上远在江都，请旨肯定是来不及的，我们该怎么办呢？"

将领们纷纷回答说："国家处于危难之中，做臣子的要随机应变，不能拘泥于事。太守您是皇上的近臣，和皇上又有亲戚关系，现在情况紧迫，您完全可以自行决断，想必皇上一定能谅解，不会怪罪于您的！"

李渊故意思量了片刻才答应说："好吧。"

于是，李渊下令征兵。他派人秘密给在山西南部做官的长子李建成和四子李元吉送信，让他们招兵买马，又让李世民、刘文静、刘弘基、长孙顺德等人分别前往各地招兵。很快，李渊就征集到一万多名士卒。之后，他把山西的李建成、李元吉，以及长安的女婿柴绍都召回太原，准备共同起事。

这时，太原的副留守虎贲郎将王威、虎牙郎将高君雅看见李渊征兵，怀疑情况有变，就密谋以祷雨为理由，在晋祠暗中拘押李渊。结果，李渊提前觉察到了这件事，早一步做好了准备。到了五月二十日这一天，李渊和王威、高君雅议事，开阳府司马刘政会突然状告王威、高君雅谋反，李渊趁机将二人拿下。二十二日，突厥侵犯边境，李渊便对军中将士说："有人告王威、高君雅私下和突厥人勾结谋反，现在看来果然不差啊！"于是，李渊借这个机会杀了王威和高君雅，正式起兵反隋。

六月，李渊先传檄文给各郡县，自称"义军"，开大将军府，设置三军：任命李建成为陇西公、左领军大都督，统领左军；任命李世民为敦煌公、右领军大都督，统领右军；任命李元吉为姑臧公，统领中军。同时任命裴寂为长史，刘文静为司马，石艾县长殷开山为掾，刘政会为属，长孙顺德、王长谐、刘弘基、窦琮为统军，并打开粮仓赈济穷人以拉拢民心。

七月，李渊先任命李元吉为太原留守，接着率领三万人马在旷野中举行誓师

隋末唐初割据群雄一览					
群雄名	起兵时间	称帝时间/国号	都城（根据地）	失败时间	灭于何人
李渊	617年	618年/唐	长安	—	—
王世充	618年	619年/郑	洛阳	621年	李世民
李密（翟让）	611年	—	洛口	618年	降唐
窦建德	615年	618年/夏	乐寿	621年	李世民
杜伏威	611年	—	历阳	619年	降唐
李轨	617年	618年/凉	武威	619年	唐高祖
薛举	617年	617年/秦	金城	618年	李世民
梁师都	617年	617年/梁	朔方	628年	唐太宗
郭子和	不详	—	榆林	618年	降唐
刘武周	617年	不详	马邑	620年	李世民
高开道	613年	618年/燕	渔阳	624年	唐高祖
孟海公	613年	—	曹州	620年	窦建德
徐圆朗	617年	—	东平	623年	唐高祖
李子通	614年	619年/吴	江都	621年	杜伏威
沈法兴	618年	619年/梁	毗陵	620年	李子通
萧铣	617年	618年/梁	江陵	621年	李孝恭
林士弘	616年	616年/楚	豫章	622年	唐高祖

仪式。十日，李渊打着"尊隋"的旗号，从太原发兵。他亲自率领大军，沿着汾河政道南下河东。突厥的始毕可汗派人给他送来千匹好马，驻楼烦的突厥使臣阿史那大奈也带兵前来相助。一路之上，凡是经过隋朝行宫，李渊便将行宫中的宫女全部遣返回家。当李渊的大军走到贾胡堡（今山西灵石西南）时，隋炀帝的孙子、代王杨侑派虎牙郎将宋老生带着两万精兵驻扎在霍邑（今山西境内），又派左侯大将军屈突通带领几万精兵驻守在河东地区，以阻止李渊南下。此时正逢秋季，降雨不断，道路泥泞难行，李渊的大军前行非常艰难，军粮也开始告罄，形势对李渊极为不利。为了速胜，李渊设下计策，在交战之时，假装败走，把宋老生诱入圈套。宋老生果然中计，他以为李渊害怕，就带着兵马前去追赶，结果中了埋伏。李渊麾下大将殷开山率领步兵在前方挡住宋老生的去路，李建成和李世民兄弟率军绕到宋老生的阵后，断了他的归路。宋老生被前后夹击，只能与敌人硬拼。双方正在激战之中，李渊又让人高呼："宋老生死了！已经斩了宋老生！"结果，宋老生的部下一听，顿时军心大乱，开始四处逃散，溃不成军。这一仗，李渊大军告捷，宋老生被

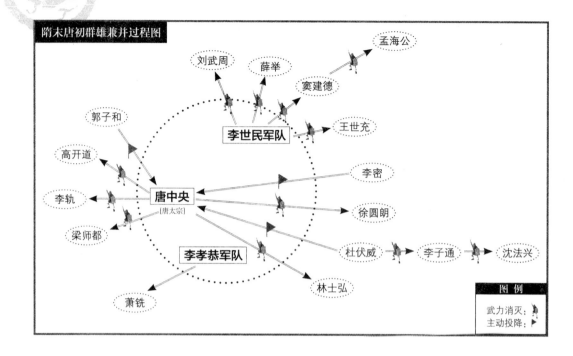

隋末唐初群雄兼并过程图

杀死。接着，李渊带领大军乘胜攻城，攻下了霍邑，并向临汾进军，又接连攻下绛郡（今山西新绛）、龙门县（今山西河津）等地。面对李渊大军凌厉的攻势，一些守城隋将纷纷投降。李渊大军一鼓作气，直趋长安。

之后，李渊将大军分成两路，让李建成和刘文静带着几万人屯守永丰仓（今陕西华阴东北），并扼守潼关，防备增援的隋军从东而来；又让李世民带着刘弘基等几万人马，攻占了渭水北岸，对长安形成了一个钳形的包围圈。

听到李渊大军即将进攻关中的消息，李渊在关中的亲戚们都开始准备。他的女儿、柴绍的妻子（后被封为平阳公主）在鄠县（今陕西户县）散尽家财，召集起一批亡命之徒，并派家人马三宝去游说附近的何潘仁、李仲文、向善志、丘师利等人归附，最后集合了几千人。李渊的堂弟李神通也带着几千人马在鄠县起兵，李渊的另一个女婿段纶则带着一万多人在蓝田起兵。平阳公主的人马先后攻下了盩厔（今陕西周至）、武功、始平（今陕西兴平）等地。在天时、地利、人和的种种有利因素之下，李渊大军最后攻入长安，在关中立稳了脚跟。

入京后，李渊即刻立代王杨侑为皇帝（史称"恭帝"），尊江都的隋炀帝为太上皇，并宣布大赦天下。之后，李渊又以杨侑的名义自封为尚书令、大丞相，后又封为唐王，掌握了实际大权。同时，隋恭帝杨侑下令将武德殿改为丞相府，所有的军国大事，不论大小，都由丞相府裁决；还设置了丞相官属，任命裴寂担任长史，刘文静担任司马，李纲担任司录；封李建成为唐国公世子，李世民为京兆尹、秦国公，李元吉为齐国公。

大业十四年（618年）三月，宇文化及在江都缢杀了隋炀帝。消息传到长安后，隋恭帝杨侑被迫让位给李渊。起初，李渊假意推辞，他的亲信大臣们就纷纷劝说。这样反复数次，直到李渊认为名正言顺了，才在五月正式登基成为皇帝，改国号为"唐"，李渊就是唐高祖。之后封李建成为皇太子，李世民为秦王，李元吉为齐王，同时大赦天下，封赐百官。他还改郡为州，改太守为刺史，任命李世民为尚书令，裴寂为尚书右仆射、知政事，刘文静为纳言，隋朝民部尚书萧瑀、丞相府司录参军窦威为内史令；并追谥高祖父为宣简公，曾祖父为懿王，祖父为景皇帝，庙号"太祖"，祖母梁氏为景烈皇后，父亲为元皇帝，庙号"世祖"，母亲独孤氏为元贞皇后，妻子窦氏为穆皇后。

李渊登基称帝，拉开了大唐帝国的序幕，中国封建社会从此踏入了另一个崭新的纪元。

第3节　一统江山

公元618年—公元624年

作为一名地主阶级出身的政治家，李渊和刘武周、梁师都、李轨、薛举等人不同，他并不仅仅满足于在一方割据称雄。李渊富有政治远见，他立志要做全中国的皇帝，而并不是一个割据政权的主人。所以，李渊登基称帝后，就开始着手唐朝的统一大业。

此时，全国各地群雄纷争。在北方的边境上，有李轨、薛举、梁师都、郭子和、刘武周、高开道等势力；在黄河流域有王世充、李密、窦建德、孟海公、徐圆朗等势力；在长江、淮河之间的广大地区，有杜伏威、李子通、陈稜等势力；在江南一带地区，有沈法兴、林士弘、萧铣等势力。李渊通过对形势的认真分析，确定了巩固关中地区，进军关东，再统一全国的战略。

薛举原是隋朝金城府（今甘肃兰州）的一名校尉，大业十三年（617年），他和儿子薛仁杲起兵，带领13万人马占据了陇西地区，自称西秦霸王。同年七月，他在金城府称帝，随后把都城迁到天水。薛举大军先后攻占了鄯罕鄯州、廓州、秦州等地方，并向东进攻扶风，准备进一步攻打长安，对李渊构成了极大威胁。武德元年（618年）七月，薛举再次率兵进攻豳州、岐州，其军所到之处，势不可当，秦王李世民指挥唐军与其初次交战就败下阵来。幸运的是，此后不久薛举就病死了，他的儿子薛仁杲继承了帝位，并且继续与唐朝为敌。八月，李世民重新领军从长安向西挺进，并在十一月时到达高墌。在高墌城内，李世民得知薛仁杲大军的粮草不足，想要速战速决，就采取了"拖延"的策略，任凭薛仁杲的军士在城门之下如何叫骂、挑衅，唐军始终坚守城门并不迎战。两军就这样对峙了六十多天，直到薛仁杲军中的粮草耗尽，其部将梁胡郎率部投降了唐军，李世民见时机成熟，才下令发起进攻。薛仁杲军队早已士气全无，不堪应战，只好被迫投降。

接着，唐军准备迎战据守甘肃河西地区的李轨。李轨原是隋朝的武威鹰扬府司马，大业十三年（617年）七月，他宣布脱离隋朝独立，割据一方，并自称河西大凉王。十一月，李轨称帝，立儿子李伯玉为太子，设置百官，历史上称"大凉政权"。在唐军攻打薛举之时，李渊从大局出发，采用"远交近攻"的策略，曾经试图与李轨讲和。但是，面对李渊的笼络，李轨表现得反复无常，时而要投降，时而又拒绝投降。武德二年（619年）五月，李渊再次派人劝说李轨投降。这次派去游说他的人是安兴贵，他是李轨部将安修仁的兄长。面对安兴贵的劝说，李轨仍然不为所动。安兴贵见劝降无效，就按照自己出发前制定的策略，和兄弟安修仁发动了兵变。李轨在兵变中被擒，并被押送到长安斩首。

薛举和李轨一灭，唐军的下一个目标就是刘武周了。刘武周年轻的时候曾经投奔隋朝太仆杨义臣，他骁勇善战，通晓骑射，因此颇受赏识。隋炀帝三次征伐高句丽的战争他都参加了，并因军功卓绝被提拔为建节校尉，后又任马邑鹰扬府校尉。大业十三年（617年），刘武周趁着农民起义、天下大乱的时机，杀了马邑太守，开仓济民，并召集了一万多人马起兵。为了能够站稳脚跟，他依附于突厥人，突厥始毕可汗册封他为"定杨可汗"。之后，他自称皇帝，改元"天兴"。武德二年（619年）三月，刘武周勾结突厥人，率领两万人马入侵太原，留守太原的李元吉在慌忙之中逃回了长安。刘武周占领太原后，接连攻陷了晋州（今山西临汾）、绛州（今山西新绛），直逼龙门。刘武周的大军一直进攻到黄河岸边，长安城内为之震动，唐高祖李渊立即派秦王李世民率军迎敌。李世民领军从龙门渡河，驻扎在柏壁（今山西新绛西南处）。两军在这里对峙了五个多月，直到武德三年（620年）四月，唐军趁着刘武周大军粮草匮乏、向北撤退之时，迅速展开猛烈的攻击。两军在吕州（今山西霍县）、介休、雀鼠谷（今山西介休和霍县之间）等地激战数次，最终唐军大败刘武周军。刘武周见大势已去，就放弃了太原，率领残部逃亡突厥，不想却被突厥人杀死。唐军打败刘武周后，完全占有了山西地区，关中地区进一步得到了巩固。

除掉刘武周的势力后，唐朝最重要的两个敌人就是洛阳的王世充和河北的窦建德了。在隋炀帝时，洛阳成为全国的政治中心。大业十二年（616年）七月，隋炀帝离开洛阳前往江都，洛阳便成为隋军残余势力的据点。大业十三年（617年），李密率领瓦岗军兵临洛阳城下，越王杨侗向隋炀帝告急，隋炀帝派江都郡丞王世充带领隋军前去增援。王世充到了洛阳后，虽然多次进攻瓦岗军，但是始终没有能够改变洛阳隋军被围的困境。不久之后，隋炀帝在江都被宇文化及缢杀，越王杨侗在洛阳称帝，不过，此时洛阳城的大权仍然掌握在王世充的手中。武德元年（618年）九月，李密带着瓦岗军打败宇文化及，自身也受到重创，损失惨重。洛阳城内的王世充趁火打劫，一举击败瓦岗军，巩固了自己的地位。武德二年（619年）四月，越王杨侗被迫让位，王世充称帝，国号"郑"，人称"郑王"。

武德三年（620年），秦王李世民征服刘武周后，又马不停蹄地率军向洛阳挺进。经过一番激战，李世民大军截断了王世充军的运粮通道，将洛阳团团包围起来。王世充试图与李世民讲和，但是遭到李世民的拒绝。与此同时，以窦建德为首的隋末农民起义军在河北一带异常活跃。李世民和王世充二人一边在战场上对峙，相持不下；一边又同时派人前去游说窦建德，都希望窦建德能够站在自己这一边，帮助自己打败对方。窦建德表现得很圆滑，他为了坐收渔翁之利，一面表示愿意和李世民联合起来攻打王世充，并请求李世民先撤走围攻洛阳的唐军；一面又向王世充表示愿意派兵帮助他对抗李世民。不过，李世民识破了窦建德的诡计，他拒绝了窦建德要求他从洛阳撤军的请求，决定靠自己的力量击败王世充。

武德四年（621年）三月，窦建德带着河北起义军向洛阳出发，前去增援王世充。他对外号称有三十万大军，实际上只有十来万人。按照窦建德的计划，他企图在成皋（即虎牢关，今河南荥阳西汜水）的东原和王世充大军一起对唐军构成夹击之势。在即将腹背受敌的情况下，李世民对形势作了认真分析，决定采取"围郑击夏"的策略。他让李元吉带着一队人马继续围攻洛阳，自己则亲自率领最精锐的兵力赶赴虎牢关堵截窦建德。由于李世民军抢先占领了虎牢关，窦建德只能率兵进攻，经过数次激战，李世民仍然牢牢把守着虎牢关。

五月，失败的窦建德再次集合队伍，准备全力以赴反击唐军、扭转败局。这一次，李世民采用了以逸待劳的策略，他下令士兵们坚守城池，不主动出城迎战，避其锋芒。两军从凌晨对峙到晌午。到了晌午时分，窦建德的人马已经是又累又饿，士气一落千丈。就在士兵们争相吃饭喝水的时候，唐军突然打开城门，发起进攻，又一次打得窦建德的军队措手不及。这一次，窦建德也被唐军俘虏。在窦建德失败的同时，王世充统辖的偃师、巩县等地的官兵也先后投降了唐军。李世民押着窦建德返回洛阳城外，王世充见大势已去，也只好投降。

窦建德被俘后，被押解到了长安，并于七月被杀。窦建德死后，唐朝廷下令让窦建德的部将范愿、董康买等人赴长安。范愿、董康买等人担心到了长安后也会被杀，就共同推举刘黑闼为首领，在漳南起兵反唐。刘黑闼和窦建德年少时就是知己好友，刘黑闼家贫，窦建德经常对他进行资助，窦建德成为河北起义军首领后，刘黑闼也成为窦建德的忠实部下。刘黑闼带着窦建德的旧属人马起兵，半年时间，就先后打败了唐朝的淮安王李神通、幽州总管罗艺、大将徐世勣，并且擒获了薛万钧兄弟，重新占有窦建德从前的地盘，以致声威大震，得到了众多响应。武德五年（622年）正月，刘黑闼自称"汉东王"，重建夏政权，定都洺州（今河北永年东南）。三月，李世民带军出征，很快击败刘黑闼，刘黑闼率领残余的部下投奔突厥。两个月后，在突厥骑兵的掩护下，刘黑闼又率领部下回到了河北，重新收回失去的地盘，然后领兵南下。这次，唐高祖李渊下旨让太子李建成和齐王李元吉带兵前去镇压。两军对峙于昌乐（今河南南乐），李建成采纳魏徵的建议，释放俘虏，对刘黑闼的军士进行劝降。此时，刘黑闼大军的粮草已经用完了，全军将士处于饥饿疲惫的状态中，面对劝降，一些将士开始动摇并叛变。刘黑闼见形势对自己不利，带着人马连夜向馆陶（今河北境内）进军，唐军骑兵一直紧追不舍。武德六年（623年），刘黑闼率部逃到饶州（今河北饶阳），被自己任命的饶州刺史诸葛德威诱骗并擒获。之后，诸葛德威打开城门投降了唐军。刘黑闼也被押送到洺州，被李建成杀死，一度轰轰烈烈的河北起义军正式宣告失败。至此，唐朝基本上统一了中原、河北地区。

在北方战事进行的同时，李孝恭、李靖等人也在南方进行着战斗。武德四年（621年）九月，唐高祖李渊命河间王李孝恭带领李靖等人从夔州（今四川奉节）沿长江东下，向江南的萧铣发起进攻。萧铣是后梁皇帝梁宣帝的曾孙，他幼年的时候家境贫寒，靠给人抄书维持生计。仁寿四年（604年），隋炀帝即位后册封萧氏为皇后。萧氏是萧铣的叔伯姑母，凭倚萧皇后的关系，萧铣被任命为罗县（今湖南汀阴东北）县令。大业十三年（617年），隋末农民起义风起云涌，萧铣也在罗县起兵，数日内就征集到了好几万人马。萧铣自称"梁公"，带领人马进军岳阳。同年十月，他自称"梁王"。武德元年（618年）四月，萧铣在岳阳称帝，国号"梁"，并设置百官。随后不久，他带着人马迁都到江陵（今湖北荆州），开始割据一方。其势力范围东至九江，西接三峡，南到交趾（今越南河内），北临汉水，手下的精兵强将多达四十万人。遗憾的是，萧铣缺乏治国安邦之才。梁国建立后，他手下的一些将领自认为有功，日益骄横专断，不服从于他。萧铣害怕日久生变，就以休兵耕种为名义，陆续削夺了一些大将的兵权，结果招来怨恨，不断有人谋反叛乱。对叛乱之人，萧铣毫不留情地诛杀，甚至到了滥杀无辜的程度。结果，他的亲信和麾下将帅对他的恐惧之情和疑虑之心越来越重，背叛他的人也越来越多，致使他的将士和军队战斗力日益衰弱。此时，李孝恭带着大军压境，更令萧铣惊恐万分，他在慌忙之中仓促迎战。李孝恭手下大将李靖让士兵们抛弃所有的船只，任由这些船只顺江而下。结果，前去增援萧铣的人马看见散失于江中的船只，误以为江陵城已经被攻破，萧铣已经失败，就不敢再贸然前进。唐军趁机集中所有兵力对江陵城进行围攻，萧铣不愿城破后城中百姓被屠，于是以城中百姓安全为条件，打开城门向唐军投降。之后萧铣被押至长安斩首，终年39岁。消灭了萧铣的割据势力后，唐朝基本上统一了长江中游和岭南地区。

前文已经提到，李密在击败宇文化及后元气大伤，被王世充趁火打劫，瓦岗军最终溃败。走投无路的李密于武德元年（618年）十月奔赴长安，投降了唐朝。但年底的时候，李密再度叛唐，并率部进入熊耳山，武德二年（619年）兵败被杀。

至于杜伏威，他在宇文化及缢杀了隋炀帝之后，向洛阳的越王杨侗投降。杨侗任命杜伏威为东道大总管，晋封楚王。武德二年（619年）八月，杜伏威降唐。唐高祖李渊任命杜伏威担任扬州刺史、东南道行台尚书令、淮南道安抚使，并加封为吴王；封辅公祏为行台左仆射、舒国公。武德五年（622年）七月，杜伏威因为受到唐高祖的怀疑，自请到长安，从此不再归江淮。武德六年（623年）八月，辅公祏带领江淮兵反唐，并在丹阳（南京）称帝，国号"宋"。李渊命襄州道行台尚书左仆射赵郡王李孝恭、岭南道大使李靖、齐州总管李世勣等人分别率军前去征讨、镇压辅公祏。武德七年（624年）三月，唐军攻下丹阳，辅公祏战败被俘。唐军一鼓作气，趁机收复了长江下游地区。

到此为止，除了梁师都在朔方（今陕西靖边北白城子）割据一方，唐王朝已经基本上统一了全国，结束了隋末以来分裂割据的政治局面。

第4节　盛世基石
公元618年—公元626年

唐朝初建，百废待兴。此时的唐高祖李渊一边征服各地农民起义军的势力和地方割据政权，统一全国；一边开始了对政权的建设和巩固。

李渊登基后，基本上沿用了隋朝的政治体制。朝廷的中央政府设立三省六部二十四司。三省是指尚书省、中书省、门下省。尚书省负责掌管全国的政令，执行皇帝的命令和朝廷颁布的各项措施。在尚书省下面，又设吏部、户部、礼部、兵部、刑部、工部。其中，吏部负责官吏的选用、考核和奖惩；户部负责全国各地的户籍、人口与赋税；礼部负责各项礼仪制度和科举考试；兵部负责全国的军事；刑部负责刑狱诉讼；工部负责修桥铺路、建筑宫殿等土木工程。这六部中，每个部又设四司，四司负责具体事务的执行和办理，相当于现在的办事机关。中书省负责为皇帝起草诏书，属于朝廷的决策机关。门下省负责对中书省起草的诏书进行审核，如果诏书不合适就会驳回修改。另外，朝廷的监察机关是御史台，主要负责对朝廷上上下下、里里外外的文武百官进行监督、弹劾。

朝廷的地方行政机构一般只有两级，即州和县。全国各地有很多个州，州的最高长官为刺史，负责全州的事务工作。每一个州下面又有很多的县，县的事务工作是由县令来负责完成的。各州的刺史每年都要到所分管的各县去巡察，对各县官员的政绩进行考核，并且负责为朝廷举荐人才。在唐朝政府中，县令只是一个很小的官职，可与其他官职相比，它的事情是最多的，也是整日最忙碌的。

上面说的是唐朝廷的行政制度，下面来说说唐朝廷的军事制度。唐朝前后实行过两种兵制，即府兵制和募兵制。从唐朝初年开始，即唐高祖李渊建唐，到唐玄宗的开元、天宝年间，唐朝一直实行的都是府兵制。府兵制是一种职业兵制，起源于北魏时期，在西魏宇文泰统治期间正式创立，经过北周、隋朝的发展，沿用到了唐朝，并得到完善。这种兵制以均田制为基础，实行兵农合一。也就是说，士兵们平日在家里生产、劳作、耕种，农闲时，各地的兵府会把他们组织起来进行操练，学习各项军事技能，提高战斗力。一旦有战事发生，他们就被派往前线。入伍时，他们需要自备马匹、武器、衣服、粮食，但是，服役期间不用交租和各种赋税。除了打仗，府兵有一项最重要的职责就是轮流守卫京师或者去边防地区服役，称为"番上"。唐高祖李渊建国后，沿用了隋朝的府兵制。府兵制既能够保证兵源，也能够保证战斗力，同时也减轻了国家负担。不过，在这种府兵制中，将领的练兵权和领兵权是分开的，这是为了防止将领拥兵自重，对朝廷构成威胁。

在赋役制度方面，唐朝主要采用了均田制和租庸调制。所谓均田制，是指政府给每户的丁男分1顷田地，在这1顷田地中，包括80亩口分田和20亩永业田。永业田是永久属于个人的，可以传给子孙，也可以自由买卖；口分田不能自由买卖，不能传给子孙，只属于个人，在个人死后要归还给国家。李渊还限制了贵族的田地，从亲王到公侯、伯爵、子爵、男爵，朝廷按照不同的品阶和官衔进行授田，各人分的田地从100顷至5顷不等。在朝廷中任职的官员，从一品官到九品官，根据不同的等级，各人分的田地从30顷至2顷不等。另外，各级官员还有职分田，职分田可以用地租进行补偿，作为在职官员俸禄中的一部分。均田制还规定：官员和皇室贵族的永业田和赐田都可以自由买卖；老百姓如果穷得走投无路，甚至没钱办理丧事，可以卖永业田；如果要从人多地少的地方迁往人少地多的地方，也可以卖永业田。

李渊在实行均田制的基础上，还实行了租庸调制。所谓的租庸调制就是：21岁至60岁的成年男丁每年都要交2石粟，称为租；每年交2丈绢、3两棉，或者交2.5丈布、3斤麻，称为调；每人每年要服役20天，如果不服役，就按照每天交3尺绢进行折算，称为庸。如果因为特殊情况，服役的日子延长了15天，就可以免调；如果服役的日子延长了30天，就可以免租、调。每人每年服役最多只延长30天。当然，李渊实行的租庸调制并没有完全沿袭隋朝，而是在隋朝租庸调制的基础上进行了完善和调整。其中，利用庸来代替服役的条件放宽了许多，更有利于促进农民生产的发展。

此外，李渊还进一步完善了隋朝的科举制度。当时，参加科举考试的主要有两类人：一类是朝廷国子监下面隶属学校的学生，他们称为"生徒"；一类是各个地方私学中通过州县保举的学生，称为"乡贡"。科举的形式也有两种，一种是常举，一种是制举。常举每年都会定期举行一次，所有的内容都是事先规定好的；制举是皇帝临时进行，并由皇帝亲自主持的，考试的内容也是临时确定的，时间和录取人数都没有限定，不像常举那样频繁地每年都要举行。在常举的考试科目中，有秀才、进士、明经、明法、明算等，而进士和明经是最受重视的，因为这是进入朝廷做官的重要途径。在进士科中，主要考诗词和歌赋，有时也会考一些时务政策，都旨在测试考生的真才实学。进士科很难考，古代考进士的人，有的头发白了还未考中。

李渊在改革科举的同时，也很重视文化教育。他先后颁布了一些推崇教育的敕令，如："自古为政，莫不以学为先，学则仁义礼智信五者俱备，故能为利深博。朕今欲敦本息末，崇尚儒宗，开后生之耳，行先王之典谟。"在唐朝时期，儒家是很受尊重的，当时的教育和科举考试，都以儒家的经书为主，像《周易》《左传》《礼记》《尚书》等。此外，李渊还下诏对各朝历史进行修订并编撰《艺文类聚》。《艺文类聚》是一部类书，书中引用了一千多种古籍，从而为我们现在保存下来许多有价值的历史资料。李渊的这些措施，都在一定程度上促进了文化教育的发展。

李渊不信佛，他对佛教采取的是抑制政策。唐朝初年，相州邺人傅奕最早开始反佛，李渊还在隋朝做地方太守时就和傅奕认识了，所以李渊建立唐朝后，很快就任命他为太史令。武德七年（624年），傅奕向李渊上疏请求灭佛，说佛教宣传"不忠不孝"，是用来迷惑老百姓的。同时，傅奕提倡儒家思想，他认为应该通过儒家的"忠孝"来达到巩固政权的目的，而佛教思想是与此背道而驰的。不过，李渊最后只是对佛教的发展进行抑制，而并没有完全实行傅奕提出的灭佛主张。

总之，李渊是一个比较有作为的皇帝。他消灭各种割据势力，统一大唐江山；

制定了各种政策，使得唐朝初年的农业生产和社会经济得到了复苏与发展。正是由于他的努力，在经过了多年的战争之后，社稷人心才得以安定下来，这些都为后来的贞观之治和开元盛世打下了坚实的基础。

可惜，虽然李渊在政治和军事上都很有魄力，但在面对自己心爱的儿子时却显得优柔寡断。他在立储问题上的举棋不定，酿成了日后的惨剧，也为大唐王朝的发展埋下了一条祸根。

第二章

李世民和贞观之治

——一代明主，开创大唐盛世

武德九年（626年），李世民发动玄武门政变并在不久后登上皇位。他在位期间，任人唯贤、虚怀纳谏，实施了一系列有利于国计民生的措施。与此同时，他不断开拓疆土，被少数民族首领尊为"天可汗"。唐太宗李世民创造了大唐王朝的第一个盛世，史称"贞观之治"。

第1节　兄弟夺权

公元618年—公元624年

李渊的原配是窦氏，她的母亲是北周武帝的姐姐襄阳长公主，她的父亲是北周定州总管神武公窦毅。窦氏从小聪明伶俐，喜好读书，颇有见识，深得舅父周武帝的喜爱，常被带入宫中抚养。窦氏到了适婚年龄后，媒人几乎踏破了窦家的门槛，然而，她的父亲窦毅却对妻子说："我们这个女儿相貌不凡，又有见识，不能随意许配人家，一定要给她找个好丈夫。"于是，窦毅就让人在家中大堂的屏风上画了两只孔雀，让求婚的人站在一定的距离外，各自朝着屏风上的孔雀射两箭，谁能射中孔雀的眼睛，就把女儿许配给谁。最后，在上门求婚的人中，只有李渊接连两箭都射中了孔雀的眼睛，窦毅就把女儿嫁给了李渊。这就是"雀屏中选"的故事。窦氏一直默默地扶持李渊，可惜李渊还未起兵，窦氏就过早地去世了。李渊称帝后，追封窦氏为皇后。

李渊和窦氏有四子一女，即长子李建成、次子李世民、三子李玄霸、四子李元吉和女儿平阳公主。

长子李建成生于开皇九年（589年），死于武德九年（626年），死时年仅38岁。大业十三年（617年），李渊在太原起兵时，李建成被封为陇西郡公、左领军大都督。代王杨侑被李渊拥立为恭帝后，封李渊为唐王、李建成为唐王世子。武德元年（618年），李渊即位后，李建成被册立为皇太子。

次子李世民生于开皇十九年（599年），死于贞观二十三年（649年），享年51岁，在四个同胞兄弟中，他活得最长。李渊在太原起兵后，他被封为敦煌郡公，并担任右领军大都督，后被隋恭帝杨侑封为秦公，接着封赵国公。父亲李渊登基称帝，他被封为尚书令、右翊卫大将军，并晋封为秦王。

三子李玄霸生于开皇十九年（599年），死于大业十年（614年），死时年仅16岁。他死的时候，唐朝还没有建立。李渊登基之后，追封他为卫怀王，并赠秦州总管、司空等职。

四子李元吉生于仁寿三年（603年），死于武德九年（626年），死时年仅24岁。据说他生下来的时候，由于相貌丑陋，母亲不怎么喜欢他，让人把他抛弃。乳母陈氏不忍心，偷偷将他抱回自己家中抚养，并找机会禀告了李渊。李渊得知实情后，才留下这个儿子。李渊在太原起兵后，他留守太原。李渊登基称帝后，他被封为齐王。

其实，李渊的儿子远远不止他们四个，只是其他儿子都非窦氏所

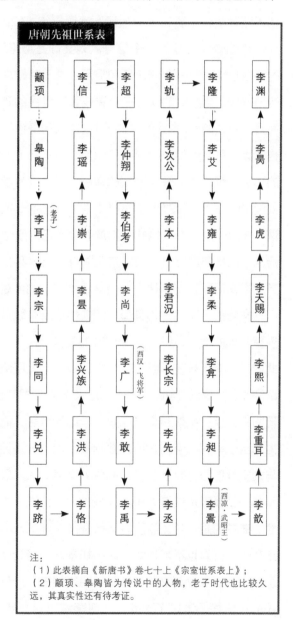

唐朝先祖世系表

注：
（1）此表摘自《新唐书》卷七十上《宗室世系表上》；
（2）颛顼、皋陶皆为传说中的人物，老子时代也比较久远，其真实性还有待考证。

生，而且他们和之后的玄武门事件没有什么关系，所以这里就忽略不提了。

关于太子李建成和秦王李世民之间的矛盾究竟是从什么时候开始的，史书上并没有明确说明。我们只能从各种蛛丝马迹中做一个大胆的推断，那就是：在李渊登基称帝、李建成被册立为太子后，胸怀天下、满腔抱负的李世民不甘心从此就做一个区区的秦王，遂有了争储之意。再加上他和大哥李建成的关系一向都处得比较平淡，谈不上有很深厚的感情，所以在权力和政治利益的驱使下，两兄弟之间的摩擦自然就不断升级，矛盾也不断加深。武德三年（620年），刘文静被杀，更是成为两人矛盾从暗处转向公开的一个信号。刘文静是最早跟随李渊太原起兵的人之一，是大唐的开国功臣，深得李渊信任和重用。由于功勋卓著、才识超群，刘文静在朝廷上的影响力很大，更关键的是，在李建成和李世民的政治斗争中，他选择了和李世民结盟。而且，刘文静和房玄龄、杜如晦这些人的身份不太一样，虽然房玄龄、杜如晦的名声也很大，可是他们当时都不是朝臣，只是秦王府中的幕僚而已，所以并不能左右朝政的形势。可是刘文静是朝廷的宰相，却又成为李世民的心腹，他的态度自然能够影响到朝中一干大臣，对太子李建成来说，这是一个很大的威胁。从唐高祖李渊的立场来说：作为一个父亲，他并不愿意看见自己的亲生儿子骨肉相残；作为一个有远见的政治家，他也知道自己必须以帝王的身份对这种情况及时加以制止，这样才不至于因为萧墙之祸而断送刚刚建立、根基还不牢固的大唐王朝。于是，李渊找到了一个机会，以刘文静的一次战败为借口，免去他的所有职务，削夺了他的爵位。虽然后来李渊又恢复了他的爵位，但是并没有给他复官，只是让他做了一个无足轻重的民部尚书。与此同时，李渊却在不断抬高朝中另外一个大臣裴寂的地位。和刘文静一样，裴寂也是跟随李渊太原起兵的人之一，是大唐的开国功臣、李渊的心腹。他曾经在隋朝担任晋阳宫副监，和李渊交情深厚。李渊称帝后，他担任过尚书仆射等职，尚书仆射的权力相当于宰相。李渊之所以要抬高裴寂，一是因为在当时的朝廷中，功劳、才识能够与刘文静匹敌，并且能够遏制住刘文静的人，只有他；二是因为在李建成和李世民的斗争中，裴寂是支持太子李建成的。应该说，李渊这样做是一番苦心，有着很深的用意。遗憾的是，刘文静没有能够理解李渊的苦心，对李渊的做法心怀怨意，还屡屡口出狂言，行为也不加检点。这一切本来已经让李渊很不满了，可是偏偏就在这时候，李世民为了保全刘文静，非常不明智地做了一件事情，就是出面为刘文静说情。李世民的说情终于激怒了李渊，促使李渊对刘文静下了杀心，也使得太子李建成和秦王李世民之间的政治斗争正式公开化。

武德四年（621年），李世民率军征讨王世充。王世充投降后，李世民率领大军进入了洛阳城。据史书中的记载，李世民进城后不久，就在房玄龄的陪同下秘密拜访了洛阳城中有名的道士王远知。这个王远知，据说上通天文，下知地理，尤其精通周易八卦。他见了李世民后，直接预言他会做天子。大概正是王远知的这一席话，更加坚定了李世民要取代大哥李建成做太子的决心。

在李世民的登基之路上，有两个非常重要的历史人物不能不提，这就是历史上称为"房谋杜断"的房玄龄和杜如晦，他们都是李世民身边的重要谋臣。

房玄龄，齐州临淄人，生于一个世代官宦之家，他的祖父房熊曾经担任州主簿，父亲房彦谦是隋朝的司隶刺史。房玄龄自幼聪明，从小喜欢读书。开皇十六年（596年），年仅18岁的房玄龄考中进士，被封为羽骑尉（闲散的武职人员），并在秘书省担任校雠（相当于现在的校对）工作。有一次，吏部侍郎高孝基看见他，对他仔细观察了一番，然后对人说："我这一生见的人很多，但还从没见过他这样的人，他日后的前途不可限量呀！"隋朝末年天下大乱，各地英雄豪杰纷纷举兵起义。大业十三年（617年），李渊率军进入长安，李世民带着人马向渭北进军，房玄龄也于此时投奔到李世民的麾下。结果两人一见如故，李世民当即就让他担任渭北行军记室参军。从这以后，房玄龄就一直跟随在李世民的身边，参与李世民所有重要的政治事务。对房玄龄的忠诚和才干，李世民一直深为赏识。他是李世民的心腹，也是李世民智囊团中的决策人物。

杜如晦是京兆杜陵（今陕西西安市长安区）人，他最初在隋朝担任县尉。武德元年（618年），唐朝建立后，秦王李世民听说他足智多谋，就把他召进秦王府中担任兵曹参军。当时，秦王府中聚集了众多有才之士，唐朝初建，急需向各个地方选派官员，唐高祖李渊也听说了杜如晦的名声，就想把杜如晦从秦王府调到朝廷中任职。房玄龄得知后，跑去对李世民说："这个杜如晦可不是一般的谋臣，他有王佐之才。如果您只想做一个藩王，那就让他去吧。但是，如果您想经营天下，那就一定不能离开他啊！"在房玄龄的这句话中，所谓"王佐之才"，就是说杜如晦具有辅佐君王的才干。听了房玄龄的话，李世民就向李渊上奏说坚决不同意杜如晦调走，后来李渊就没再坚持，就这样，杜如晦继续留在了秦王府中。此后，他也和房玄龄一样，自始至终跟随在李世民身边，为李世民出谋划策，成为李世民智囊团中的核心和决策性人物之一。

为了能够有朝一日登上权力的顶峰，李世民在房玄龄、杜如晦等忠臣干将的辅佐之下，开始从各方面进行周密、细致的准备。

首先，要成就大事需要有可靠而且得力的助手，说直白点就是人才。武德四年（621年），李世民设立了文学馆。这个文学馆名义上是将读书人聚集起来一起整理古籍、读书学习、讨论古人的治世之方，实际上就是李世民笼络文人、招揽人才的一个机构。他非常重视文学馆的作用，用心对文学馆进行经营，当时有名的学者几乎都被请进了文学馆中做学士。这些学士都享有很高的待遇，被老百姓们称为"跃龙门"。他们著书立说，对李世民歌功颂德，在一定程度上左右了社会的舆论，为李世民树立了良好的口碑和威信。

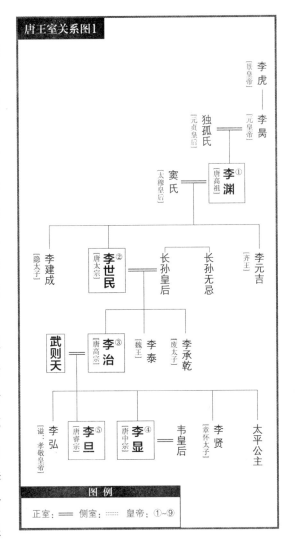

除了文学馆，李世民还积极利用每一次出征的机会寻觅各地有才干之人。根据房玄龄亲笔写的传记中记载，他每回跟随李世民征伐、平乱之后，身边的人都忙着搜寻奇珍异宝、钱财之物，唯独他刻意寻找人才。凡是他认为可用的人都被召集到了秦王府中，这些人在秦王府里受到礼遇，几乎人人都对李世民心存感恩，都心甘情愿为李世民效忠。在招揽人才的过程中，最有名的案例是留用杜如晦的叔叔杜淹。杜淹曾是王世充的亲信，他虽是杜如晦的亲叔叔，却与杜如晦兄弟三人不和，屡次利用机会陷害这三兄弟。最终使得王世充杀了杜如晦的大哥，三弟杜楚客也一度被王世充关进监狱。王世充投降后，李世民本来想杀掉杜淹，杜如晦也因为一直都非常恨叔叔，打算见死不救。哪知这时，三弟杜楚客找到了二哥杜如晦，让二哥替叔叔求情，留下叔叔一条命。关于杜楚客替杜淹求情的动机，我们不得而知，史书中也没有留下什么记载，或许是因为杜楚客心善，顾念一份叔侄血缘。但不管怎样，在杜楚客的再三请求下，杜如晦终于向李世民求情，救下了杜淹。虽然杜淹的命保住了，但是对这样一个人，秦王李世民根本不可能留用。可是在不久以后，传出了太子李建成想把杜淹收为己用的消息。李建成为什么想要用杜淹？原因很简单，杜淹这个人虽然品德不怎么好，可是有头脑，有智谋，擅长用计、谋划，当初王世充重用他，也就是因为他的这一特长。房玄龄一听到这个消息，立即就找到李世民商量这件事情。他们都知道，如果把这样一个人推到太子的阵营之中，太子就是如虎添翼，其智囊团的实力就会大增。李世民和房玄龄商议的结果只有一个，马上留用杜淹。就这样，李世民抢先一步，任命杜淹为秦王府的兵曹参军、文学馆学士，笼络住了杜淹。

除了招揽各种文人谋士，李世民还在暗中结交各地英雄豪杰，经营地方势力，私下蓄养武士。他暗中组织了一支八百人的精悍队伍，藏于长安城内。

在笼络人才的同时，李世民还积极争取朝中大臣们的支持，像萧瑀、陈叔达等人就一直坚定不移地支持他。秦王妃长孙氏也频繁出现于后宫之中，和各宫中的妃嫔结交，改善后宫妃嫔们对李世民的印象，努力获得她们的支持。

在和太子李建成的政治斗争中，李世民有一项绝对的优势，那就是唐朝初建，他在率军征伐、平定叛乱的过程中，所立下的赫赫战功。

武德元年（618年）年底，李世民率军讨伐割据一方的薛仁杲。打败薛仁杲后，他官拜太尉、陕东道行台尚书令，加封左武侯大将军、凉州总管。武德三年（620年）春天，李世民大军打败刘武周，加拜益州道行台尚书令。武德四年（621年），李世民打败窦建德，降服王世充，被加封为天策上将、陕东道大行台，位列王公之上。

俗话说功高震主，李世民的显赫战功对父亲李渊来说已经成为一种压力，而对他的太子大哥李建成来说更是一种噩梦。对李渊来说，这个儿子实在太有本事了，到最后都不知道该怎样封赏他才好。作为太子，李建成平时主要帮助李渊处理政务，制定大政方针，因此很少有带兵出战的机会，也没有机会发展自己的势力。现在李世民通过战争立下了卓越的功勋，又巩固发展了秦王府自身的实力，这一切已经威胁到了李建成的威信和地位。他开始察觉到李世民的野心，担心李世民会夺权，因此对李世民异常防范。同时，他也希望自己能够在沙场上建功立业，扬名显赫，来证明自己的才干。太子身边的人也在加紧谋划，寻找时机帮助太子建立军功以抗衡李世民。

前文已经提到，窦建德的旧部刘黑闼被打败后，逃亡到突厥，并且在突厥人的支持下，很快卷土重来。开始，唐高祖李渊派淮阳王李道玄去讨伐刘黑闼，接着又派齐王李元吉出战。可是，李道玄、李元吉的两支大军都以溃败告终，李道玄被杀死，李元吉在惨败之后，不敢贸然进攻。此时，李建成身边的谋臣王珪和魏徵向李建成建议说："太子，秦王立下那么多战功，人心现在都向着他啊！您虽然年长，是太子，可是和秦王相比，您却没有什么大的功劳能够安抚天下。现在，我们为什么不趁机请旨征讨刘黑闼呢？一来可以在疆场上一搏，借此获取功名，二来可以因势结交各个地方的英雄豪杰为我所用，这样才能保住平安啊！"李建成听从了二人的建议，向李渊请旨征讨刘黑闼，得到了李渊的批准。征讨过程中，李建成明智地采纳了魏徵的建议，通过释放俘虏对刘黑闼部进行招降劝诱。因刘黑闼军中的粮草已断，一些将士经受不住诱惑，陆续向唐军投降，刘黑闼最终在逃亡的途中被俘。李建成采用安抚的方法平定河北一带，深得人心，使其威望大增，势力得到发展。

在这次出征中，李建成还意外结交了一个名叫李艺的豪杰，他特地从李艺手下挑选了大约两千名士卒充实自己东宫的卫队，称之为"长林兵"。大将薛万彻也在这时投到了李建成的麾下，成为李建成阵营中的重要武将。

在李建成与李世民的政治斗争中，有一个关键人物就是李元吉，而李元吉始终公开站在李建成这一边。根据史书中的记载，李元吉算得上是一个地道的流氓和无赖，他被封为齐王后，还经常沉湎于一些危险的游戏。例如，他把手下的人分成两组，要他们各自拿着真枪真刀互相拼杀，供他取乐；他还喜欢在街上对着行人放箭，看见路人惊恐躲箭的模样，他就乐不可支。他的乳母规劝他改邪归正，他竟然勒死了将自己从小养大的乳母。就是这样一个人物，在大哥李建成和二哥李世民争夺太子之位时，他不但不劝谏双方，还一直在背后煽风点火。当然，李元吉这么做也有自己的政治目的。在他看来，二哥李世民的个人能力实在太强大了，其身边的政治势力不可小觑，而且二哥功勋卓著，从各方面看，二哥的力量都很强大，他一时之间根本无法与之相斗。相比之下，大哥李建成的个人能力及其身边的政治势力都要弱得多。他选择与大哥李建成结盟，还有一些胜算赢过李世民，只要赢了李世民，他就有机会扳倒李建成，成为太子。鹬蚌相争，渔翁得利，李元吉就想等大哥、二哥斗得两败俱伤之后，自己做那得利的渔翁。他的如意算盘打得不可谓不精，但不管怎样，至少此时，李元吉肯定是支持李建成的。

除了发展东宫的势力外，李建成也利用在宫中的有利地位，积极争取宫中嫔妃们的支持，例如李渊宠爱的张婕妤、尹德妃就很喜欢李建成，齐称"东宫慈爱"。此外，李渊信任的大臣裴寂、封伦等人也坚定地支持着李建成。

这些支持者为了帮助李建成，常常制造一些摩擦来对付李世民。例如：尹德妃的父亲常常依仗女儿的势力骄横跋扈、肆意妄为，有一次，杜如晦经过他家，他的家仆非常没有道理地将杜如晦一阵暴打。事后，尹德妃还抢先向李渊告状说：秦王府仗势欺人，放任杜如晦殴打尹家家仆。还有一次，李世民送给了淮安王李神通一些田地，不巧的是，张婕妤的父亲也看上了那些田地，于是张婕妤就向李渊要求得到那些土地。见妃子请求，对那些田地毫不知情的李渊就下旨把地赐给张婕妤的父亲。可是，李神通先占有田地，他不愿意让出，两家就争执起来。张婕妤跑去向李渊哭诉，把所有的责任都推到李世民的身上。像这类摩擦还有许多，这些事情多多少少影响了李渊对李世民的看法，也在一定程度上离间了他们父子之间的感情。

有一次，李渊带着太子李建成、秦王李世民、齐王李元吉一同前往城南围猎。李建成有一匹肥壮健硕、性情暴烈的胡马，李世民每次骑上这匹胡马都会被摔下来，李世民不服气，于是说："生死由命，我被这马摔了好几次都没有摔死，看来这匹马奈何不了我，我一定要驯服它！"没想到，这句话被李元吉听到了，李元吉立刻让人把这句话转述给李渊的一个宠妃，那名宠妃去李渊面前诬告李世民，说："秦王说自己有天命，以后能当天子！"李渊一听勃然大怒，马上把李世民召去兴师问罪，李世民百般解释，也没有办法打消父亲对自己的误会和疑虑。虽然最后李渊只是把李世民责备了一通，并没有治李世民的罪，但李渊对李世民的不信任已明显增加。

李建成知道李世民手下能人干将众多，便想找机会对李世民的一些部属进行拉拢，例如尉迟敬德、段志玄等人。为了能够把尉迟敬德收为己用，李建成不但亲自给尉迟敬德写书信，还不断派人给尉迟敬德送去大量金银珠宝。然而，尉迟敬德始终对李世民忠心耿耿，不肯接受太子李建成的招纳。李建成一计不成，又生一计。他向李渊上奏，请求利用朝廷的力量，将李世民身边一些重要的谋臣武将，如房玄龄、杜如晦、程知节等人陆续调走，委任他们去地方担任官职。按照唐朝的法律，亲王是不能与朝臣相互联系的。也就是说，一旦房玄龄、杜如晦、程知节等人成为朝廷的官员，若继续和原主人——秦王李世民保持联系，那么就是犯罪，李世民与他们几人都要受到严惩。李建成这一招釜底抽薪之计，严重削弱了秦王府的力量。

李世民有一个名叫张亮的手下，这个人喜欢交朋友，认识不少英雄豪杰。李世民用其所长，给张亮提供了足够多的经费，让张亮镇守洛阳，经营山东地区，帮助他物色、收罗人才。在李世民的支持下，张亮暗中和一些豪杰联系，并将他们组织起来，集合成一支有一千多人的队伍。这件事情让齐王李元吉知道了，李元吉就借此诬告张亮图谋不轨，还把张亮抓进监狱严刑拷打。他们试图以张亮为突破口，通过张亮的供词整垮李世民。可是没有想到张亮是一条好汉，无论怎么被拷打，始终都没有招供。李元吉无可奈何，由于李世民出面营救，最后只好放了张亮。

根据史书中的一些记载，李元吉甚至想要毒杀李世民。一次，李建成设宴请李世民喝酒，同时作陪的还有淮安王李神通等人。酒宴中，李元吉让人暗中向李世民

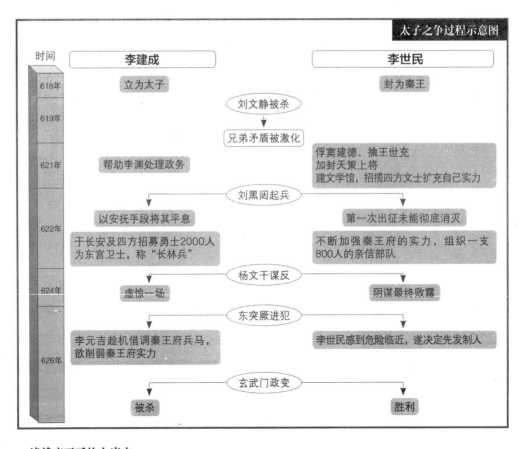

太子之争过程示意图

时间	李建成	李世民
618年	立为太子	封为秦王
619年		刘文静被杀 兄弟矛盾被激化
621年	帮助李渊处理政务	俘窦建德、擒王世充 加封天策上将 建文学馆，招揽四方文士扩充自己实力
622年	刘黑闼起兵 以安抚手段将其平息 于长安及四方招募勇士2000人为东宫卫士，称"长林兵"	第一次出征未能彻底消灭 不断加强秦王府的实力，组织一支800人的亲信部队
624年	杨文干谋反 虚惊一场	阴谋最终败露
626年	东突厥进犯 李元吉趁机借调秦王府兵马，欲削弱秦王府实力	李世民感到危险临近，遂决定先发制人
	玄武门政变 被杀	胜利

的酒杯投毒，李世民不知情，喝下一口毒酒就感觉浑身不舒服，然后开始吐血。幸运的是，旁边的淮安王李神通和李世民关系一向不错，李神通及时出手相救，才使李世民免于性命之忧。

尽管李建成身边的人都积极地想要除掉李世民，但李建成本人对此事反而并不支持，他一方面努力增进东宫的实力来与李世民抗衡，另一方面却希望通过父亲来解决兄弟之间的矛盾，压制二弟的气焰。不过，李建成和李世民这对同胞兄弟的关系已经是剑拔弩张，这是不争的事实，两人最终的较量和决战基本上就只差那么一根导火索了。就在此时，一个震惊朝野的大案爆发，掀起了一场轩然大波。

第 2 节　玄武门之变

公元624年—公元626年

武德七年（624年）六月，和往年一样，唐高祖李渊下旨太子监国，让李建成留守长安料理朝中的日常政务，自己则带着秦王李世民、齐王李元吉等人前往仁智宫中避暑。仁智宫在宜州的宜君县，位于长安正北方。

当李渊等人离开长安以后，李建成做了一件事：他让手下的郎将尔朱焕和校尉桥公山押运一批盔甲前往庆州，交给庆州都督杨文干。杨文干曾经是东宫的侍卫，和太子李建成的关系非常密切，后来杨文干离开东宫，担任朝廷的要职。按照当时的法律，担任朝廷官员的他不能够再和东宫太子李建成来往，但是，他仍然在暗中为李建成办事，还非常隐秘地为李建成招纳过豪杰，输送过壮士。当年的盔甲和今天的枪炮一样，都是在行军打仗时使用的，属于军用物资。唐律规定，官员要运送盔甲，必须有朝廷兵部的批文，并且要得到皇帝的同意，也就是说皇帝需要在批文上加盖玉玺印章。很显然，李建成把盔甲运给杨文干，却没有这张关键性的文书，换句话说，他要运给杨文干的这批盔甲是非法的。据史书记载，尔朱焕和桥公山最开始并不知道太子让自己运送的东西是盔甲。后来他们发现了车上的物品是盔甲，为了洗脱自己的嫌疑，两人决定向李渊告发，把责任全部推给太子李建成。因为唐律规定，犯罪后只要能够主动自首就可以减轻刑罚，如果揭发别的人还能够得到奖励。

因为庆州在长安城的西北，从长安到庆州一路上要经过豳州、宁州等地。所以，当尔朱焕和桥公山抵达豳州，发现车上运送的物品都是盔甲后，就向豳州官员自首，并且说有十万火急的事情必须面见皇帝。豳州官员一听此事非比寻常，自然不敢怠慢，连夜就将二人快马加鞭地送往仁智宫。下面就是一幅再清晰不过的场景：在仁智宫中，李渊端坐于皇位之上，尔朱焕和桥公山二人跪在李渊面前，告发太子李建成勾结杨文干谋反。凑巧的是，就在尔、桥二人当着李渊的面密告太子谋反时，另外一个名叫杜凤举的宁州人也被宁州官员火速送到仁智宫中揭发太子谋反。杜凤举究竟是什么人？在正史中，除了这个人名，别的资料再也查阅不到。在一些野史中，有关于这个人的各种说法，有的说他是杜淹的私生子，有的说他做过鄜州刺史。总之，关于这个人的真实身份，今天还难以考证。但无论杜凤举是谁，他到仁智宫来的目的是确定的，就是告发太子谋反。本来想到仁智宫中逍遥避暑的唐高祖李渊，同时听到尔朱焕、桥公山和杜凤举三人揭发太子谋反，心中的火气可想而知。他二话不说，立即下旨，让人立刻赶回长安，将太子"请"到仁智宫。他的旨意中并没有提到谋反的事情，而是另外找了一个理由将太子"请"来，这一举措正是想试探太子的心意。

李建成听到这个消息一定十分惊恐，很可能李元吉已经将有人告发他的事情通知了他，现在父皇派人来"请"自己，无非是想拿自己问罪。但李建成毕竟是太子，他在胆战心惊的同时，迅速冷静下来，对形势作出分析。虽然他并不知道父皇是怎么看待这件事情的，但是他知道李渊肯定会对他有所怀疑，而下一步棋将是决定胜负的关键。此时东宫的谋士中有人建议干脆立即占领长安，领兵起事；当然更多的人倾向于让太子立即赶往仁智宫，向李渊认错，并解释运送盔甲的原因，毕竟私自运送盔甲不可能成为太子谋反的理由，更何况太子本身也并没有谋反的打算。李建成接受了后一种建议，主动向父皇认错，他不敢耽误片刻，立即向仁智宫赶去。

李建成抵达仁智宫以后，诚恳地向李渊承认了自己疏于管理的错误。李渊此时仍在气头上，并且事情还没有弄清楚，所以他并没有轻易地相信太子，而是下令将太子软禁起来。之后，李渊冷静下来略微思索了一下，就发现了一些破绽。首先，太子李建成是自己法定的皇位继承人，在建成和世民的政治斗争中，自己实际上一直都是支持建成的，自己对建成的信任也从未动摇过，他的太子地位十分稳固。既如此，建成又为何要冒着巨大的风险来谋反呢？如果建成真有谋反之心，又为何要这么冲动地让人给杨文干运送盔甲。盔甲不易隐蔽，运送途中极易暴露目标，而且建成手中并没有运送盔甲的批文，这样很容易被别人发现，这不是等着别人来告发他吗？况且杨文干远在庆州，俗话说"远水救不了近火"，若建成真是要为谋反找里应外合的人，为何要挑庆州这么偏远的地方呢？当然，更重要的是，当李渊看见儿子李建成顺从地出现在自己面前，尽管神色中有些胆怯和惊恐，但他还是尽量表现得从容、坦然。凭着对儿子的了解，李渊更加坚定地相信，如果建成真要谋反，那么事情一旦败露，他正好以太子监国的身份控制住京城，并想办法挟持远在仁智宫中的自己，又何必要顺从地来到仁智宫中面对自己呢？这一切显然是一个阴谋，但这个阴谋的幕后主使者是谁，他不愿意去想。因为他不仅是皇帝，同时也是一个父亲，有些事情，是一个父亲所不愿意见到的。

想到这里，李渊迅速派出司农卿宇文颖快马加鞭前往庆州，准备把杨文干召到仁智宫中和太子对质。按照李渊的想法，在他坚定了自己的直觉和对儿子李建成的信任后，他相信只要召来杨文干，就能够把事情弄个水落石出，就能顺利还太子清白。但是，事情的发展出乎所有人的意料，当宇文颖赶到庆州后，杨文干竟然真的起兵谋反了。此刻的李渊不得不接受太子谋反的这个事实，就算太子没有直接谋反，至少也是太子的人谋反了。

听到这个消息后，李渊先派遣灵州都督杨师道前去镇压，接着又下旨让秦王李世民带兵去镇压。根据史书中的记载，李世民出征之前，李渊曾郑重地向他许诺说："你去吧，我准备封你为太子。不过，我不能够像隋文帝那样杀死自己的儿子，我会封建成为蜀王。蜀地遥远，那里兵力也不强。如果以后建成能够服从你，就请你保全他；如果他不愿意服从你，那么你要控制住他也很容易。"

不过，就在李世民带兵出发镇压杨文干时，李渊又突然改变了主意，他释放了太子李建成，并且让李建成回到长安继续监国，处理朝中政务，好像什么事情都没有发生过似的。当李世民迅速将杨文干平定，并兴奋地班师回朝时，李渊对废立太子一事只字未提，反而将东宫幕僚王珪、韦挺以及秦王府的幕僚杜淹同时流放到边州，并要求太子李建成和秦王李世民两兄弟以后和睦相处。

李渊为什么会突然改变决定呢？本来一件重大的谋反事件，却被处理成兄弟不和导致的内部矛盾。对此，史书中并没有明确的解释，只是很含糊地说在李渊后宫中那些支持李建成的妃嫔们，还有齐王李元吉，以及朝中的太子党，都纷纷为李建成说情，请求网开一面，保全太子，才使事情出现了转机。不过现在越来越多的史料证明，李渊之所以改变主意，是因为他洞悉了整个事件的真相，看出来太子李建成确实是被人诬陷。一些史学家也认为"杨文干事件"其实是秦王府的一个阴谋：太子确实私下给杨文干运送了盔甲，但只是出于对下属的关心，并没有什么深意，而秦王府的人却拿此事大做文章。他们买通了太子的属下尔朱焕和桥公山，又派出自己人杜凤举去揭发太子，甚至杨文干的临时起兵也是宇文颖教唆的结果，因为在李世民平乱的过程中，宇文颖不明不白地死去了，这很有可能是秦王府杀人灭口的结果。总之，不管怎样，"杨文干事件"使兄弟二人的矛盾白热化，成为后来玄武门之变的前奏和导火索。

杨文干事件之后，唐高祖李渊一度想让李世民离开京城。他曾对李世民说："你们兄弟之间一直不和，如果都留在京城，我担心以后会出事。毕竟你们都是我的儿子，有些事情是我不愿意看见的。所以，我考虑了很久，想让你去洛阳。你到洛阳以后，陕西以东的所有地盘都归你，你可以像梁孝王一样建天子旌旗。"梁孝王是西汉文帝的次子，景帝的兄弟，景帝和他都是窦太后所生。在两个儿子中，窦太后宠爱的是小儿子，一直希望小儿子能做皇帝。景帝即位后，窦太后又希望景帝日后能把皇位传给兄弟。虽然窦太后的心愿一直没有能够实现，但是梁孝王却因为母亲的原因，得

唐代官员爵位表					
等级	爵号	视品	食邑	法定授田额（顷）	封爵条件
一	王	正一品	万户	100	皇兄弟、皇子
二	嗣王、郡王	从一品	五千户	50	皇太子子 亲王嗣子
三	国公	从一品	三千户	40	袭郡王、嗣王者 受特封之大臣
四	开国郡公	正二品	二千户	35	亲王诸子 有特殊功大臣
五	开国县公	从二品	一千五百户	25	
六	开国县侯	从三品	一千户	14	
七	开国县伯	正四品上	七百户	10	有特殊功大臣
八	开国县子	正五品上	五百户	8	
九	开国县男	从五品上	三百户	5	

唐代官员勋级表		
等级	勋号	视品
十二转	上柱国	正二品
十一转	柱国	从二品
十转	上护军	正三品
九转	护军	从三品
八转	上轻车都尉	正四品
七转	轻车都尉	从四品
六转	上骑都尉	正五品
五转	骑都尉	从五品
四转	骁骑尉	正六品
三转	飞骑尉	从六品
二转	云骑尉	正七品
一转	武骑尉	从七品

★爵位是古代皇族、贵族的封号，用以表示身份等级与权力高低；勋级是武将所立功勋的等级，代表了武将的荣誉。唐初很多功臣都被授予爵位和勋级，从表中可以大概了解他们所立功绩的大小。

到文帝与景帝两朝帝王的恩遇。他拥有四十多座城池，居住在西汉王朝最富庶的土地上，经常得到丰厚的赏赐。他挥金如土，过着像帝王一般的生活。可见，李渊的这句话实际上是在向李世民承诺：只要能够避免你们兄弟之间骨肉相残，我允许你在洛阳建立自己的政权。

太子李建成和齐王李元吉得知后，明白此事对自己十分不利，于是就千方百计地阻挠。他们一方面让大臣向唐高祖上疏，劝谏李渊打消这个念头；另一方面又找人当着唐高祖的面分析其中的利害关系。李渊见这么多人反对此事，无奈之下只好作罢，但他的内心始终充满忧虑，担心两个儿子终有一天会兵戎相见。

武德九年（626年），突厥人大举入侵唐朝边境。太子李建成向李渊上疏，建议让齐王李元吉担任统帅，率领大军征讨突厥，李渊同意了。李元吉在接受任命时，趁机向李渊提出将李世民手下的大将尉迟敬德、段志玄、秦琼等人调给自己征讨突厥，还要求统辖秦王府的全部兵马。李元吉要李世民的大将和人马，名义上是为征讨突厥，私底下的算盘却是调走李世民身边的得力干将和亲信兵卒后，再找机会除掉李世民。李世民察觉了事情的紧急性，派人将早已调离秦王府的房玄龄和杜如晦偷偷请了回来，并招来长孙无忌、尉迟敬德、段志玄、秦琼等人，一起商量对策。众人经过商议，都认为太子与秦王的这一战在所难免，太子与齐王想借这次出征削弱秦王府的实力，若真等他们出征回来，秦王府再想将自己的人马调回来，恐怕已经晚了。为今之计，不如先下手为强，抢先在玄武门设下埋伏，诛杀李建成与李元吉。

于是，李世民向李渊告密说太子等人淫乱后宫，李渊大惊，决定第二日召三人进宫当面对质。不久后，李建成接到了张婕妤的密报，得知父皇此次宣召是因为二弟李世民的挑唆。李元吉认为事情诡异，建议"勒宫府兵，托疾不朝，以观形势"，而李建成却认为李世民可能只是想挑拨自己与父皇的关系，应该与四弟共同入朝，向父皇当面解释清楚。就这样，李建成在毫无准备、没有采取任何措施的情况下就坦然入宫，而等待他的却是一张早已编织严密的死亡之网。

武德九年六月初四（626年7月2日）早晨，李建成和李元吉一同骑马走向了玄武门。玄武门是出入皇宫的一处重要宫门，这里守卫的将领一直都是李建成的人，所以他们并没有什么戒心。然而令李建成想不到的是，秦王府早已经买通了玄武门的当值守将常何。原来李世民早就为今日这一战做好了充分的准备，而太子却一直被蒙在鼓里。常何早在天还未亮的时候，就将尉迟敬德及其率领的七十精兵偷偷从玄武门放入了皇宫，此刻正在李建成和李元吉的必经之路等候着他们。

据史书记载，当李建成和李元吉骑马走到临湖殿时，感觉气氛似乎有些不同寻常，心中顿时疑虑丛生。这二人身为皇子，一直都身处权力和政治斗争的旋涡之中，对任何动静都具有高度的敏感性。他们可能预感到前面埋伏的杀机，于是立即掉转马头准备往回走。此刻埋伏在内的尉迟敬德还没有冲出来，李世民却带着其他秦王府的将领从宫外赶了过来，并高喊捉拿乱党。李元吉此刻的反应很快，他察觉到了事情不对，立刻摘下背上的弓箭，想要射杀李世民，结果情急之下连射三箭都未中。李世民见此情景毫不慌张，他并不躲避李元吉射来的箭，而是胸有成竹地摘下自己的弓箭，稳稳地将箭射向李建成的喉咙。由于李建成事先没有任何准备，所以当他看到李世民带兵冲进玄武门的那一刻，他愣住了。就是因为这一愣，他没有闪躲，那支箭狠狠地射进了他的喉咙。李建成可能至死也没有明白，为什么自己的亲弟弟会下此狠心亲手结束自己的性命。随后，尉迟敬德带领伏兵冲了出来，开始射杀李元吉，却只射到李元吉的马，李元吉落马后拔腿就跑。

此时李世民的坐骑无意中受到了惊吓，开始狂奔不止。李世民毕竟刚刚杀死了自己的亲哥哥，心里也有点蒙了，他并没有控制受惊的坐骑，而是任由它跑进了丛林之中，并被灌木丛绊倒在地。李元吉见此情形，立刻上前取下李世民的弓，他想趁机用弓弦勒死李世民，却连弓都拉不开了。尉迟敬德恰好也在此时赶来，李元吉一见寡不敌众，转身欲往自己曾经居住过的武德殿跑去。尉迟敬德当然不会错过这个机会，他冲着李元吉就是一箭，彻底结束了李元吉的生命，也宣告了秦王府在这次玄武门事变中的胜利。之后，他砍下李建成与李元吉的头，匆匆向玄武门方向赶去。东宫和齐王府的卫士此时已经得到消息，并在薛万彻、冯立、谢叔方等人的带领下从东宫的玄德门出发，沿宫墙向玄武门逼近。不想却在玄武门外遭遇了常何带领的北门禁军的激烈抵抗，混战中，北门禁军的将领敬君弘、吕世衡被杀。就在东宫卫士士气高涨，薛万彻高喊要攻打秦王府的时候，尉迟敬德突然提着李建成与李元吉的人头出现在玄武门城墙之上，东宫和齐王府的士兵看到太子与齐王的脑袋，士气顿失，终于停止了抵抗。

至于李渊，他此刻正和一群大臣在宫中等候三个儿子来解释前日之事，却听见从宫门外传来吵吵嚷嚷的人声，四处似乎都乱哄哄的。他正在诧异发生了什么事

唐代中央三省名称变更表					
时间		中书省	门下省	尚书省	附注
高祖武德三年（620）	长官	中书令	侍中	尚书令、左右仆射	李世民曾任尚书令，他即位后不再授其职于他人。
高宗龙朔二年（662）	省名	西台	东台	中台	高宗咸亨二年（671）恢复旧制。
	长官	右相	左相	左右匡政	
武后光宅元年（684）	省名	凤阁	鸾台	文昌台	中宗神龙元年（705）恢复旧制。
	长官	内史	纳言	文昌左右史	
玄宗开元元年（713）	省名	紫微省	黄门省	尚书省	玄宗开元五年（717）恢复中书、门下两省旧制。
	长官	紫薇令	黄门监	左右丞相	
玄宗天宝元年（742）	长官	右相	左相	左右仆射	肃宗至德二载（757）恢复旧制。

★唐初以三省长官为宰相，其后以中书令、侍中及加有"同中书门下三品"或"同中书门下平章事"等官员为宰相。

情，尉迟敬德就手持长矛，带人闯了进来。尉迟敬德向李渊禀报说："陛下，太子和齐王叛乱，已经被秦王杀了，请陛下传旨，让东宫和齐王府的卫士停止抵抗。"

李渊听了大吃一惊，惶恐不知所措，一直侍立在旁的宰相萧瑀上前参奏说："秦王功劳显赫，太子和齐王妒忌秦王，想方设法都要谋害秦王。现在，太子和齐王自食其果，被秦王杀了，这是一件好事，陛下可以放心地把国事交给秦王了！"其余几位大臣，见此情形都纷纷夸赞秦王的功绩，数落太子与齐王的不是，只有裴寂一人对此沉默不语。此刻李世民又以亲子的身份投怀痛哭，倾诉自己的"委屈"，李渊见大势已去，只好下旨宣布太子李建成和齐王李元吉罪状，并册封李世民为太子，又下令原东宫和原齐王府中的所有人马全部归属秦王李世民。

两个月后，经历了丧子之痛的李渊再也不想插手国事，于是将皇位传给李世民，自己做"太上皇"去了。武德九年八月初九（626年9月4日），李世民正式登基，开始了中国历史上的一个新时代。

第3节 贞观之治

公元626年—公元638年

李世民即位之后，首先要做的一件事情就是稳定人心。他以皇帝的名义颁布了大赦诏书，宣布对原东宫和齐王府中的余党一概不予追究。不过，他下面的一些官员却并没有理解到他的良苦用心，在这期间，很多人或为了自己个人的名利地位，或为了公报私仇，或为了邀功请赏，都不惜大开杀戒。

大赦诏书颁布以后，李世民让人分别前往各地发送。前去益州（今四川成都）送大赦诏书的人是益州行台仆射窦轨的儿子。窦轨是李世民政治阵营中的人，然而，窦轨手下的兵部尚书韦云起和郭行方却是原太子李建成阵营中的人。窦轨和韦云起、郭行方素有矛盾，他一直都在找时机报复二人，李建成的倒台正好给了窦轨一个机会。诏书最先被递到窦轨的手中，但他在接到大赦诏书后，并没有立即宣读，而是把手下的人，包括韦云起、郭行方等都召集起来。当众人聚齐之后，窦轨也不拿出诏书给众人看，韦云起、郭行方早已得知朝廷有诏书到来，就问窦轨："听说朝廷来了诏书，皇上有什么旨意呢？能否拿给我们大家看看？"窦轨并没有回答。韦云起又追问了一句，窦轨突然说："你想要谋反吗？"然后一个暗号，就让提前准备好的兵士冲出来，杀了韦云起。郭行方见势不对，立刻逃跑，幸亏他行动敏捷，才捡回一条命。

幽州大都督、庐江王李瑗原本是李建成阵营中的人，和李建成的关系非常好。他对他的副将王君廓非常信任，几乎什么事都会和他商量。李建成死后，李世民任命崔敦礼为敕使，派他前去幽州，把李瑗召回长安。当时的通信不太发达，李瑗还不知道李世民颁布诏书大赦天下的事情，所以李瑗一见李世民派人将他召回长安，心里面就有些恐慌，便连忙找来王君廓商量。李瑗信任王君廓，但王君廓对李瑗却并不是那么忠心，他知道李瑗是原东宫阵营的人，名利心切的他就想出卖李瑗立功。于是，在两人商量对策的时候，王君廓假意劝说李瑗起兵，并让李瑗把敕使崔敦礼关押起来，同时让李瑗把燕州刺史王诜叫来一起商量起兵之事。李瑗并不怀疑王君廓的诡计，按他的建议一一照办了。哪知道，王君廓先借机杀了王诜，又假仁假义地从监狱里放出敕使崔敦礼，然后把李瑗勒死并将其人头送到长安。可惜朝廷并没有识破王君廓的阴谋，还让他接替李瑗成为幽州都督。

唐代重要官修典籍一览				
典籍名称	类别	时任皇帝	主编	主要内容
《艺文类聚》	文学	唐高祖	欧阳询	整理了前代所有的文学典籍，按诗、赋、赞、箴等类别分目编次。
《晋书》	史书	唐太宗	房玄龄、褚遂良、许敬宗	记载了西晋和东晋的全部历史，并用"载记"的形式兼述了十六国割据政权的兴亡。
《梁书》	史书	唐太宗	姚察、姚思廉	记述了南朝萧齐末年的政治和萧梁王朝50余年的史事。
《陈书》	史书	唐太宗	姚思廉	记载自陈武帝陈霸先即位至陈后主陈叔宝亡国33年间的史实。
《南史》	史书	唐太宗	李大师、李延寿	记载南朝宋、齐、梁、陈四国170年史事。
《北齐书》	史书	唐太宗	李百药	记载上起北魏分裂前10左右，历经北魏、东魏、北齐三朝，下迄北齐亡国，前后约50年史实，而以记北齐历史为主。
《周书》	史书	唐太宗	令孤德棻	主要记述西魏及北周皇朝的史事，兼顾了同时代的东魏、北齐、梁与隋等四朝的重大史事，对于帝位更迭、重大动乱，皆详加载明。
《北史》	史书	唐太宗	李大师、李延寿	记述北朝魏（含东魏）、齐、周（含西魏）、隋四朝政权共233年的历史。
《隋书》	史书	唐太宗	魏徵	全书分为两部分：一为传纪，记述了隋朝37年的历史；二为史志，总结了南北朝以来大量的典章制度。
《五经正义》	经书	唐太宗	孔颖达	对儒家五经《周易》、《尚书》、《毛诗》、《礼记》和《左传》的注释与整理。
《氏族志》	谱牒	唐太宗	高士廉	记载宗族谱系的著作。以李唐皇族为首，外戚次之，山东士族崔民干被降为第三等，对士族门阀有一定抑制作用。
《周礼义疏》《仪礼义疏》	经书	唐高宗	贾公彦	对《周礼》与《仪礼》的注释与整理。
《姓氏录》	谱牒	唐高宗武后	孔志约、杨仁卿	五品以上的官员全部收入，皇后四家被列入第一等，当朝无官职的旧士族全部排除在外，在《氏族志》的基础上进一步贬抑门阀士族。
《大唐六典》	政书	唐玄宗	张说、张九龄	记叙唐朝中央、地方各级官府的组织规模、官员编制及职权范围等，是我国现存最早的一部行政法典。
《初学记》	文学	唐玄宗	徐坚	取材于群经诸子、历代诗赋及唐初诸家作品，体例略仿《艺文类聚》，保存了很多古代典籍的零篇单句。

　　当时，像这样的例子在各个地方比比皆是。虽然李世民再三表示大赦原东宫和原齐王府旧部余党，但是许多人仍然因为各种原因或被杀害，或被抓获送往长安邀功请赏。派系斗争仍然在持续着，这在一定程度上动摇了人心，影响了社会的稳

定。为了彻底实现和解、安定天下、争取民心，李世民又及时颁布了四大政策。

第一，李世民宣布停止对佛教和道教的改革。"玄武门事变"发生前不久，唐高祖李渊才宣布大量淘汰和尚与道士。在全国每州只留一个寺院，长安只留三个寺院，其余的寺院全部拆掉。此外，李渊对每个寺院中的人数也进行了限制，多余的人都必须还俗。根据史书中的记载，当时的佛教僧人和道教道士总共有三四十万人，也就是说李渊的这道旨意涉及的人数多达几十万。因为在那时，做和尚和道士不仅有饭吃，有衣穿，有免费的地方住，还能逃避赋税和徭役，更不用辛苦劳作，以我们现代人的眼光来看，实在是非常安逸舒适且清闲的一份工作。事实上，在当时的社会中，有很多穷人正是因为饥饿吃不起饭，交不起税，为了逃避官府的追捕和繁重的苛捐杂税，才出家做了和尚、尼姑、道士的。李渊的这项改革，实际上就是再让这些人还俗，无异于重新把他们推入到社会生活之中。他们需要重新选择生计，再次面对官府和各种各样的税收、徭役，整天辛苦、劳碌不说，还可能过着食不果腹、衣不遮体的贫穷生活，对于习惯了舒适生活的他们，又怎么会愿意接受这样的生活呢？因此，李渊的改革，在佛教和道教两界中，都引起了强烈的不满情绪。李世民刚登基，就宣布立即停止对佛教和道教的改革。在当时，佛教和道教的文化都对社会有着深刻的影响，在某种程度上能够左右社会的舆论，为了获得舆论的支持，就需要得到佛教和道教信徒们的支持。所以，李世民宣布停止对佛教和道教的改革，在一定程度上消除了佛教和道教人士内心的不满情绪，帮助他笼络了人心，赢得了舆论对他的支持。

第二，李世民下令让百官们上疏言事，对国家的各项政策发表意见。因为在政府系统中，各级官员对新政府的态度和立场是非常关键的，在一定程度上他们能够左右政局的稳定。李世民重新组建的新的唐朝中央政府，亟须得到广大官员的支持和衷心拥护。而在当时，他刚刚登基，除了原先一直支持他的那些人，其余的人在心里都对这位新皇帝莫衷一是。在朝廷上，他们都不肯轻易说话；对李世民的旨意，他们只是默默执行，从不发表意见；甚至有的人还阳奉阴违，面上敷衍，实际上并不认真办事。这些人究竟是怎么想的？他们对李世民究竟有什么看法？怎样才能让他们敞开心扉，亮出底细呢？李世民不愧是一个卓越的政治家，其政治手腕和政治艺术，甚至比他的父亲李渊还要高出一筹。他知道，要想获悉这些人的真实想法，就必须让他们开口说话，要让他们知无不言、言无不尽，只有这样才能够掌握朝廷的动向，才能准确把握形势，才有利于施行新政。于是，李世民采用了广开言路的方法，让各级官员大胆提出意见，不管是谁，凡是提出的意见被采纳，就能够获得直接升迁的机会，还能得到丰厚的赏赐。这项措施在一定程度上打消了官员们的防备心理，卸掉了大家的心理武装。于是，在得到李世民的旨意之后，大家开始在朝堂上陆陆续续讲话，纷纷上疏奏事，开始有冤的诉冤，有屈的叫屈了，心里不管有什么话，都开始向着这位新皇帝发泄了。最初大家可能还是小心翼翼的，带有试探性质的。后来，大家对李世民的态度越来越了解，知道他是想听真心话，喜欢听大臣们的谏言，不愿意听人阿谀奉承，心中的石头就彻底放了下来。一时之间，奏疏、谏言如雪片一样向李世民飞来，让李世民应接不暇。就这样，在无形之中，人心就被引向了李世民的新政府之中。

第三，李世民宣布释放后宫饲养的所有鹰犬，并下令各级地方政府停止向朝廷进贡奇珍异宝。原先宫廷中每月仅饲养鹰犬就需要花费大量的银钱来购买粮食，尤其是那些饲养鹰犬的宫人甚至以此为财路，经常在宫外借机勒索。他们在集市上强行拿走百姓的粮食，抢走商人的财物，不仅分文不给，有时还出手打人，老百姓对此怨声载道。李世民下旨后宫不再养鹰犬，从此宫中每月就会省下不少银钱，而且也警示了宫人，让他们无法再去宫外借机敲诈百姓。从前，各地向朝廷进贡的奇珍异宝，实际上也是靠搜刮民脂民膏得来的，各地百姓不堪重负。李世民下令取消这一惯例，大大减轻了百姓们的负担，得到了百姓们的拥护。

第四，李世民宣布把三千多名宫女全部释放出宫，让她们各自回家与家人团圆，自谋生路，寻人婚嫁。按惯例，宫女一旦入宫，就与家人分离，甚至终生不能再见面。而且入了宫的宫女也不能够自由婚配，如果能有幸得到皇帝的临幸，为皇帝生下一男半女，或许还有望出人头地，封为妃嫔。可是，后宫宫女多如牛毛，就连皇帝的妃嫔也不计其数，这样的机会又能有多少？即使成为嫔妃有时命运也依然凄惨，因为她们终究摆脱不了自古以来都很残酷的后宫斗争和冷漠凄清的后宫生活，"白发宫女"是对她们人生的最好写照。所以，李世民的这项措施无疑是人性化的，也得到了百姓们的支持和拥戴。

除此以外，对原东宫和齐王府中的部属，李世民不仅不予追究，而且对有才干的人，他还不计前嫌、加以重用。其中最典型的例子就是魏徵和薛万彻。

魏徵曾经是李建成的亲信，他曾经多次劝说李建成对李世民采取极端手段，谋害李世民。李世民做了皇帝后，问魏徵："你为什么总是挑拨我们兄弟之间的关系呢？"魏徵回答道："我以前是太子的属下，自然事事都要为太子考虑。如果当年太子能听我的劝告，可能就不是今天这样的结局了。"

听了魏徵的话，李世民觉得他是一个刚正、直率、有胆有识的人，不仅没有加罪于他，反而提拔他做了谏议大夫。随后又把魏徵派往山东、河北等地去安抚李建成的旧部，劝说那些有才干的人出来做官。

薛万彻出身于武将世家，他的父亲是隋朝名将薛世雄。薛万彻精通兵略，作战勇猛，史书上称他"勇冠三军"。他曾经是李建成的心腹将领，在玄武门之变中，他表现得异常勇猛，并提出要攻打秦王府。李建成被杀后，他逃往终南山隐居。俗话说"千军易得，一将难求"，李世民爱惜薛万彻的才能，不计前嫌，再三向薛万彻示好，通过种种努力，最终把薛万彻从终南山中请了出来。薛万彻感激李世民的不杀之恩和知遇之恩，他没有辜负李世民的信任，日后率领唐军攻打突厥、进军辽东、大败吐谷浑，屡立战功，被封为郡公，任大将军，并迎娶了李世民的妹妹丹阳公主。

武德九年（626年）十月，李世民努力实施的各项政策都已初见成效，原东宫和齐王府旧属与李世民派系之间的矛盾基本上得到解决，政治趋于稳定，人心日益安定。李世民正式追封李建成为息王，谥号"隐"，后世因此称李建成为"隐太子"；追封李元吉为刺王，后又追封为巢王。他还下旨按照王子之礼重新安葬两人。两人落葬之时，他不但允许李建成和李元吉的旧属都去送葬，自己还亲自参加了葬礼。到此为止，李世民的宽大政策赢得了人心，原先两个政治集团之间的斗争终于落下帷幕。接下来，唐太宗李世民即将展开对天下的治理工作。

李世民知道，做皇帝和带兵打仗是不一样的。曾经在戎马生涯中闯荡的他喜欢宝马、良弓和鹰犬，而今他需要努力学习治国的经验。那么，国家究竟该如何治理呢？经过一番深思之后，他采纳了魏徵的建议，决定使用"王道"的方法治理国家。所谓"王道"，就是以皇帝为代表的朝廷要跟老百姓和谐相处，朝廷的所有政策都要以老百姓为核心，要考虑到老百姓的利益。如果朝廷的政策出现了问题，应该从统治者自身寻找原因，而不是把责任推给老百姓。他留下了一句名言："君为舟，百姓为水，水能载舟，亦能覆舟。"于是，"王道"成为唐太宗李世民后来颁行所有政策的指导方针，为大唐盛世奠定了思想基础。

皇帝（朝）	年份（年）	主要事件
		唐年表1（618~649）
唐高祖（1）	618	宇文化及缢杀隋炀帝，隋恭帝禅位，李渊登基，唐朝建立；李密被王世充击败，降唐；窦建德称帝，国号"夏"；宇文化及称帝，国号"许"。
	619	王世充称帝，国号"郑"；宇文化及被窦建德击败。
	621	唐高祖次子李世民在虎牢关擒获窦建德，押至长安处决；王世充在洛阳向李世民投降。
	623	群雄割据的局面基本结束。
	624	制定武德律令、均田制与租庸调制，隋末以来的混乱局面开始恢复。
	626	玄武门之变，李世民诛杀大哥李建成、四弟李元吉；李渊退位，太子李世民即位，即"唐太宗"；唐太宗与颉利可汗签订《便桥盟约》。
唐太宗（2）	627	制定了一系列措施安抚民心、发展经济，"贞观之治"的开始。
	628	梁师都被杀，唐王朝全部统一。
	629	玄奘从长安出发，开始西行之旅。
	630	李靖率领唐军消灭东突厥；在少数民族居住地区设置羁州、縻州，进行统一管理。
	635	唐高祖李渊病逝；分天下民户为九等；吐谷浑被唐军击败，成为唐朝属国。
	637	武媚娘入宫，成为唐太宗的才人。
	640	唐灭高昌，设置安西都护府，开始经营西域。
	641	文成公主入藏，与吐蕃赞普松赞干布成亲。
	643	皇太子李承乾因谋反被废，九子李治被立为太子；唐太宗命阎立本绘长孙无忌等24位功臣像置于凌烟阁中。
	645	唐太宗远征高句丽失败；玄奘回到长安。
	646	玄奘完成《大唐西域记》。
	649	唐太宗逝世，皇太子李治即位，即"唐高宗"。

　　前文已经讲过，唐朝的政治体制，一方面沿用隋朝旧例，另一方面作了一些适当的改革。当时的朝廷中设有中书省、门下省、尚书省。中书省的最高官员是中书令，门下省的最高官员是侍中，尚书省的最高官员是尚书令。由于唐太宗曾经担任过尚书令，所以，大臣们为了避嫌，就把尚书省的最高官员改成了左仆射和右仆射。每次朝政，三省官员共议国事。左仆射、右仆射、中书令、侍中的等级都相当于宰相。另外，对于一些职位比较低，但是又具有才干的官员，唐太宗还经常授予他们参议朝政、参知政事、同中书门下三品（因为中书令、侍中都是属于三品官）、同中书门下平章事等职位，实际也具有宰相的权力。唐太宗对三省的官员要求都很严格，除了每一个官员的任用要实行严格的考核外，对他们平时的政绩也要进行考核。

除了政治改革，唐太宗还积极发展社会生产，想方设法促进经济的繁荣。隋朝的户口原本有800多万户。经过隋末的战乱后，在贞观初年，户口最多的时候也只有300万户，社会贫困，生产力处于停滞状态，国力严重不足。为了扭转这种局面，唐太宗采取了一系列有利于民生的政策。

第一，玄武门事变后，唐太宗就宣布释放过3000多名宫女，贞观二年（628年）九月，他再次宣布释放一批宫女。第一次释放宫女是为了安定人心，这一次释放宫女主要是为了节省宫中的开支费用，同时让这些宫女出宫自由婚配，也是为了繁衍人口，并且顺从人伦需要。为了增加人口，他积极号召在北方草原突厥统治下的人民回到中原，这一政策得到了很好的实施，从贞观元年（627年）到贞观三年（629年），共有120多万汉人从塞外回来，大大地增加了全国人口总量。

第二，唐太宗决定削减封王。封王意味着国家每年都要为供养他们支出大笔费用。为了节省开支用以"养民"，唐太宗决定只对有功之人封王，其余的人一概不封，全部降为县公，这一举措大大减少了政府支出，减轻了国家负担。

第三，唐太宗从贞观二年（628年）开始合并州县，这样做一方面缩减了官员的数量，减少了国家对官员俸禄的支出，减轻了国家的财政负担，这就意味着百姓的赋税也减轻了，另一方面更节省民力，有利于统治。

第四，为了避免人浮于事的现象，唐太宗下令精简机构，把一批无用的部门和无事可干的官员全部裁减掉，大大节约了政府的开支，减轻了国家的负担。

第五，唐太宗为了休养生息，发展农业生产，恢复社会生产力，竭力避免战争。战争既消耗国力，浪费钱财，还会有大量的人送命，不利于国计民生。例如，岭南的冯盎归顺唐朝多年，只是由于他很久没有朝贡，周围州县的官员就上报说他叛乱。唐太宗前前后后听说了十几次这样的话，就信以为真，准备派兵镇压。这时，魏徵出来反对，他说："冯盎叛乱恐怕证据不足吧。他真要叛乱的话，应该攻打州县。可是这么多年过去了，每年都有人告他的状，谁又真正见过他的兵马呢？他之所以不来朝贡，那是因为总是有人告他的状，而且陛下也没有派人安抚他，他当然就不敢来了。"听了魏徵的劝告后，唐太宗决定先派人出使，借安抚之机打探一下情况再说。没想到，冯盎一见到唐太宗的特使，就立即让儿子前来长安朝贡。唐太宗高兴地说："幸亏我采纳了魏徵的建议，只派去一个使者，省去我派十万大军啊。"

第六，唐太宗想方设法减轻国家和百姓的负担，他自己也不喜欢铺张浪费，办事尽量节俭。他不接受大臣的贡奉，在各个地方巡幸的时候，也不要各地郡县官吏为他提供食物和住处，而是自己掏钱买饭吃、找房住。贞观十二年（638年），他到蒲州巡视，蒲州刺史赵元楷让老百姓穿上黄纱单衣迎接皇帝的车驾，并特地将官署的楼台亭院修饰一新，还饲养了一百多头羊和几百条鱼，准备用来赠送给皇帝身边的贵戚。唐太宗知道后，对赵元楷说："我在各地巡察，凡是需要的东西自然会有专人供给，你这样做让我和隋炀帝又有什么区别呢？"

第七，唐太宗深知老百姓会因饥饿造反的道理，为解决百姓的温饱问题，他大力发展农业生产，采取了"抚民以静""劝课农桑""不夺农时""与民休息"等政策。贞观五年（631年），有司对唐太宗说："二月吉利，应该为皇太子举行冠礼。"冠礼是古代男子年满20岁后举行的一种成年加冠礼仪。但是，农历二月正是农忙时节，唐太宗说："现在农事才是最重要的，错过季节就不好了。"于是，下令将太子的冠礼改在十月里举行。

在农业生产中，水利是命脉，要搞好农业，首先要搞好水利。唐太宗很重视水利工程的建设，特地设置了治水机构和官员。贞观二年（628年），唐太宗在全国推广义仓制度，就是在平时积累粮食，饥年的时候将这些粮食用来赈灾。从此以后，各地州县都有义仓，每逢遇到饥荒，就会开仓放粮。这项措施对稳定社会起到了积极的作用。

通过一系列的改革，到贞观四年（630年）时，唐朝的社会财富已经积累到一定的程度，社会治安情况良好。在这年，天下只有39个人被判死刑，刑罚几乎停止不用。社会出现"夜不闭户、路不拾遗"的和谐景象，老百姓随处都能买到粮食，外出远行的人根本就不需要随身携带粮食。

唐太宗曾经对大臣们说："皇帝和臣子应该一同治理天下，一同面对安危。皇帝能够听臣子的忠言，臣子能够直率地向皇帝进谏，这样的君臣关系才是和谐的。皇帝贤良，但是大臣不能匡扶正义，那么国家一样会灭亡。若有一天皇帝失去了自己的国家，做臣子的自然也没法保全自己的家庭。隋炀帝就是一个性情暴虐的人，他的大臣们都不敢对他开口说话，结果他听不到自己的过失，导致了隋朝的灭亡，他的许多臣子也家破人亡、死于非命。前朝的教训离我们并不遥远，我们大家不能不慎重啊！不要让后世的人耻笑我们啊！"他注重从历史中汲取治国与亡国的经验教训，重视对历史的研究和整理。在他的主持下，贞观年间完成了对中国二十四史中的《晋书》《梁书》《陈书》《南史》《北齐书》《周书》《北史》《隋书》这八部史书的编撰工作，满足了当时政治统治的需要。

唐太宗还是一个从谏如流，善于听取群臣意见的人。贞观四年（630年）六月，他感觉国家已经比较富足了，于是下令修建洛阳宫。一个名叫张玄素的大臣向他进谏说："陛下，现在还有很多重要的事情等着您去做，而修洛阳宫并不是最迫切的事情。您看隋炀帝曾经兴过多少土木啊，他修长城，修宫殿，修运河，劳民伤财，最后隋朝都灭亡了，他下令修建的宫殿也没有能够用上。陛下应该爱惜民力，注意节俭。"听了他的话，唐太宗开始有些不愉快，但他左思右想之后，觉得张玄素说得有道理，于是改变了态度，收回修建洛阳宫的旨意，还嘉奖了张玄素。

贞观六年（632年），一些大臣开始建议唐太宗到泰山封禅。在古代，皇帝祭泰山是一项重大的仪式，标志着皇帝对天下的成功治理。唐太宗很高兴，准备采纳这些大臣们的意见。这时，魏徵又站出来反对了。魏徵说："陛下，虽然现在天下稳定，百姓生活富裕，安居乐业，四海归心，可是这还远远不够啊。就像病人一样，虽然疾病已经除掉了，可是由于生病的时间太久，体力元气还没有完全恢复过来。您一旦启程去泰山，一路之上，供您吃，供您喝，供您住，又需要耗费大量的钱财，国家现在还经不起这样的折腾啊！"唐太宗听后，点头称是，便打消了去泰山封禅的念头。

唐太宗经常说："天下非一人之天下，乃千万人之天下。"正是本着这样的思想，唐太宗爱民如子，为百姓着想，积极发展经济，开创了唐王朝的第一个盛世局面。社会经济稳定以后，积极进取的唐太宗又开始了开拓疆土的计划。

第4节　唐太宗的成就

公元630年—公元649年

从武德元年（618年）唐朝建立开始，到贞观二年（628年）梁师都的灭亡，隋末以来在各地形成的军事割据势力全部被消灭，唐朝初步完成了统一。与此同时，面对边境一些少数民族政权的入侵和威胁，唐朝也很快由守势转为攻势，并不断开拓疆域。

唐太宗对少数民族主要采取的政策是：如果对方降服，就以安抚为主，设置州县，分别任命各部落的酋长为当地的都督、刺史，按照当地民族的风俗习惯、社会制度进行统治；如果对方叛乱、不归顺唐朝，就以征兵讨伐为主，主要通过武力进行解决。

6世纪中期，起源于中亚叶尼塞河上游的游牧民族——突厥人建立起了强大的突厥汗国。但是到了6世纪末，突厥汗国就分裂成东、西两部分，即东突厥和西突厥。东、西突厥以金山（今天的阿尔泰山）为界，东突厥主要活跃在汉族人聚居的中原北部地区，西突厥主要活跃在西域一带。

唐朝初年，强大的东突厥经常进犯唐朝边境，掠夺抢劫边境的居民。武德九年（626年），在"玄武门事变"后不久，东突厥的颉利可汗和突利可汗率领20万突厥军抵达渭水便桥的北面，对唐朝虎视眈眈，并派元帅执失思力前去唐朝内部打探情况。当时，唐太宗初登帝位，他下令将执失思力囚禁起来，并说："颉利看见我朝刚发生了一场动乱，我又登基不久，以为我们没有能力抵抗他们，所以才敢带大军前来侵犯。在这个时候，如果我不迎战，他们肯定以为我害怕他们，就会变本加厉，更加肆无忌惮。所以，这次我必须亲自迎战，这样才能显示出我大唐的军威和国威，也让他们知道我大唐不是那么好对付的，日后不敢再轻易来犯！"

于是，唐太宗亲自率领大军来到了渭水河边，颉利可汗的突厥军就驻扎在渭水的对岸。这时，颉利已经得知执失思力被唐太宗囚禁，他又亲眼目睹唐军士气高昂、军容整肃，不由得心生畏惧，就主动向唐太宗请求结盟，然后带领突厥兵撤退。这就是唐朝历史上有名的"便桥之盟"。

贞观二年（628年）冬季，北方草原上发生了雪灾，大量牲畜被冻死，突厥部落发生了饥荒。一直受东突厥控制和奴役的铁勒各部落也趁机叛乱，严重削弱了东突厥的势力。很快，东突厥内部就出现了矛盾和分裂，突利可汗率领部落归降唐朝，与此同时，铁勒各部落和契丹部落也先后请求依附唐朝。

贞观三年（629年），唐太宗下令让兵部尚书李靖率军征讨东突厥。贞观四年（630年），李靖率领三千精骑趁夜突袭定襄城，迫使颉利可汗弃城而逃。之后，李勣、柴绍、李道宗、卫孝杰、薛万彻等各道总管分别统领各路军队夹击突厥军队，最后在阴山大败突厥兵，颉利可汗也被大同道行军总管李道宗擒获。唐军在对东突厥的战争获得胜利后，唐太宗采纳了中书令温彦博的建议，把东突厥部落的人安置在黄河以南一带的地区定居，然后在突利可汗的居住地——东起幽州，西至灵州一带——设置了顺、佑、化、长四州都督府，把颉利可汗的居住地分成六个州，左侧设置定襄都督府，右侧设置云中都督府。各府州的都督、刺史都由效忠唐朝的突厥首领担任。同时，唐太宗还在铁勒部落和其他少数民族居住的西北、东北等地区设置了羁州、縻州，对这些地方进行统一管理。

东突厥灭亡以后，唐朝在北方实际上已经控制了贝加尔湖以北的广大地区，唐太宗下一个目标就是经营西域，保证丝绸之路的畅通。当时，唐朝和中亚、西亚各国的贸易往来比较频繁，丝绸之路呈现一片繁荣景象。在丝绸之路上有一个重要的交通枢纽，这就是高昌。

高昌的所在地就是今天的新疆吐鲁番。梁武帝天监元年（502年），金城（今甘肃兰州）人鞠嘉做了高昌国王，从此高昌国一直由鞠氏家族统治，直到贞观十四年（640年）被唐朝灭亡，共持续了138年。鞠氏家族是汉人，高昌国的臣民也是汉人居多，他们说汉语、写汉字，汉文化早已深深根植在这个地区。虽然高昌只是西域的一个小国，地方小、人口少，但是它的地理位置非常重要。不论是从南疆进入中原，还是从北疆进入中原，都必须先到高昌，再经由哈密前往敦煌。

唐太宗时期，高昌国的国王名叫鞠文泰。鞠文泰和西突厥的统叶护可汗关系很好。当时，在西域各国中，西突厥的国力最强，几乎称得上是西域各国中的国王，并且也是西域地区真正的统治者，所有西域国家都要看西突厥可汗的眼色行事。

鞠文泰不仅与西突厥统叶护可汗的关系密切，而且和唐朝也维持了一段时间的友好关系。贞观四年（630年），鞠文泰携妻前往长安，唐太宗热情接待了他们。这次接待的规格相当高，唐王朝还册封了鞠文泰的妻子为公主。鞠文泰回到高昌后，一直和唐朝保持着密切联系，并且把有关西域地区的情况，事无巨细都及时向唐太宗汇报。可是，这种友好关系并没有持续太久，很快就由于西突厥统叶护可汗病故而出现了变化。

统叶护可汗病故后，为了争夺汗位，西突厥内部分裂成两派，同时也将西域各国卷入了战争。西突厥的这两派势力都想获得唐朝的支持，但是唐太宗并不愿意明确支持任何一方，而是希望双方能停战，和平解决争端，然而两派势力都不愿轻易停战。就这样，波及西域各国的战事一直断断续续持续到贞观六年（632年）才结束，西突厥内部获得了暂时的统一。于是，唐太宗册封胜利的一方为西突厥可汗。可是好景不长，西突厥两派政治势力再起冲突，到了贞观十二年（638年），受唐太宗册封的西突厥可汗势力日益衰弱，没有得到唐朝支持的势力却日益强大。最后，日益强大的这派在首领欲谷设的带领下，不仅统一了西突厥内部，还有统一整个西域的趋势，并且和唐朝产生了严重的摩擦。

欲谷设一边强行使用武力中断西域各国和唐朝的往来，控制了丝绸之路；一边对高昌国王鞠文泰实行控制和监视，并要鞠文泰攻打天山南部的焉耆。高昌在天山北部，当时焉耆和高昌都是唐朝的附属国。得到高昌攻打焉耆的消息后，唐太宗立即派出使者前往高昌，要求高昌和焉耆停战。可是，受西突厥控制和监视的高昌国难以答应唐太宗的要求，面对唐朝使者，鞠文泰的态度和立场显得很强硬。眼见和平解决无望，唐太宗最后决定武力征伐。唐朝的这次征伐既是为了恢复西域各国和唐朝的往来，保持丝绸之路的畅通，也是为了震慑势力日益扩张的西突厥。所以，唐太宗借攻打高昌的旗号远征，主要目的是一举战胜西突厥。

唐朝大军浩浩荡荡向西域出发了。听到唐军打来的消息，自知不是对手的欲谷设不战而退，提前逃跑了。高昌国王鞠文泰见唐军压境，竟也惊吓而死。就这样，西突厥和高昌国还没有正式和唐军交战，就宣布了自己的失败。鞠文泰死后，其子鞠智盛为高昌新任国王，他带领士兵继续抵抗唐军。唐军连战连捷，势不可当，连续攻下了田地城、可汗浮图城，直逼高昌都城，鞠智盛只能在无奈中投降唐朝。随后，唐太宗把高昌改名为"西州"，把原西突厥的都城可汗浮图城改名为"庭州"。并在交河城设立安西都护府，留下兵力镇守。在平定高昌后的几年，葱岭以东的西域地区，陆续被并入唐朝的版图。

贞观八年（634年），位于唐朝西部的吐谷浑汗国不断进犯隶属于唐朝的凉州等地区。开始，唐太宗不准备交战，先后十次派出使者前去劝说吐谷浑退兵。但是吐谷浑始终无视唐朝对他的忠告，于是，唐太宗决定派兵征讨吐谷浑。和东、西突厥一样，吐谷浑的军力远远不及唐军，他们寡不敌众，最终战败，归顺了唐朝。不过，唐太宗在打赢了吐谷浑之后，并没有以胜利者的骄傲姿态对待他们，而是采取了和平相处的方式。吐谷浑可汗请求和唐朝通婚，唐太宗同意了和亲，并且赠送给吐谷浑大量的彩帛。此后，吐谷浑也每年向唐朝纳贡，把肥壮的马、牛、羊运送到中原，极大地改善了两个民族之间的关系。

薛延陀部原本是铁勒部落中的一支，受东突厥的统治。东突厥瓦解之后，薛延陀部依附于唐朝，并在唐朝的支持下，在郁督军山建立了薛延陀汗国，统治着漠北的广大地区。贞观三年（629年），唐太宗册封薛延陀部的首领夷男为"真珠毗伽可汗"，此外，唐太宗还采用"和亲"政策，把公主下嫁给夷男。薛延陀部也经常向唐朝进贡马、牛、羊、骆驼、貂皮等物品。在一段时间里，唐朝和薛延陀部一直保持着和平共处的友好关系。从贞观十三年（639年）开始，由于唐政府不断将原东突厥部落的人安置在漠南地区，薛延陀部和唐朝对疆域分界产生了分歧，并由分歧逐渐演化为矛盾。此后，薛延陀汗国屡次反叛。贞观二十年（646年），唐太宗派兵征讨，向郁督军山进军，最终灭掉了薛延陀汗国，把原薛延陀汗国属地划归到唐朝的版图之中。

通过长期的努力和经营，唐朝成为一个疆域辽阔统一的多民族国家。唐帝国的繁荣和强盛吸引了周边其他亚洲国家的目光，各国的商旅、学者络绎不绝地前往长安。贞观二十一年（647年），西北地区各少数民族在回纥人居住地以南、突厥人居住地以北的地区开辟了一条通往长安的道路，这条路上总共设置了68个驿站，专门为往来的使者提供马匹和食物。唐太宗被各个少数民族的酋长拥戴为"天可汗"，于是这条道路就被命名为"参天可汗道"。

唐太宗时期，大唐帝国还发生了一件对历史具有深远影响的大事，这就是文成公主和亲。

6世纪时，雅隆部在西藏兴起，并由部落联盟发展成为奴隶制政权，其势力逐渐扩展到拉萨河流域。7世纪初，雅隆部首领松赞干布用武力征服了苏毗、羊同、白兰、党项等部落，建立了吐蕃王朝，并将都城迁到逻娑（今西藏拉萨）。

松赞干布是一个雄才大略的人，完成了西藏的统一后，他就致力于发展农业生产和社会经济，提高吐蕃百姓的生活水平。在他的带领下，吐蕃王朝日益呈现出一派繁荣的景象，同时，唐朝的富饶也令松赞干布赞赏不已。贞观八年（634年），他派遣使者到长安拜见唐太宗，和唐朝沟通关系。贞观十三年（639年），他又派使者前往长安，向唐太宗请求通婚。为了结交吐蕃，维持唐朝西部边境的稳定和安宁，唐太宗同意了松赞干布的求婚，将宗室女文成公主许配给他。

贞观十五年（641年），在唐朝江夏王李道宗的护送和吐蕃迎亲专使禄东赞的陪同下，文成公主离开长安，入藏和亲。文成公主不仅携带着丰厚的嫁妆，还带去大量的书籍、乐器、绢帛、药品，以及各种粮食种子。为了进一步加强和巩固吐蕃与唐朝的关系，也为了帮助吐蕃发展社会经济和政治文化，唐太宗还让一批文士、乐师、工匠、农业技术人员也跟随文成公主入藏和亲。

经过一个多月的长途跋涉，文成公主一行人走到了黄河的河源处，并在这里暂时休整。随后，松赞干布亲自前去柏海（今青海玛多）迎接文成公主，带着公主一同返回逻娑。来到逻娑城后，在李道宗的主持下，松赞干布和文成公主按照汉族礼节举行了隆重的婚礼。大婚之后，松赞干布特地命人仿造唐朝宫苑的样式，为文成公主修建了瑰丽的宫殿，用来安顿公主，安慰公主的思乡之情，这就是有名的布达拉宫。

文成公主在吐蕃生活了40多年，为吐蕃的发展以及吐蕃和唐朝的友好关系，做出了巨大贡献。文成公主带去的文士们，帮助整理相关的吐蕃文献，开设学校，传播汉民族的文化；随行的工匠们帮助建设吐蕃，为吐蕃修筑屋宇宫殿、架桥铺路；农业技术人员把汉民族先进的农业技术传授给吐蕃人民，还教会了吐蕃人民种桑养蚕，从此吐蕃人民有了自己的丝织品；文成公主带去的粮食种子被播种在了肥沃的高原上，经过精心栽培获得了丰收；那些药品和医学书籍，帮助救治了大量病人。在文成公主的帮助下，松赞干布锐意改革，使吐蕃的军事、政治、经济、文化都获得了飞速发展，从而能够称霸西域，成为大唐帝国在西部地区的有力屏障。

贞观年间，唐朝与西方文化最大的一次交流莫过于玄奘的西行。玄奘原是河南偃师人，在隋朝末年出家为僧。他刻苦研究佛学，深悟佛法真谛。为了进一步参悟佛理，贞观三年（629年），玄奘西行去天竺取经（天竺即印度）。玄奘离开长安，经过凉州出玉门关，一路向西，历尽各种艰难之后到达天竺。他在天竺国内拜高僧为师，刻苦研习佛学，并游览天竺各地，与当地的学者辩论，逐渐成为一代佛法高僧。贞观二十年（646年），他带着大量佛经回到长安，唐太宗特地命梁国公房玄龄等文武百官对他的归来主持了盛大的欢迎仪式。回到长安后不久，玄奘就立即开始组织人员翻译他带回的佛教经典，在他的主持下，共翻译了1335部经典。这些佛教经典不仅丰富了我国的古代文化，还为古代印度佛教保存下来许多珍贵的资料。同时，他的这次西行也加强了唐朝和中南亚各国的联系，尤其是增进了唐朝和印度之间的交流。

唐太宗李世民在位23年，打造出一片繁荣的盛世景象：政治清明、社会安定、经济发展、文化繁荣、兵力强盛、疆域辽阔，历史上将其称为"贞观之治"。这是大唐帝国的第一个治世，也是中国封建社会继西汉王朝之后的又一个顶峰。

第三章

武周王朝的盛唐

——一代女皇，走向权力的巅峰

唐太宗逝世后，他的儿子李治继承了皇位。但李治性格软弱，于是武则天乘势而起，经过一系列的宫廷政治斗争，武则天逐渐掌握了唐王朝的最高权力。天授元年（690年），武则天正式登基，自称"圣神皇帝"，成为中国历史上唯一的女皇帝。

第1节 李治即位

公元643年—公元649年

唐太宗的原配是长孙皇后。长孙家族是北魏皇族拓跋氏的后裔，长孙皇后的父亲长孙晟是隋朝的右骁卫将军，母亲高氏是北齐皇族的后裔。长孙皇后13岁就嫁给了李世民，这一年是大业九年（613年），隋炀帝统治时期。她嫁给李世民后，两人夫唱妇随，伉俪情深。她为李世民生了三个儿子，长子李承乾，四子魏王李泰，九子晋王李治。

李承乾出生于武德二年（619年），此时唐朝初建，祖父李渊刚登皇位不久。因为他是在承乾殿中出生的，所以取名"承乾"。李承乾从小就很聪明，深得祖父和父亲的喜爱。武德三年（620年），祖父李渊封仅有1岁的他为恒山王。武德九年（626元）父亲即位之后，册立他为太子，这时，他只有8岁。贞观九年（635年），太上皇李渊去世，唐太宗李世民守孝，下旨太子监国，初次把朝政交给年仅17岁的李承乾。唐太宗守了一个半月的孝，李承乾就处理了一个半月的朝政。在这一个半月中，太子表现得很好，他处事果断，能够从大局出发考虑问题，将政务处理得井井有条，赢得了朝中大臣的称赞，也令唐太宗感到满意。从此以后，唐太宗就对太子李承乾放下心来，每次离开长安，都让太子监国。

一直以来，唐太宗对太子很信任，太子的地位也很稳固，但不幸的是，太子患上了足疾。关于太子的足疾是怎样患上的，我们并不清楚，史书上也只是简略地说"足疾"，查阅不到更详尽的资料。总之，由于患足疾，太子的行走就不是很方便，除非不得不外出，比如上朝议政，太子大多数时间都待在东宫，很少四处走动。从这以后，唐太宗开始日益表现出对四子李泰的偏爱。

按照唐朝的规定，每个皇子成年，都要到地方上做官进行历练。可是，贞观十年（636年），唐太宗把别的成年皇子都派到外地任职，唯独舍不得魏王，把他留在了长安。由于魏王喜好文学，同年，唐太宗还下令在魏王府中设置文学馆，任由魏王招揽学士。

贞观十二年（638年），李泰上疏请求编撰一本地理书——《括地志》，得到唐太宗的批准，并在四年后完成。

贞观十三年（639年），朝廷中有一些大臣表现得对魏王无礼，唐太宗说："人生之事难以预料，假如有一天太子不行了，别的皇子难道不能成为新的储君吗？你们怎么能随便轻视呢？"

贞观十四年（640年），唐太宗巡幸魏王府第，赦免了魏王辖地雍州的死囚，还对其左右侍臣进行了赏赐。

贞观十六年（642年），唐太宗有意让魏王李泰迁入离他较近的武德殿居住。

……

其实，唐太宗做的这些事，说的这些话，可能仅仅出于父亲对儿子的偏爱而已，并没有别的什么用意。但是，唐太宗没有更深的用意，并不代表其他人也不会有更深的想法。

在太子、朝臣，以及一些别有用心的人看来，唐太宗对魏王李泰表现出来的种种偏爱，无异于一种"政治信号"，太子李承乾首先感到了危机。虽然太子很聪明，有一定的能力和才干，能够洞悉一些事情并作出明确的判断。但是，在面对储位危机这件大事的时候，他的判断却出现了偏差，这种偏差又进一步导致他在行为处事上犯下了错误。

当时，太子的身边有太子左庶子张玄素、太子詹事于志宁、太子右庶子杜正伦等人，他们都是唐太宗派到东宫的官员，负责对太子进行教育。当大家感觉到储位危机出现时，他们就不断向太子进谏，建议太子严格要求自己、管理自己，行事谨慎小心，不要给人落下把柄。遗憾的是，虽然他们的意见是正确的，可是太子却没有接纳他们的劝谏，反而误认为他们跟自己不是一条心，对他们大加排斥和打击。相反太子信任的是身边另外一群人，在这些人中，有吏部尚书侯君集，杜如晦的儿子杜荷，太子的叔叔汉王李元昌等。和张玄素、杜正伦、于志宁相比，这些人虽然年轻、有斗志，但同时也缺乏政治经验，他们对形势作出了错误的分析和判断，认为储位危机是魏王李泰一派苦心经营的结果，从而把主要精力都放在与魏王党的争斗之上。太子李承乾甚至还派人谋杀魏王，只是因为事情不凑巧，才未能得逞。

此时的东宫内部明显分成了两派，一派是太宗派到太子身边的朝臣，他们本来在皇帝和太子之间起着沟通和桥梁作用，原本可以在太宗面前尽可能地为太子说一些好话，以此来帮助太子。可是，太子却明显对他们存有戒心，不信任他们，更不采纳他们的谏言。就这样，太子与他们的矛盾越来越深，甚至怀疑他们在唐太宗面前告密。另一派并非朝廷中的核心人物，更不能够左右朝政形势，他们在太子的身边只会煽风点火，可是太子却对他们深信不疑。

与此同时，在魏王李泰这边，没有明显的派系之分，大家都尽心尽力辅佐魏王，向魏王进言劝谏，帮他出主意。比如韦挺、杜楚客、崔仁师、岑文本、刘洎等，他们都是皇帝身边的人，但是李泰和他们相处得很融洽，对于他们的谏言基本上都能够采纳，也从不担心他们会在唐太宗面前告密，对他们很信任。

李泰自己也是一个聪明好学、富有才华的人，他还是一个有名的书画鉴赏家，和当时的许多文士学者都有来往。这些文士学者有着良好的文化背景，享有一定的社会声誉，并能够在某种程度上左右社会舆论。由于李泰喜欢文学，擅长书画，所以深得他们的认同和欣赏，他们自然也为李泰制造了一些良好的舆论，为他树立了很好的口碑。

显而易见，形势正朝着有利于魏王李泰，不利于太子李承乾的局面发展。就在储位之争的形势还没有完全明朗化的时候，贞观十七年（643年）三月，齐王李祐谋反了。李祐是李世民的第五子，母亲阴嫔。他成年后被封齐王，任齐州都督。李祐是一个轻佻浮躁、见识短浅的人，他的舅舅阴弘智对他说："殿下有很多兄弟，皇上千秋之后，会出现许多问题。你现在应该找一些壮士充实自己的队伍，在遇到麻烦的时候才能够自卫。"李祐没有仔细想这件事，就听信了舅舅的话，结交了一批江湖豪杰。当时，齐王府中的长史名叫权万纪，这个人表面上是齐王的人，实际上是唐太宗派去辅佐和监视齐王的。所以，唐太宗对齐王的想法，以及齐王结交江湖人士的事情都知道得一清二楚，并且指责了齐王。同时，权万纪以皇帝的名义，不允许齐王出城，赶走了齐王身边的江湖人士，还把齐王养着玩乐的鹰犬放了。就这样，齐王和权万纪之间的矛盾被激化了。唐太宗得知后，想召二人进京来问话。齐王认为是权万纪出卖了自己，冲动之下就杀了他，并在齐州招兵买马，真的起兵造反了。唐太宗只好派人前去镇压，还没等大军赶到，齐王就被自己的兵曹参军杜行敏擒住，并押送到长安被唐太宗赐死。

赐死齐王后，唐太宗下令对齐王谋反案进行审查，结果发现齐王手下的一些江湖人士和东宫也有联系，并揭发出一个名叫纥干承基的人。这个纥干承基曾是太子李承乾最信任的人之一，还被派去刺杀过魏王李泰，没想到纥干承基为了保命，竟然出卖了太子，告发太子谋反。唐太宗异常震惊，立即让长孙无忌、房玄龄调查此事，没想到事实俱在，太子确实在秘密准备谋反，参与太子谋反的核心人物有吏部尚书侯君集、左屯卫中郎将李安俨、汉王李元昌等。在调查清楚事情的真相后，唐太宗忍痛下旨，废太子李承乾，将其降为庶人。

李承乾被废后，大臣们都认为魏王李泰被立为太子是十拿九稳的事，有的大臣为了邀功，甚至主动上疏，请求唐太宗立魏王为太子。

事实上，唐太宗也确实动过立魏王李泰为太子的念头。根据史书中的记载，李承乾被废后，唐太宗曾经接见过魏王李泰，当面对魏王说要立他为太子。可是世间的事情偏偏是变化莫测的，就在此时，晋王李治异军突起，成为李泰的竞争对手。

其实，对魏王李泰来说，晋王李治根本就算不上是一个对手，因为二人根本就不在一个重量级上。贞观十七年（643年），李泰大约26岁，李治只有16岁，从年龄来说，李泰已经成年，李治基本上还算是个孩子。从人生阅历和政治经验来说，李泰做过雍州牧、左武侯大将军；在父亲的允许下，他还成立了文学馆，编撰地理书《括地志》，在读书人中的地位和声誉都很高；在与李承乾的较量中，他也见识并亲身经历过一些政治风雨。相比之下，此时的李治还从来没有离开过长安，也没有做过官，基本上毫无政治阅历和政治经验可谈。不管从哪方面说，李泰似乎更有资格被立为太子。可是在某些时候，事情偏偏就不会按照人们惯常的逻辑和常理去发展，总是会有一些事情出乎人的意料。当我们用现代人的眼光去解读那段历史，会发现主要有三件事情动摇了唐太宗立魏王李泰为太子的想法，让唐太宗感情的砝码偏向了晋王李治这边。

第一件事情是这样的：一次，李泰对唐太宗说，如果他被立为太子，那么等他当上皇帝，一定会杀死自己唯一的儿子，将来让弟弟李治来继承帝业。唐太宗忍不住把这件事情告诉给大臣们。听完事情的来龙去脉之后，晋王李治坚定的支持者褚遂良站出来反驳了，他说："陛下，魏王这样说是不符合人性的，要知道，父子之情总是大过兄弟之情。从人情、人性来说，任何人大权在握者，都不可能会杀掉自己的亲生儿子并让位给兄弟。"褚遂良的话让唐太宗深受触动，他开始怀疑李泰真诚的外表下那颗看不见的内心，并开始质疑是否应该立魏王李泰为太子。

不久之后，又发生了第二件事。李泰见父亲迟迟没有下旨立自己为太子，心里有点按捺不住了，他想，问题可能出在兄弟李治这边。在当时的朝廷中，尽管多数

唐朝太子们的命运				
姓名	生卒年	父/母	主要经历（太子时期）	死后追封
李建成	589—626	李渊/窦皇后	李渊登基时立为太子，后在与李世民的斗争中失败，于玄武门政变中被杀。	隐太子
李承乾	618—645	李世民/长孙皇后	李世民登基时立为太子，后因感到四弟李泰对自己构成威胁，于是秘密谋反，事败被废。	始王
李治	628—683	李世民/长孙皇后	因大哥李承乾与四哥李泰互相争斗，渔翁得利成为太子，最终顺利登上皇位。	—
李忠	642—664	李治/刘氏	王皇后无嗣，收李忠为义子，立为太子；武则天封后，被废，后又被赐死。	燕王
李弘	652—675	李治/武则天	武则天封后，立为太子，因替萧淑妃的两位女儿求情得罪了母亲，不久后暴卒。	孝敬皇帝
李贤	654—680	李治/武则天	大哥李弘死后立为太子，与母亲素有嫌隙，终被诬陷致死。	章怀太子
李显	656—710	李治/武则天	二哥李贤死后立为太子，生性懦弱，在武后的操纵下登基。	—
李重俊	？—707	李显/母不详	李显登基后立为太子，因无法忍受韦皇后与武三思等人勾结祸乱朝政，遂发动政变，兵败后被杀。	节愍太子
李隆基	685—762	李旦/窦德妃	李旦复位后，立为太子；李旦为避免太平公主与太子之间的矛盾，禅位于太子。	—
李瑛	？—737	李隆基/赵丽妃	开元三年（715年）立为太子，因武惠妃陷害被废，后被追杀。	皇太子
李亨	711—762	李隆基/杨皇后	李瑛死后立为太子，安史之乱时入灵武即位，尊玄宗为"太上皇"。	—
★唐朝后期宦官当权，朝政混乱，故此表只统计安史之乱以前的数据。				

人都在私下揣测唐太宗会封魏王为太子，但仍然有一些重要的大臣明显支持晋王。或许因为太过于急切地想要得到太子的地位，李泰做出了一些有欠成熟与稳妥的举动。他找到弟弟李治，对弟弟说了一番话，想逼弟弟主动放弃和他竞争太子之位。在和弟弟谈话的时候，李泰的态度可能比较强横，因为在此后一段时间里，李治一直闷闷不乐，但他始终没有把这件事情告诉唐太宗。李治选择沉默可能也是无意识的，他可能压根儿就没有想过要向父亲打哥哥的小报告。不过，从政治斗争的角度来说，李治这样做显得极为出色。唐太宗很快就发现了李治的异样，他询问儿子发生了什么事，李治避而不答。唐太宗再三询问，甚至逼着李治回答，李治才终于对父亲说出了实情。结果显而易见，唐太宗知道以后非常生气，他在心里对魏王李泰再次提出了质疑。此时在他眼里，晋王李治似乎比魏王李泰更善良，人品更能够令人信任。

从唐太宗的角度来说，未来太子的能力固然很重要，但心存仁厚的品德却更加重要。因为唐太宗不仅仅是一个帝王，更是一个父亲，他和天下所有的父亲一样，希望能够保全自己所有的儿子。所以，选择太子，他更倾向于选择一个心地善良的儿子。在他的内心深处藏着一个非常基本的愿望，那就是他希望在自己百年之后，自己亲手选出来的太子、未来的皇帝，能够顾念手足血脉之情，善待并保全自己的兄弟们。所以，究竟要立谁为太子，唐太宗内心的筹码再次倾向晋王李治这边。

第三件事情，也加重了李治被立为太子的筹码。唐太宗有一次去看望被废的太子李承乾，父子之间有过一番深刻的谈话，这番谈话的内容大概与李承乾被废有关。根据史书的记载，李承乾对唐太宗说：自己原本就贵为太子，还有什么好争夺的？他策划谋反也是被弟弟魏王李泰逼出来的。如果父亲当时不那么宠爱李泰，让一些在政治上别有用心的人利用，钻了空子；如果不是李泰三番五次和他争斗、较量，甚至想要谋害他；如果不是因为自己的太子之位岌岌可危；如果不是为了自保，他又怎么能够做出谋反这种大逆不道的事情呢？

李承乾的这番话让唐太宗感到哀伤，他的内心又一次对魏王李泰提出了质疑。他渐渐感到魏王李泰是一个善于经营的人，李泰平时的种种表现都是努力经营的结果，最终目的就是谋得太子位。姑且不论唐太宗的想法是否合乎事实，总之，唐太宗立李泰为太子的决心，此时已经彻底动摇了。

事实上，富有政治远见的唐太宗也很明白，晋王李治并不是最好的储君人选。

李治善良、软弱，这也是他唯一被唐太宗看重的优点，唐太宗深信李治登基后会厚待自己的兄弟。但李治性格中缺少刚断、果决，遇事容易犹豫不决，因此唐太宗在心向李治后仍迟迟没有下定决心，他还在观察与等待。

最终，真正促使唐太宗下旨册立太子的，是支持晋王李治的那批大臣们：长孙无忌，唐朝的开国功勋，贞观年间的重臣，长孙皇后的亲哥哥；褚遂良，唐朝著名书法家，李世民文学馆十八学士之一，唐太宗的谏议大夫；李勣（原名徐世勣，后受唐高祖李渊赏识赐姓"李"，又因避讳李世民而改名"李勣"），唐初名将，英国公，凌烟阁二十四功臣之一；马周，博通经史，先后担任过监察御史、中书令，深得唐太宗的信任。这是一支实力强大的团队，而且他们四人一直坚定不移地支持立李治为太子。相反，在支持李泰的朝廷官员中，绝大多数都是政治的投机者，善于看风使舵，唐太宗的态度稍有动摇，他们的政治立场也随之改变。

于是，贞观十七年（643年），李承乾被废后不久，晋王李治正式被立为太子。李治最后的成功主要有两个原因：一是唐太宗看中了他的善良和仁厚，相信李治在成为皇帝之后，能够保全自己的兄弟；二是以长孙无忌为代表的政治势力对他的支持与帮助。

不过，李治确实太软弱了，缺乏一个皇帝必要的魄力和权威。所以，在立李治

苏定方生平战功			
时间	对手	职务	主要功绩
贞观四年（630）	东突厥	李靖军前锋	"定方率两百骑为先锋，乘雾而行"，冲进敌军帅帐，杀得颉利可汗狼狈而逃，奠定了阴山之战胜利的基础。
显庆元年（656）	西突厥	前军总管	"率五百骑驰往击之，贼众大溃，追奔二十里，杀千五百人，获马二千"。突袭敌方主力，扭转了原本对唐军不利的战局。
显庆二年（657）	西突厥	行军大总管	"定方乘势击之，贼遂大溃，追奔三十里，杀人马数万。"此役苏定方消灭了西突厥，擒获其首领阿史那贺鲁。
显庆三年（658）	葱岭三国叛军	安抚大使	"选精卒一万人，马三千…一日一夜，行三百里"，直捣敌军老巢，围困敌城，最终迫使敌方投降，俘获叛军首领多曼。
显庆五年（660）	百济	熊津道大总管	"贼倾国来拒，（唐军）大战破之，杀虏万余人，追奔入郭（城）"，此战苏定方消灭百济，俘百济王义慈，断了高句丽的援军。
★苏定方是唐初最杰出的将领之一，他从一员普通战将，靠战功累迁为禁军高级将领，并以其灭三国、擒三主的非凡战绩和正直的为人深受唐太宗和唐高宗的赏识与信任。他一生南征北战，为大唐开疆拓土，鲜有败绩。其马蹄踏处，即为大唐！			

为太子之后，唐太宗有时候仍然会不自觉地质疑自己的抉择。但是，在支持李治的政治势力的推动之下，他已经很难再去改变什么，只能寄希望于朝廷中他信任的那些重臣们，能够全力地辅佐这位未来的皇帝。

贞观二十三年（649年），唐太宗李世民驾崩，享年52岁。同年，李治在长安太极宫太极殿正式登基，成为唐朝第三位皇帝——唐高宗。

第2节　尴尬的皇帝唐高宗
公元649年—公元654年

根据史书中的记载和评价，唐高宗李治性情内向、柔和，且生活俭朴，不喜欢大兴土木，不喜欢游猎，也不相信什么方士长生之术。总之，他是一个低调的也没有什么抱负的人。就是这样的一个人，没有政治家的洞察力和远见，缺少独裁者的刚决和果断，却偏偏做了皇帝，这对他也不知是好事还是坏事。不过，唐高宗李治确实不愿意辜负父亲对他的重托和希望，不愿意辜负天下苍生社稷，他确实很想做一个好皇帝。他刚登上皇位，就在努力按照一个好皇帝的标准去做。

李治还是有优点的，他最大的优点就是有知人之明，能够用人。在他的身边，聚集着一批有才干、有能力、富有远见卓识，又敢于忠言直谏的能臣、贤臣。在这些人中，除了太宗临终前托孤的重臣长孙无忌、褚遂良外，还有辛茂将、卢承庆、杜正伦、韦思谦、戴至德、魏元忠等。

从唐太宗贞观二十三年（649年）即位到永徽五年（654年）的这六年中，他奉行"萧规曹随"的原则，继续执行唐太宗时期制定下来的各项政策，按照太宗时制定的法令施行。高宗刚即位时，就立即对群臣宣布："以后的规矩还是和先皇在位时一样，朝廷内外，不管有什么事情，只要是对百姓不利的，你们一定要向我呈报。"同时，他召见各地刺史，详细询问老百姓的疾苦。因为唐太宗生前一直提倡节俭，所以，高宗也下旨禁止向宫中敬献鹰犬，并说："从今往后，不论是京官还是地方官员，凡是有向朝廷纳献鹰犬的，一律问罪！"在唐太宗时期，朝中百官每隔三天上一次朝。高宗即位后，下令朝中文武百官每天都要上朝，以此来要求大家勤勉执政。

在高宗统治时期，唐朝的社会经济继续向前发展。贞观二十二年（648年），唐朝的人口总共有360万户，到了永徽三年（652年），全国的人口已有380万户，增加了20万户。

除了注重经济发展，唐高宗还重视文化教育。永徽元年（650年），他下旨让长孙无忌、李勣、于志宁等人修订《永徽律》，并于永徽三年（652年）完成。永徽四年（653年），他又再次让长孙无忌等人对《永徽律》逐句进行疏证解释，用通俗的文字阐明律条的文义，并采用问答形式，对其内涵进行剖析，编成了三十卷《律疏》。《永徽律》和《律疏》合称为《永徽律疏》（明末清初改名为《唐律疏议》），这是东亚地区最早的成文法之一，也是中国现存最完整、最古老的一部封建法典。它全面体现了中国古代法律制度的水平、风格和基本特征，对后世中国及当时的周边国家法律都产生了深刻影响。

当然，唐高宗李治在位时期，一方面注重经济与文化、律令的发展，另一方面也继承了父亲开拓进取的精神，在"武功"方面，也取得过不错的成就。

唐朝初年，唐军打败东突厥，消灭薛延陀部。随后，一个名叫阿史那斛勃的人，又自立为东突厥可汗，史称"车鼻可汗"。车鼻可汗企图把漠北地区的铁勒各部都并吞到自己的版图中，并且不向唐朝纳贡，公然和唐朝对抗，这引起了唐朝的不满。贞观二十三年（649年），唐朝右骁卫郎将高侃奉旨率回纥等兵力对他进行征讨；永徽元年（650年）六月，高侃在金山地区打败突厥兵，并生擒车鼻可汗。车鼻可汗被高侃押解到长安后，唐高宗不仅赦免了他，还封他为左武卫将军，在他统辖的地方设置狼山都督府，由此平定了漠北地区。

收服东突厥后，唐高宗又着手解决西突厥的问题。当时的西突厥控制着金山以西的广大地区，永徽二年（651年），西突厥人阿史那贺鲁自立为可汗，史称"沙钵罗可汗"。他控制了西域各国，并经常率军侵犯唐朝的庭州等地区。显庆二年（657年），唐高宗派左卫中郎将苏定方等人率军征讨西域，俘获了沙钵罗可汗，彻底消灭了西突厥。

当时，唐朝的东北边境也不是很太平，朝鲜半岛上有高句丽、百济、新罗这三个小国，它们之间经常有战事发生。自隋朝以来，高句丽还屡次入侵中国边境，占有中国土地，残杀中国兵士。唐太宗曾御驾亲征过高句丽，却也没能彻底消灭它，因此，高句丽始终是唐王朝的一块心病。永徽六年（655年），高句丽、百济、靺鞨联兵入侵新罗，新罗王派遣使臣向唐朝求援，唐高宗让营州都督程名振和左卫中郎将苏定方率兵出击高句丽。显庆三年（658年），程名振大军攻下了高句丽赤峰镇，杀了大约三千名高句丽兵。显庆四年（659年），右领军中郎将薛仁贵在横山（今辽宁辽阳附近的华表山）大败高句丽军。显庆五年（660年），苏定方消灭百济，使高句丽处于孤立无援的境地。龙朔元年（661年），唐高宗又下令对高句丽发动大规模进攻，并派大军围攻平壤。但是，平壤久攻不下，唐高宗只好于龙朔二年（662年）下令全军班师回朝。三年后，唐高宗再次派人出击高句丽，这次，他任命李勣为辽东道行军大总管，统率各路军马分道合击高句丽。经过多年的准备与积累，唐军在高句丽的战场上所向披靡，最终于总章元年（668年）攻下平壤，灭了高句丽。

平定高句丽后，唐高宗将原高句丽版图划分成九个都督府，四十二个州，一百个县，并在平壤设置了安东都护府，任命右威卫大将军薛仁贵为检校安东都护，带领两万兵马驻守此地。高句丽的贵族、富户，以及几十万百姓，都被迁到中原各个地方，最终融入了中国各民族之中。

总之，在唐高宗统治期间，边疆安定、社会繁荣、百姓安居乐业，呈现出一番治世景象。因为唐高宗在位前六年的年号是"永徽"，所以，历史上称这段治世时期为"永徽之治"。

尽管唐高宗一直兢兢业业，努力做一个好皇帝，但他这个皇帝也当得很辛苦。尤其是在他初登皇位时，他并没有体会到做皇帝的喜悦，也没有得到一个皇帝应有的待遇。太宗临终托孤，把儿子交到了长孙无忌、褚遂良等人的手里，要大家好好辅佐太子。李治即位后，不论大小事情几乎都要征求舅舅长孙无忌的意见，他感到自己在政治上无法施展手脚。永徽四年（653年），长孙无忌更是利用高阳公主的驸马房遗爱谋反一案，排除异己，甚至将吴王李恪和江夏王李道宗也牵连其中。

吴王李恪是唐太宗李世民的第三个儿子，其相貌英俊，有文才，通武略，深得太宗喜爱。在太子李承乾被废为庶人后，唐太宗曾经一度想立吴王李恪为太子。可是，李恪的生母是杨妃，而非长孙皇后，长孙皇后的亲哥哥长孙无忌坚决反对把李恪立为太子。长孙无忌既是开国功臣，又是皇亲国戚，位高权重，能够左右朝野。在这种局势下，唐太宗不得不尊重朝中重臣的意见，最终册立晋王李治为太子。不过，由于吴王李恪的名望很高，长孙无忌一直都对他怀有提防之心。

高阳公主是唐太宗李世民的第十八女（有的史书上说是第十七女），聪慧伶俐，深得太宗宠爱，后来下嫁给房玄龄的次子房遗爱。高阳公主从小就被宠溺坏了，为人处世骄横专断。根据史书中的记载，高阳公主曾经和僧人辩机私通。辩机是玄奘的徒弟，有才学，《大唐西域记》一书就是由玄奘口述、辩机记录完成的。他们私通之事泄露出去后，辩机被腰斩，高阳公主也遭到唐太宗怒斥，并责令不许她再进宫。

房玄龄除了次子房遗爱，还有两个儿子——长子房遗直和三子房遗则。房玄龄去世后，按惯例，长子房遗直承袭了"梁国公"的爵位。不知为何，高阳公主对房遗直没有好感，要求丈夫房遗爱和哥哥分家，但是房遗直不同意，高阳公主就跑去太宗面前诬告房遗直。太宗派人调查后发现与事实不符，就把公主训斥一番，不再理会此事。后来，房遗直向唐太宗上疏，要求把世袭的爵位让给弟弟房遗爱，但是唐太宗怕坏了规矩，没有答应他。永徽四年（653年），高阳公主又向唐高宗诬告房遗直对自己非礼，唐高宗就派长孙无忌去彻查这件事情，没想到，长孙无忌借这件事，竟然"查"出一个惊天大案——房遗爱谋反案。当然，关于事情的起因，史书中有诸多种说法，各种说法都有待进一步考证。但不管是哪种说法，最终的结果都是一样的，太多的人——甚至包括一些无辜的人都被牵连进这个案件之中。

据记载，长孙无忌调查的结果是：房遗爱、高阳公主和薛万彻、柴令武等人勾结，打算发动政变，废唐高宗，拥立荆王李元景为帝。薛万彻的妻子是唐高祖的女儿、唐太宗的妹妹丹阳公主；柴令武是柴绍和平阳公主的儿子，妻子是唐太宗的第七女巴陵公主。在调查过程中，长孙无忌把吴王李恪和江夏王李道宗也牵连进了这个案子之中。李道宗是唐高祖李渊的堂侄，从17岁起就追随唐太宗南北征战，屡立战功。案子查完之后，唐高宗向长孙无忌求情，希望舅舅手下留情，能够赦免所有人的死罪，毕竟这些人都和他有血缘之亲。但是，唐高宗的请求被长孙无忌和朝中的大臣们拒绝了。最终，房遗爱、薛万彻、柴令武被斩首，李元景、李恪、高阳公主、巴陵公主被赐死，李道宗被流配象州，后病死于流配途中。其余受牵连的人全部被流放，包括李恪的几个儿子、高阳公主和房遗爱的几个儿子。

就这样，"房遗爱谋反案"直接拉开了唐高宗李治和以长孙无忌为首的辅政大臣们争夺权力的序幕。

永徽五年（654年）三月，李治率领大臣们前往麟游县西天台山上的万年宫小住并在此办公，万年宫宫殿修筑在半山腰上，规模宏大，皇帝、后宫嫔妃、朝中重

唐代官员散阶表					
文散阶		武散阶		品级	授阶方式
阶级	官名	阶级	官名		
一	开府仪同三司	一	骠骑大将军	从一品	册授
二	特进	二	辅国大将军	正二品	册授
三	光禄大夫	三	镇军大将军	从二品	册授
四	金紫光禄大夫	四	冠军大将军、怀化大将军、千牛卫大将军	正三品上	册授
		五	怀化将军	正三品下	册授
五	银青光禄大夫	六	云麾将军、归德大将军	从三品上	册授
		七	归德将军	从三品下	册授
六	正议大夫	八	忠武将军	正四品上	制授
七	通议大夫	九	壮武将军、怀化中郎将	正四品下	制授
八	太中大夫	十	宣威将军	从四品上	制授
九	中大夫	十一	明威将军、归德中郎将	从四品下	制授
十	中散大夫	十二	定远将军	正五品上	制授
十一	朝议大夫	十三	宁远将军、怀化郎将	正五品下	制授
十二	朝请大夫	十四	游骑将军	从五品上	制授
十三	朝散大夫	十五	游击将军、归德郎将	从五品下	制授
十四	朝议郎	十六	昭武校尉	正六品上	敕授
十五	承议郎	十七	昭武副尉、怀化司阶	正六品下	敕授
十六	奉议郎	十八	振威校尉	从六品上	敕授
十七	通直郎	十九	振威副尉、归德司阶	从六品下	敕授
十八	朝请郎	二十	致果校尉	正七品上	敕授
十九	宣德郎	二十一	致果副尉、怀化中候	正七品下	敕授
二十	朝散郎	二十二	翊麾校尉	从七品上	敕授
二十一	宣议郎	二十三	翊麾副尉、归德中候	从七品下	敕授
二十二	给事郎	二十四	宣节校尉	正八品上	敕授
二十三	征事郎	二十五	宣节副尉、怀化司戈	正八品下	敕授
二十四	承奉郎	二十六	御侮校尉	从八品上	敕授
二十五	承务郎	二十七	御侮副尉、归德司戈	从八品下	敕授
二十六	儒林郎	二十八	仁勇校尉	正九品上	敕授
二十七	登仕郎	二十九	仁勇副尉、怀化执戟长上	正九品下	敕授
二十八	文林郎	三十	陪戎校尉	从九品上	敕授
二十九	将仕郎	三十一	陪戎副尉、归德执戟长上	从九品下	敕授

★ 文官、武官皆分九品，除不设正一品外，每品都有"正"有"从"。其中，文官从正四品开始，每品的正从又各分"上""下"阶；武馆从正三品开始分"上""下"阶。

要大臣都住在里面。五月的一天夜里，天降大雨，山洪暴发，冲到了万年宫的北大门。山洪来势凶猛，守门的卫士纷纷逃命，大水很快就涌进皇宫。这天夜里值班的将军是右领军郎将薛仁贵，他看见大水已经涌进宫门，而自己未经宣召又不能轻易入宫，于是在情急之中登上了皇宫的大门，踩在宫门的横木上用力叫喊。他的叫喊声惊醒了熟睡中的皇帝和大臣们，唐高宗及时跑出宫殿，得以保存性命。在这次水灾中，皇宫中的卫士和附近的居民，足足有三千多人被淹死。

这次事件让唐高宗经历了一次生死，改变了他对生命的看法和对人生的态度。总之，万年宫水灾刺激了他，并成为他人生中的一个转折点，高宗软弱的个性开始强硬起来。

九月，从万年宫返回京师后，唐高宗召开了一次朝廷会议，所有五品以上的官员都参加了这个会议。在会上，唐高宗责问官员们说："以前先帝在的时候，每天都有很多人讨论国事，不管什么想法，要么当面向先帝陈奏，要么回家写完报告后上呈给先帝。可是现在我总听不到你们的意见，这是为什么？难道现在天下就太平无事了，就没有什么值得讨论的吗？"高宗的语气明显透露出不满。

十月，朝廷为修筑长安的外郭城，在雍州雇用了四万人，只用三十天就完成了修建工程。这时，一个名叫薛景宣的雍州官员上疏批评修城之事，他说："西汉惠帝因为修长安城，劳民伤财，年纪轻轻就暴病死了；现在我们也修城，迟早会出大事！"长孙无忌、褚遂良、于志宁等人看了他的奏疏，都很生气，说他是在诅咒皇帝，唐高宗却说："这个薛景宣确实太过狂妄，可是如果将他治罪，以后就真的没有人敢上疏言事了。"于是，唐高宗不仅没有对薛景宣治罪，反而下诏称赞他，之后就逐渐有人敢向唐高宗直接上疏了。

唐高宗在与朝臣的斗争中，一点点努力争取自己的权力，不过，要彻底夺回皇帝的权力，前方还有太多的障碍需要逾越。在这条道路上，唐高宗走得非常辛苦。最终，他决定以废立皇后作为夺回皇权的关键突破口。

第3节　武则天的皇后之路

公元650年—公元656年

武则天生于武德七年（624年），父亲武士彟是唐朝都督。武则天从小喜欢读书，尤其喜欢阅读文史诗集。12岁那年，父亲去世，她和母亲备受武氏族人的虐待。贞观十年（636年），14岁的武则天被唐太宗召入宫中做了才人。美丽、聪明、富有才情的她很快获得唐太宗的喜爱，并且被赐名"媚娘"。但是不久之后，唐太宗听到了"以武代李"的传闻，就开始冷落她。直到唐太宗晚年病重，才又将她召来侍疾。她在侍候太宗时，有机会接触到太子李治，并逐渐和李治有了感情。

贞观二十三年（649年），唐太宗逝世，武则天被送到感业寺中出家为尼。感业寺是唐朝禁苑中的皇家寺庙，按照当时的丧葬规定，皇帝去世后，他的嫔妃如果生育了儿子，就随儿子一起生活；如果没有生育儿子，就前往感业寺中出家为尼。因为武则天和唐太宗没有生育过子女，所以也被送往感业寺。

永徽元年（650年），唐太宗逝世一周年忌日时，唐高宗李治去感业寺中上香，与武则天重逢了。两人埋藏在心底的感情再度萌发，泪眼相执、情意绵绵。这一切都被跟随李治去感业寺上香的王皇后看在眼中。

王皇后出身于太原王氏家族。王氏家族是当时赫赫有名的士族，并且和李唐皇族很早就有联姻。王皇后的叔爷（爷爷的兄弟）娶的就是唐高祖李渊的同胞妹妹、唐太宗李世民的姑姑同安公主。同安公主见自己的侄孙女儿漂亮贤淑，就向唐太宗李世民推荐。得到唐太宗的应允后，王氏嫁给了当时的晋王李治，成为晋王妃。但是，她一直没有生育，这让身为太

唐初后宫制度				
	职位	数量	名称	品级
嫔妃	皇后	一	一	一
	夫人	四	贵妃、淑妃、德妃、贤妃	正一品
	嫔	九	昭仪、昭容、昭媛、修仪、修容、修媛、充仪、充容、充媛	正二品
	婕妤	九	一	正三品
	美人	九	一	正四品
	才人	九	一	正五品
	宝林	二十七	一	正六品
	御女	二十七	一	正七品
	采女	二十七	一	正八品
女官	尚宫局	司言，掌宣传奏启；司簿，掌名录计度；司正，掌格式推罚；司闱，掌门阁管籥。		
	尚仪局	司籍，掌经史教学，纸笔几案；司乐，掌音律；司宾，掌宾客；司赞，掌礼仪赞相导引。		
	尚服局	司玺，掌琮玺符节；司衣，掌衣服；司饰，掌汤沐巾栉玩弄；司仗，掌仗卫戎器。		
	尚食局	司膳，掌膳羞；司酝，掌酒醴益醢；司药，掌医巫药剂；司饎，掌廪饩柴炭。		
	尚寝局	司设，掌床席帷帐，铺设洒扫；司舆，掌舆辇伞扇，执持羽仪；司苑，掌园御种植，蔬菜瓜果；司灯，掌火烛。		
	尚工局	司制，掌营造裁缝；司宝，掌金玉珠玑钱货；司彩，掌缯帛；司织，掌织染。		

子的李治内心感到很不安。后来，李治就日益疏远她，并专情于萧良娣。

李治登基后，立晋王妃为皇后，封萧良娣为淑妃，仍然宠爱萧淑妃，疏远王皇后。萧淑妃专宠后宫，令王皇后十分恼怒，但在和萧淑妃的争宠中，王皇后却屡处下风。感业寺中的一幕，让王皇后心中生出一条计谋，她想利用李治对武则天的旧情，离间李治和萧淑妃之间的关系，彻底将李治从萧淑妃的身边夺回来。于是，她暗中让武则天蓄起头发，并利用自己管理后宫的权力，做主将武则天从感业寺重新接进皇宫。对武则天来说，这次命运的转机无异于一根救命的稻草，她要牢牢抓住这根稻草。入宫后，武则天在王皇后面前表现得很谦卑，对王皇后百依百顺，很快就得到王皇后的信任。于是，王皇后向唐高宗举荐武则天，夸赞武则天的才干和为人，这果然令唐高宗惊喜万分，他立马封武则天为昭仪。永徽三年（652年），武则天为唐高宗生下第一个儿子，取名李弘。从此，唐高宗越发宠幸武则天，疏远萧淑妃，王皇后的心愿得到了满足。然而，王皇后做梦也没有想到，唐高宗一心一意专情于武则天，而权

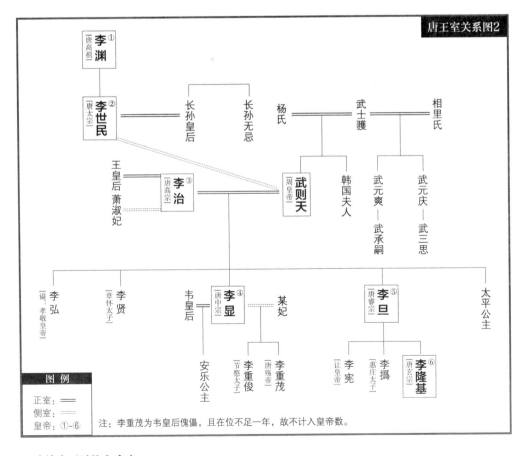

唐王室关系图2

注：李重茂为韦皇后傀儡，且在位不足一年，故不计入皇帝数。

图例
正室：＝＝
侧室：┈┈
皇帝：①～⑥

欲心重、工于心计的武则天一旦地位稳固，就开始同时对付王皇后和萧淑妃二人。

王皇后是一个简单质朴的人，为人处世不善巴结迎合，没有刻意和身边的宫女侍卫处理好关系。她的母亲魏国夫人和舅父中书令柳奭每次入宫，对宫女侍卫们也都显得傲慢无礼，更没有用小恩小惠笼络过王皇后身边的人。武则天利用这一点，故意和王皇后、萧淑妃、唐高宗身边的人结交，经常送给他们钱财，就连唐高宗给她的赏赐，有时也会分一些给他们。于是，从武则天那里得到好处的宫女和侍卫，心里都感激武则天，并成为武则天在王皇后、萧淑妃和唐高宗身边的眼线。通过他们，武则天把王皇后、萧淑妃和唐高宗的一举一动都摸得很清楚。

王皇后一直没有生育，再加上失宠，皇后之位岌岌可危。于是，她的舅舅柳奭就和长孙无忌等人商量，让王皇后将唐高宗与一个侍妾所生的儿子认领为自己的儿子，起名为李忠，并劝说唐高宗立李忠为太子。这些唐高宗都照办了，不过，他依然宠爱武则天。为了进一步试探唐高宗，柳奭上疏，主动要求辞去中书令的官职，没料到唐高宗顺水推舟地让柳奭退出中书省，改为担任尚书台的吏部尚书。

权欲熏心的武则天为了能够取代王皇后，绞尽脑汁地想出一条毒计。此时她刚生下女儿不久，趁王皇后前去探望她和孩子的机会，她悄悄掐死了自己的亲生女儿，并且嫁祸给王皇后。愤怒的唐高宗信以为真，于是有了废掉王皇后的念头。但是，自古以来废立皇后都是一件大事，因为这不仅是皇帝的私事，也是国家大事，事关朝中各派势力的政治利益和国家社稷的安危。所以，李治想要废王皇后，立武则天，首先必须经过以长孙无忌为首的朝中大臣们的同意才行。

永徽五年（654年），唐高宗带着武则天亲自登门拜访长孙无忌，并赐长孙无忌与侍妾生的三个孩子为朝散大夫（朝散大夫是五品散官，可以享受五品高官的待遇），同时还赏赐给长孙无忌十车的金银珠宝、丝绸锦缎。长孙无忌接受了皇帝的"礼物"，但当唐高宗委婉提到皇后无子之时，政治神经异常敏感的长孙无忌立即听出了皇帝的话外之音，马上就用别的话题岔开了，让皇帝没有开口的机会，唐高宗和武则天只好扫兴回宫。

两人一计不成，又生一计。这次，他们让武则天的母亲杨氏出面去劝说长孙无忌。杨氏与隋朝宗室同宗，其父杨达做过隋朝门下省的官员。长孙无忌的父亲长孙晟、伯父长孙炽都曾经是隋朝大官，与武则天的外祖父杨达有过交情。据史书记载，在皇帝和女儿的授意下，杨氏好几次前去长孙无忌的府中拜访，但是每次的结果都一

武则天年表（624—705）			
人生阶段	时间	年龄	主要事件
童年	628	5岁	唐高宗李治诞生；袁天罡为年幼的武则天相面，称其有天命。
才人	637	14岁	被唐太宗李世民召入宫中，立为才人，赐名"媚娘"。
出家	649	26岁	唐太宗驾崩，在感业寺出家为尼。
宫女	651	28岁	入宫，服侍王皇后。
才人	652	29岁	生长子李弘。
昭仪	654	31岁	被唐高宗封为昭仪；唐高宗离京师拜谒昭陵，随行，生次子李贤于途中。
皇后	655	32岁	十月，诏告天下，被正式册立为皇后。
	656	33岁	长子李弘被立为太子；制《外戚诫》献于朝；生三子李显于长安。
	660	37岁	开始参与朝政，处事符合高宗旨意。
	662	39岁	生四子李旦。
	664	41岁	上官仪密谋废后，事泄被杀；唐高宗上朝，武后垂帘，中外称之为"二圣"；生太平公主。
天后	674	51岁	唐高宗自称"天皇"，武后称"天后"。
	675	52岁	唐高宗病情加重，不能听政，武后全面主政。
皇太后	683	60岁	唐高宗崩于洛阳宫贞观殿，太子李显即位，即唐中宗；武后被尊为皇太后。
	684	61岁	与裴炎等废唐中宗为庐陵王，立相王李旦为皇帝，即唐睿宗。
皇帝	690	67岁	废唐睿宗，正式称帝，自号"圣神皇帝"，改国号为"周"。
	698	75岁	复立被废的庐陵王李显为太子。
	705	82岁	神龙政变，被迫将皇位让给儿子唐中宗李显，复国号为"唐"；逝于上阳宫，遗诏去帝号，称"则天大圣皇后"，与唐高宗合葬于乾陵。

样，长孙无忌坚决不同意废后。

　　杨氏出面劝说不成，在皇帝的授意下，许敬宗又出面了。许敬宗是卫尉寺的长官卫尉卿，卫尉寺专门负责武器和祭祀用品。李治被唐太宗立为太子后，许敬宗曾经是东宫的重要官员之一。此外，根据史书中的记载，许敬宗的父亲许善心曾经在隋文帝时担任太常少卿，与长孙无忌的父亲和伯父同朝为官，两家有过往来。同时，在隋朝为官的许善心还曾经是武则天外祖父杨达的副手。所以，在皇帝看来，许敬宗是出面劝说长孙无忌的最佳人选之一。但长孙无忌仍然不答应皇帝废后，并把许敬宗训斥了一顿。

　　直到永徽六年（655年），唐高宗仍然没有放弃废掉皇后的念头，就在这时，宫中出现了"厌胜"事件。王皇后的母亲柳氏经常出入宫中，成为皇后和长孙无忌等朝廷重臣之间的联络通道，通过柳氏，皇后能够知道外界的动向，长孙无忌等人也能够了解到宫中的情况。尽管王皇后的舅舅柳奭已不再担任中书令，但是身为朝廷的吏部尚书，负责官员的任命和考核，仍然大权在握。这年六月，通过安插在王皇后身边的眼线，武则天得知王皇后和她的母亲在进行"厌胜"活动。"厌胜"是一种迷信，就是把自己恨的人或者爱的人，画成图像剪成纸人，通过把针刺进纸人的心脏，或者把纸人的手脚捆绑住，然后进行诅咒或者祈祷，以达成自己的心愿。在当时的法律中，从事"厌胜"活动属于十恶不赦的罪行，轻者流放，重者杀头。其实，王皇后和母亲柳氏并不一定是在搞"厌胜"活动，但是两个人常常聚在一起窃窃私语，搞得神神秘秘，非常可能是与武则天及皇帝废后一事有关。所以，武则天得到眼线的报告后，先下手为强，抢先向唐高宗汇报了此事。唐高宗一听很恼火，就下令王皇后的母亲柳氏不得再入宫，从此将王皇后与她的母亲隔绝起来。唐高宗还不罢休，又下令将王皇后的舅舅柳奭从吏部尚书贬为遂州刺史，接着又贬为荣州刺史。荣州就是今天的四川荣县地区，当时地处偏远，人烟稀少，一派荒凉景致。

柳奭被贬后，长孙无忌迅速启用了来济。早在永徽二年（651年），来济就被任命为中书侍郎兼弘文馆学士，负责编修国史。在长孙无忌的扶持下，短短数年，他被迅速提升为中书令、检校吏部尚书，全面接替了柳奭的职权。在朝廷的政治派系中，他坚定地站在长孙无忌的阵营中，是长孙无忌的得力干将。

之后不久，唐高宗见废后的可能性不大，就作出让步，不再坚持废后，但是要封武则天为宸妃，使其地位仅次于皇后。在唐朝的后宫制度中，皇后之下有贵妃、淑妃、德妃、贤妃，并没有"宸妃"这个封号。李治打算封武则天为宸妃，是想在保留皇后位置的情况下，突出武则天的地位。在李治看来，这样做两全其美。但皇帝万万没有想到的是，他的这一想法又迅速遭到侍中韩瑗、中书令来济的反对，他们的理由也很简单，在唐朝的妃嫔封号中没有"宸妃"，立"宸妃"这个新的名号不符合制度。皇帝的面子被驳回，心中有些恼怒，却更加坚定了他废后的决心。

当时，朝廷大权掌握在长孙无忌的手里。皇帝试图废后这件事情，从表面上看是王皇后和武则天之间的争宠斗争，实质上却是唐高宗和以长孙无忌为代表的朝廷重臣之间的权力之争。李治能够成功登基为帝，是长孙无忌等一干重臣拥戴的结果，他成为皇帝后，朝政大权自然在长孙无忌这帮重臣的掌握之中，自己只相当于"傀儡"而已。所以，李治也想借废后这件事，夺回属于自己的权力。

在经过一系列的抗争之后，关于废后这件事情，唐高宗和长孙无忌等大臣的对峙陷入了僵局之中。就在大家都感到进退两难之时，突然出现的一个人彻底扭转了局面，这个人就是李义府。

李义府在唐太宗贞观年间曾担任监察御史，在晋王李治的府中为官；李治被立为太子后，他担任太子舍人；李治登基为帝后，他就担任了中书舍人。李义府富有才情，擅长写文章，他和同样擅长写文章的来济齐名，二人并称"来李"。永徽六年（655年），长孙无忌向唐高宗上疏，要求将李义府贬为壁州司马，壁州就是今天的四川通江地区。李义府知道后，就去向中书舍人王德俭讨主意。王德俭是许敬宗的外甥，再加上李义府和许敬宗暗中早有联系，所以，王德俭就给李义府出主意说："现在皇上一心想废王皇后，立武昭仪为后，但是碍于长孙无忌等人反对，迟迟不能如愿。如果你能够在这个时候上疏，建议皇上立武昭仪为皇后，皇上一定会高兴，你必定能转祸为福！"

听了王德俭的建议，李义府心花怒放。当天晚上，他就代替王德俭去宫中值班，然后乘机上疏，请求唐高宗废王皇后，立武昭仪为后，并说这是天下百姓共同的心愿。唐高宗看了非常高兴，立即传旨召见他，并赏赐给他许多珠宝，还让他继续担任中书舍人。武则天得知这件事后，也很高兴，私下派人向他表示感谢。

李义府的出现打破了皇帝废后的僵局，一批官员开始陆续站出来拥护皇帝，如卫尉卿许敬宗、御史大夫崔义玄、御史中丞袁公瑜等。虽然在朝廷大臣中，他们的权位不重，但对唐高宗来说，这已经是不小的进展了。很快，李义府就被任命为中书侍郎。在唐高宗的支持下，以许敬宗、李义府为代表的政治势力，开始明确反对以长孙无忌为代表的那一派政治势力，并且许敬宗、李义府也都成为武则天的心腹。

永徽六年（655年）八月，长孙无忌、褚遂良、裴行俭秘密聚会，商讨皇帝废后之事，结果被袁公瑜发现并上报给皇帝。唐高宗一怒之下，把长安令裴行俭贬为西州都督府长史。长安令就是长安县的县令，长安县是京县，其县令相当于其他地方的州刺史，属于正五品，级别和中书舍人是一样的。西州就是今天的新疆吐鲁番，在唐朝时是一个边远的州，非常荒凉，中原人基本上都不愿意去那里做官。唐高宗这么做，无形中削弱了长孙无忌等人的势力。九月，唐高宗又任命许敬宗为礼部尚书，自己这边的势力得到了加强。

接着，唐高宗召集太尉长孙无忌、司空李勣、左仆射于志宁、右仆射褚遂良开了两次重要会议。这四人都是唐太宗时期的重要人物，位高权重。第一次会议，司空李勣以身体不适为由逃离，长孙无忌、褚遂良、于志宁三人站在唐高宗面前。唐高宗正式提出废王皇后，立武则天为后。唐高宗说："皇后没有生育儿子，武昭仪生育了儿子，我现在想改立武昭仪为皇后，你们同意吗？"褚遂良抢先回答说："王皇后出身于名门望族，也是先帝为陛下迎娶的，先帝临死前，曾经拉着陛下的手对我们说：'我的儿子和儿媳以后就托付给你们了。'陛下您也亲耳听见了先帝的遗言。如今，王皇后没有什么过失，怎么能够轻易废掉呢？作为臣子，我实在不敢违背先帝的遗命，屈从于陛下的旨意。"听了褚遂良的话，高宗很不高兴，但也无可奈何。第一次关于废王立武的正式会议就这样结束了。

第二天，高宗继续召集他们开会，再次提出要废王立武。褚遂良又一次率先发言，说："如果陛下实在要坚持废王皇后的话，那么请另外选择名门望族的女子做皇后吧。武昭仪毕竟服侍过先帝，您如果立她为皇后，这岂不是乱伦了吗？天下人会怎么看这件事呢？"这一席话说得唐高宗有些羞愧难当。遗憾的是褚遂良没有见好就收，他见唐高宗沉默无声，又继续壮着胆子说："我今天得罪了陛下，实在是死罪啊！我不想再做官了，请求陛下让我辞官回家归隐吧！"他一边说，一边把怀中抱着的象征身份的笏板放在地上，并拼命磕头，磕得头上鲜血直流。结果，褚遂良的这一行为彻底激怒了唐高宗，使得形势急转直下，唐高宗命人把褚遂良拖出去。此时，躲在帘

唐律中的"八议"与"十恶"				
八议	议亲	皇亲国戚	议功	有大功勋
	议故	皇帝故旧	议贵	高级官员
	议贤	有大德行	议勤	有大勤劳
	议能	有大才艺	议宾	先朝后裔或为国宾者
十恶	谋反	谋危社稷	大不敬	对君主的不敬行为（包括过失犯罪）
	谋大逆	谋毁山陵宗庙宫阙	不孝	忤逆于直系尊长
	谋叛	谋背国从伪	不睦	谋杀、贩卖远亲及殴打远系尊亲属
	恶逆	谋杀或殴打尊长	不义	杀官长、师长及妻匿夫丧作乐改嫁
	不道	杀一家非死罪三人、肢解人、蛊毒厌魅	内乱	亲属间强奸、和奸

★"八议"是封建时期犯罪的贵族享受豁免的一种权利；"十恶"是不赦的重罪。享受"八议"的贵族如果犯了"十恶"中的罪，不能被赦免，但是可以"从轻发落"，最终判为流放。

后偷听的武则天也恼怒地吼起来："为什么不杀了他！"长孙无忌一听慌了，立即说："褚遂良是先帝留下的顾命大臣，就算有罪也不能够用刑！"于是，双方不欢而散，第二次会议就这么草草收场。

随后，在以长孙无忌为首的政治阵营中，宰相韩瑗、来济也先后上疏，劝阻唐高宗废后。但是唐高宗始终置之不理，相反，他一直在积极采取行动。他在宫中接见了司空李勣，对李勣说："我想废掉王皇后，立武昭仪为皇后，可是长孙无忌、褚遂良他们都反对，这件事难道就这样算了吗？"在政治利益上，李勣和长孙无忌向来都不是一条心，听了唐高宗的话，李勣想了想，回答说："陛下，这是您的家事，又何必要问外人呢？"唐高宗一听李勣的话，非常高兴，立即决定不再理会长孙无忌等人的反对，按自己的意愿行事。

紧接着，在唐高宗的授意下，站在皇帝这边的许敬宗开始对别的官员进行动员。他说："就连耕田的农民多收了十斛麦后都想换妻，更何况天子想换皇后呢？这是皇上的家事，关外人什么事呢？"于是，在许敬宗等人的动员下，皇帝废后的主张得到了更多官员的支持。

见时机已经成熟，唐高宗下旨贬褚遂良为潭州（今湖南长沙）都督，此事标志着唐高宗开始了对长孙无忌等人的打击。同年十月，唐高宗正式下旨，贬王皇后和萧淑妃为庶人。十月十九日，百官上表，奏请唐高宗立武昭仪为皇后，唐高宗顺应百官要求，正式下诏立武昭仪为后。显庆元年（656年）正月，废皇太子李忠，改立李弘为皇

李唐王室起兵名单				
人名	封号	职位	治所所在地	皇室渊源
李元嘉	韩王	绛州刺史	今天的山西新绛	唐高祖第十一子
李元轨	霍王	青州刺史	今天的山东益都	唐高祖第十四子
李灵夔	鲁王	邢州刺史	今天的河北邢台	唐高祖第十九子
李贞	越王	豫州刺史	今天的河南汝南	唐太宗第八子
李撰	黄国公	通州刺史	今天的四川达县	韩王李元嘉的儿子
李绪	江都王	金州刺史	今天的陕西安康	霍王李元轨的儿子
李冲	琅琊王	博州刺史	今天的山东聊城	越王李贞的儿子
★唐王室宗亲预感到武则天称帝图谋，为保李家江山纷纷起兵，可惜朝廷派强兵镇压，各次起义都以失败告终，反给武则天杀害李氏宗亲以借口。				

太子。至此，轰轰烈烈的废后之争终于落下帷幕。

第4节　登基称帝
公元656年—公元690年

屡经波折之后，武则天终于成功当上皇后，与此同时，褚遂良被贬为潭州都督。显庆二年（657年），褚遂良又被调到广西任都督，这里距离京师长安更远了。同年，武则天和许敬宗、李义府等人勾结起来，诬告中书令来济、门下侍中韩瑷勾结褚遂良共同谋反，最终来济被贬为庭州刺史，韩瑷被贬为振州刺史，褚遂良再次被贬到更偏僻、更荒凉的河内西南地区。在贬谪途中，褚遂良曾经给唐高宗写过一封信，他在信中诉说自己曾经为唐高祖和唐太宗立下的那些汗马功劳，并且委婉地提醒唐高宗，当年太宗立他为太子，帮助他登基即位，自己都是最坚定的支持者之一。然而，他的这封信石沉大海，一直杳无音信。显庆四年（659年），绝望中的褚遂良死于流放之地，可怜一代开国元勋、功臣名相，最后竟然落得如此悲惨的结局。可是，即使在他死后两年，武则天依然没有放过他，一边削掉他的官职，一边把他的子孙后代也流放到他死去的地方。直到神龙元年（705年），也就是褚遂良死后的第46年，唐中宗才为他进行了平反。

在武则天的操纵下，凡是曾经反对唐高宗废后的人，不是被杀就是被贬，最后只剩下了长孙无忌。武则天最恨的人是长孙无忌，但最无可奈何的人也是长孙无忌。因为他毕竟是唐高宗的亲舅舅，大唐帝国的开国功臣，唐太宗临终前托孤的顾命重臣，并不是那么容易能扳倒的。于是，武则天一直都在默默地等待一个能够除掉长孙无忌的最佳时机。

显庆四年（659年），朝廷中出了一桩朋党案，其主要当事人是太子洗马韦季方和监察御史李巢。然而，武则天、许敬宗等人借此机会，把长孙无忌也牵连进来，并诬告长孙无忌谋反。唐高宗听到舅父谋反的消息，大吃一惊，开始完全不相信。可是，在武则天等人不断挑拨下，唐高宗在伤心欲绝中开始怀疑长孙无忌，并下令许敬宗认真仔细地核查清楚这件事情。结果，在武则天的授意下，许敬宗闭门造车，捏造了一篇韦季方的供词。在供词中，韦季方称自己和长孙无忌秘密谋反，阴谋陷害唐高宗和武则天的忠臣近亲，目的是让长孙无忌能够重新独揽朝政大权。就这样，许敬宗硬是把一个莫须有的罪名扣在了长孙无忌的头上。许敬宗把编造的假供词上呈给唐高宗，唐高宗看完供词痛哭起来："舅舅啊，你果然要谋反啊，可是我又怎么忍心杀你呢？我如果杀了你，天下的人会怎么看待我啊？后世的人又会怎么看待我呀？"

看见皇帝不忍心处理长孙无忌，许敬宗劝说道："西汉文帝的舅父薄昭犯法，汉文帝杀了他，天下人都认为汉文帝是一代明主。对陛下来说也是一样的道理，当断不断，反受其乱啊！"听了许敬宗的话，懦弱昏庸的唐高宗竟然没有和长孙无忌对质，就下诏削去了长孙无忌的官职和封邑，将他流放到黔州（今重庆彭水）。根据唐高宗的旨意，被流放黔州的长孙无忌，只有每天的日常饮食是按照一品官的标准供给的，其余生活与囚犯无异。长孙无忌的家人全部受到牵连，不是被杀，就是被流放。

二个月以后，唐高宗再次让许敬宗等人复查这个案子。为绝后患，在武则天的授意下，许敬宗派大理寺丞袁公瑜亲自赶赴黔州，逼迫长孙无忌自杀。到此为止，凡是与武则天处于对立面的重要政敌，几乎都被赶尽杀绝。

显庆五年（660年），唐高宗的头部患了风疾，经常头晕眼花，严重影响到他对日常政务的处理，于是他让武则天帮助他管理朝政。可是，唐高宗没有想到，武则天的权力欲望极强，她在帮助唐高宗处理朝政的过程中：一边对异己势力进行排除、打击，为自己的政治道路扫清障碍；一边暗中培植个人的势力，为自己掌握更大的权力进行准备。

天性强势的武则天，每逢在重大事情的抉择上，都会制约唐高宗。麟德元年（664年），宰相上官仪认为武则天干预政事，请求唐高宗废后，唐高宗也认为武则天权势过大，于是让上官仪草拟一份废后诏书。哪知还没有等上官仪把诏书拟好，武则天就知道了这件事，她直接找到唐高宗追问事情的来龙去脉，唐高宗被迫无奈，只好把所有的责任都推给上官仪。武则天于是怀恨在心，她让许敬宗罗织罪名，陷害上官仪。这年的十二月，上官仪被捕入狱，不久之后就死在了狱中，并且被满门抄斩。

上官仪死后，唐高宗每次上朝，武则天都会在龙座的帘幕后面进行操纵，此时的她已基本上掌握朝廷大权，甚至有时候还直接操纵着大臣们的生死。耳根软的唐高宗也只能对她唯唯诺诺、无可奈何,唐高宗和武则天也因此被称为"二圣"。二圣临朝,从表面上看是唐高宗和武则天共同执掌朝政,但是唐高宗的身体越来越差,所以,武则天以皇后的身份处理了大量的国事。

武则天在代表唐高宗处理朝廷政事的过程中,日益感觉到她必须在朝廷中培植自己的政治势力,需要有自己的亲信。那些曾经支持过她的人,多年来都已经被陆续淘汰了,剩下来的李勣、许敬宗也都已经是风烛残年的老人,所以武则天亟须组建一支新的人才队伍。乾封元年(666年),在唐高宗的默许下,武则天从左、右史和著作郎中,亲自物色了一批才学俱佳的文人学士,他们被特许从玄武门出入禁宫,因此被称为"北门学士"。"北门"这个名称是相对"南衙"而言。"南衙"是朝廷的机关所在地,以宰相为首的一干大臣就在这里办公。武则天另立办事中心,明显是要和宰相分庭抗礼。北门学士主要协助皇帝处理日常政务与各种表疏。武则天企图通过设置北门学士来削弱宰相的权力,再加上北门学士直接参与国家重要政事,自然更有利于武则天对他们进行掌控。此外,北门学士还根据政治需要,为武则天编撰必要的书文。当时北门学士中的重要成员有元万顷、刘祎之、范履冰、苗神客、周思茂、胡楚宾等人。

武则天虽然政治野心很大,但她也的确是一个富有政治才干的人。上元元年(674年),在北门学士的帮助之下,武则天向唐高宗提出治理国家的十二条建议,就是著名的"建言十二事":

(1)劝农桑,薄赋徭;

(2)给复三辅地(免除三辅一带百姓徭役);

(3)息兵,以道德感化天下;

(4)南北中尚禁浮巧(在全国各地禁止浮巧);

(5)省功费力役;

(6)广言路;

(7)杜谗口;

(8)王公以降皆习《老子》;

(9)父在,为母服齐衰三年;

(10)上元前勋官已给告身者无追复;

(11)京官八品以上益禀入;

皇帝(朝)	时间	主要事件
		唐年表2（649—712）
唐高宗（3）	649	唐太宗逝世，皇太子李治即位，即"唐高宗"。
	650	设置单于都护府，唐王朝经营北方的起点。
	651	王皇后召武则天入宫，企图对付萧淑妃。
	655	唐高宗不顾长孙无忌、褚遂良等老臣的反对，废王皇后，立武则天为皇后。
	656	废皇太子李忠，立武后之子李弘为太子。
	657	苏定方领兵征讨西突厥，西突厥灭亡。
	659	武后势力逐渐扩大，长孙无忌被流放（自缢而死）。
	660	唐与新罗联合消灭了百济。
	663	吐蕃击败吐谷浑，使其残部奔凉州；日本为帮助百济复兴，发动了白村江之战，被唐朝与新罗联军大败。
	664	武后专权，上官仪被杀，武后开始临朝听政。
	666	高宗与武后泰山封禅。
	668	唐与新罗联合消灭高句丽，在平壤设立安东都护府，唐王朝版图达到最大。
	670	吐蕃北犯吐谷浑部、西陷龟兹，薛仁贵率军十万援助吐谷浑，大败吐蕃。
	674	武则天由皇后改称"天后"。
	675	皇太子李弘暴卒，立武后次子李贤为太子。
	676	唐朝从朝鲜半岛撤退，安东都护府由平壤迁往辽东城；新罗统一朝鲜半岛；科举考试增加了《老子》的内容。
	680	武后废皇太子李贤，立三子李显为太子。
唐中宗（4）	683	唐高宗逝世，太子李显即位，即"唐中宗"；武后晋升为皇太后，开始全面把持朝政。
	684	武后废唐中宗，立四子李旦为皇帝，即"唐睿宗"；将洛阳改名为"神都"；徐敬业、骆宾王等人起义反对武后，结果被镇压。
唐睿宗（5）	686	武后开始任用酷吏，以对付政治上的反对派。
	688	武后大肆修建洛阳；加尊号"圣母神皇"，并制作神皇三玺，为自己称帝做准备；琅琊王李冲、越王李贞等先后起兵，均告失败。
	690	武则天废睿宗，正式称帝，自号"圣神皇帝"，改国号为"周"；改睿宗为皇嗣，并赐姓"武"。
武则天	692	王孝杰率军收复安西四镇，在龟兹国重新设置安西都护府，并遣军常驻，结束了唐蕃反复争夺西域的局面。
	698	突厥从北方来袭，狄仁杰率军征讨并安抚河北百姓；大祚荣在东北建立靺鞨国（渤海国）；复立被废的唐中宗李显为皇太子。
	702	于庭州置北庭都护府，管理西突厥故地，隶属于安西都护府，巩固唐中央政府对西域地区的管辖。
	705	张柬之发动"神龙政变"，杀死了武则天宠爱的张易之、张昌宗兄弟，逼迫武后退位；中宗复位，国号改回"唐"；武则天病逝。
唐中宗（4）	707	韦后、安乐公主与武三思、武崇训勾结，把持朝政；皇太子李重俊发动政变，杀死武三思、武崇训，韦后胁持中宗，太子兵败身亡。
	710	韦后、安乐公主合谋将唐中宗毒杀，并秘密册立李重茂为皇帝（后世称"唐殇帝"）；李隆基与太平公主发动政变，杀死韦后与安乐公主，迎唐睿宗复位；立李隆基为皇太子；设置河西节度使，节度使制度开始。
唐睿宗（5）	712	唐睿宗禅位，皇太子李隆基即位，即"唐玄宗"。

（12）百官任事久，才高位下者得进阶申滞。

这十二条建议涉及了政治、经济、军事、社会等各个方面，从中可以看出武则天的政治才能。唐高宗采纳了这十二条建议，并下诏实行。在这十二条建议中，劝农桑、薄赋徭，给复三辅地，禁浮巧，省力役，都在一定程度上缓解了灾荒。武则天重视农业生产，规定在各州县境内，凡是勤于耕作、家中有余粮的人士都会受到嘉奖，而那些为政苛滥、户口流移之人则须接受惩罚。

上元二年（675年），唐高宗的头部风疾越来越严重，在武则天及其亲信的唆使下，唐高宗决定让武后摄政。此时宰相郝处俊对唐高宗说："陛下，这天下是高祖和太宗皇帝辛辛苦苦打下来的，您应该把它传给李氏皇族的子孙，而不是传给天后。"唐高宗听了宰相的话，才打消了让武则天摄政的念头。当时的太子是唐高宗和武则天的长子李弘，唐高宗非常喜爱这个儿子，想禅位给他，但是遭到武则天的反对。武则天想独揽大权，对太子李弘越来越不满意。一次，太子李弘看见萧淑妃的女儿义阳公主和宣城公主因为母亲的缘故一直被幽禁在宫中，已经30多岁了还没有嫁人，就上疏请求给二位公主一个幸福的归宿，得到唐高宗的允许。可是这件事情却激怒了武则天，不久后，太子李弘在合璧宫中暴卒。根据史书中的记载，当时的人都认为太子是被武则天毒杀而死的。李弘死后，次子李贤被立为太子。

之后，武则天令北门学士先后编撰了《列女传》《臣规》《百僚新诫》《乐书》《玄览》《古今内范》《青宫纪要》《维城典训》《紫枢要录》《凤楼新诫》《内范要略》《兆人本业》等一千多卷书籍。当然，武则天编撰这些书文都是有政治目的的。例如，武则天不满太子李贤，就让北门学士编撰《少阳正范》——少阳就是指太子居住的东宫——以及《孝子传》等书赐给太子。而李贤确实也不怎么听武则天的话，他有自己的政治主张，后来武则天就找了一个机会将他废掉并流放巴州，再改立三子李显为太子。

弘道元年（683年）十二月，唐高宗病逝，并在其遗诏中说：太子李显于灵柩前即位，军国大事如果有不能裁决的，就由武则天来决定。唐高宗去世后第四天，李显即位，他就是唐中宗，武则天被尊为皇太后。

唐中宗即位时只有27岁，朝廷中所有的政事全部由武则天定夺，他实际上只是一个傀儡皇帝而已。但是，年轻气盛的他不甘心受母亲的摆布，就自作主张，把韦皇后的父亲韦玄贞从普州参军提升为豫州刺史，接着又要升为侍中。虽然当时的宰相裴炎极力劝阻他，他却一意孤行。结果这件事情触怒了武则天，她当机立断，把即位还不到一年的唐中宗废为庐陵王，让他举家迁到房州（今湖北房县）。接着把第四个儿子豫王李旦立为皇帝，这就是唐睿宗。唐睿宗也只是一个由母亲操纵的有名无实的傀儡皇帝。他即位后没有几个月，武则天就把他禁于深宫之中，自己临朝称制，开始独揽朝政。武则天为了巩固自己的地位和权力，一边大力打击李氏家族，一边重用武氏家族。同一年，她任命异母兄的儿子武承嗣为礼部尚书，随之晋升为宰相。种种迹象都预示着武则天改朝换代的野心。

在当时的社会背景下，武则天的做法一是直接威胁到了李氏皇族的地位，二是不容于传统的男尊女卑思想。她不可能像一个男人做皇帝那样，将丈夫家族作为外戚，并按照武氏世系来传授帝位。武则天很聪明，为了减少她在登基路上的各种压力，她将全国的政治中心从长安迁到了东都洛阳。光宅元年（684年）九月，她把东都改名为"神都"，进一步提高洛阳的政治地位，并将洛阳宫命名为"太初"，意为一切重新开始。同时，她还采纳了武承嗣的建议，在洛阳建立武氏七庙，七庙即古代帝王权力的象征。

就在武则天为登基积极准备的时候，唐代开国功臣李勣的孙子徐敬业、徐敬猷兄弟和唐之奇、骆宾王、杜求仁等人联合起来，打着支持庐陵王的旗号，在扬州举兵征讨武则天。在短短十来天内，他们就聚集了10万多人，徐敬业自称"匡复上将领扬州大都督"，并且发布了由骆宾王亲自执笔的《讨武氏檄》。骆宾王是"初唐四杰"之一，他在檄文中说："伪临朝武氏者，人非温顺，地实寒微。昔充太宗下陈，尝以更衣入侍，洎乎晚节，秽乱春宫。犹复包藏祸心，窥窃神器。君之爱子，幽之于别宫；贼之宗盟，委之以重任。……一抔之土未干，六尺之孤何托？请看今日之域中，竟是谁家之天下！"

这篇讨武檄文极具杀伤力，凡是看过这篇檄文的人，都对它赞不绝口，就连武则天本人也认为文章写得非常精彩。当武则天知道这篇文章是骆宾王所写时，感叹地说："这是宰相的过失啊，像这样的人才怎么就不能为我所用呢？"

但是，不管骆宾王的檄文写得有多好，不管武则天多么欣赏骆宾王的才华，她都不能够容忍徐敬业起兵反叛。更何况扬州是当时唐朝最重要的交通枢纽之一，不仅有着非常重要的军事价值，还有着非同寻常的经济意义。于是，武则天任命左玉钤卫大将军李孝逸为扬州大总管，率领30万大军前去镇压徐敬业。

在当时的社会局势下，徐敬业的大军虽然属于正义之师，但却不是一支专业的军队，他们的内部存在分歧，将领们的意见也不能完全统一。所以，他们没能够抓住有利的时机主动进攻，反而被武则天的大军牵制，各个击破，最终全军溃败。这场战争，从开始到结束还不到50天。徐敬业在逃跑的途中被杀死，一代才子骆宾王也于兵败后下落不明。

垂拱二年（686年）三月，为了巩固自己的统治，武则天下令制造铜匦——一种用铜制成的小箱子，并命人把铜匦放在洛阳宫城的前面，随时接纳臣下的表疏。同时，武则天大开告密之门，下令任何人都可以告密，凡是告密的人，都要为他们提供驿站车马和饮食。不管什么人告密，哪怕是农民、樵夫，武则天都会亲自接见，即使这些人的话并不是事实，也不会对他们进行问罪。为了鼓励大家积极告密，武则天还对告密的人破格升官。例如，当时有一个卖大饼的人名叫侯思止，这个人原本是一个无赖，由于他诬告舒王李元名和恒州刺史裴贞谋反，结果被武则天任命为游击将军、侍御史；还有一个名叫王弘义的人，这个人毫无德行，他诬告乡里谋反，被武则天授予游击将军、殿中侍御史。

武则天还先后重用了索元礼、周兴、来俊臣、侯思止等酷吏，并且让他们掌管刑狱。凡是被密告的人只要被投进这个监狱，酷吏们就会使用各种各样的酷刑进行审讯，没有几个人能够活着从这里走出去。就这样，在武则天的支持下，告密之风日益兴起，越来越多的人被酷吏严刑拷打致死。一些告密的人甚至公报私仇，借机整垮自己的仇家。朝廷内外的政治气氛变得越来越恐怖，以至于大臣们在每次上朝前，都要和家人诀别，惶惶不可终日。

在这种恐怖的政治氛围中，为求自保，许多官员逆来顺受、唯唯诺诺，借此逃避政治斗争。当时，有一个名叫娄师德的宰相，他的弟弟即将赴任代州刺史，临行前，他对弟弟说："兄弟啊，如果你想一直平平安安，保住荣华富贵，那么就算有人当面向你吐唾沫，你也不要生气，相反，你一定要笑着接受。"另外还有一个名叫苏味道的人，在武后掌权时期，他也做了多年的宰相。虽然身居宰相之位，但是不管办什么事情，他从来都不明确表达意见，不管别人说什么，问什么，就连武则天问话，他也总是模棱两可，因此人人都叫他"苏模棱"。

垂拱四年（688年）二月，武则天下旨让僧人怀义带领一万多人，毁掉乾元殿，准备修建明堂。明堂是古代帝王举行祭祀、朝会、庆祝各种大典的场所，武则天的这一举动意味着她将以洛阳来代替长安成为全国的都城。这座明堂用了一年的时间建完，高78米，宽100米，上下一共三层，最上一层是圆盖形，刻有九龙，龙上立着一只一丈高的镏金铁凤。武则天为明堂命名为"万象神宫"。明堂修好后，武则天又让怀义带人铸造了一尊大佛像，大像的小指也可以容纳好几十人，并在明堂的北面修了一座五层高的楼，称为"天堂"，用来收纳这个大佛像。这个工程前前后后总共耗费了上万亿的黄金白银，致使政府财政一度陷于枯竭。

同年四月，为了迎合武则天想当皇帝的心态，武承嗣让人献上一块白石，石上刻着"圣母临人，永昌帝业"这几个字，并谎称是在洛水中发现的。武则天非常高兴，把这块白石命名为"宝图"，然后给自己加封"圣母神皇"的尊号。

此时，武则天的政治野心已昭然若揭，李唐王室的各宗王都预感到即将来临的危机。覆巢之下安有完卵？于是李姓的子孙开始筹划起兵反抗武则天。

垂拱四年（688年）八月，琅琊王李冲在博州举兵，他召集了五千兵马，首先攻打武水（今山东聊城西南）。同时，越王李贞在豫州起兵响应。武则天分别派遣丘神绩、魏崇裕前去镇压。李冲的兵马将武水城门团团围住，驻守武水的县令闭门不出，拒绝迎战，李冲没有攻下武水，七天之后就败了。同时，李贞的几千兵马面对武则天的十万大军，寡不敌众，于九月就兵败自杀。为了把李唐宗室斩尽杀绝，武则天让周兴等人使用酷刑审讯，最后迫使李元嘉、李灵夔、李撰以及东莞郡公李融、常乐公主（唐高祖的女儿）等人自杀，他们的亲信也全部被诛杀。李元轨被贬黔州，在途中死去。接着，在周兴等人的协助下，武则天又陆续以各种罪名，诛杀了一些李姓王。仅在载初元年（690年）八月，武则天就一次杀掉了安南王李颖等12名李家宗室的人，并鞭杀了自己的亲孙子、李贤的二子。到此为止，李唐王朝的宗室基本上都被杀得差不多了，剩下的老弱病残全部流放岭南，同时被牵连的还有好几百家支持李氏王朝的人。

载初元年（690年）七月，僧人法明等人编撰了四卷《大云经》，称武后是弥勒佛转世。武则天很高兴，下令把《大云经》颁行于天下，并命令两京各州各建一座大云寺，把《大云经》供在寺中，还让僧人对《大云经》进行讲解，并把佛教的地位提升到道教之上。

载初元年（690年）九月，武则天见称帝的时机已经成熟，于是导演了一出大戏。以唐睿宗为首的数万臣民，包括朝廷的文武百官、帝室宗亲、四夷酋长、沙门、道士以及各方百姓等，共同上表请求更改国号，唐睿宗更是请求赐姓武氏。于是，武则天"顺应民意"，改国号为"周"，自称"圣神皇帝"，并立睿宗为皇嗣，赐姓武，改立皇太子为皇孙。在神都立武氏七庙，追尊周文王为始祖文皇帝，封武承嗣为魏王，武三思为梁王，其他的武氏族人也大多被封为王和长公主。

武则天在她67岁高龄的时候正式登基称帝，开始其16年的皇帝之路，也开始了中国历史上唯一的女皇统治时期。

第5节　武周王朝及其结束
公元690年—公元705年

其实，以现代人的眼光看，武则天绝对是一个有才学、有头脑、有能力、有魄力的女强人。从她做皇后那天开始，她就在不断试图推行自己的治国之策；登基之后，她更是实行了一系列措施来稳固朝政。

首先，在武则天的领导下，唐朝的科举制度进一步发展并完善起来。天授元年（690年），武则天在洛城殿亲自对贡生发策问，这是"殿试"的雏形。同一年，她派遣了十名"存抚使"前往各地巡抚，为朝廷寻找并举荐人才。这些存抚使在一年后，总共为朝廷推荐了一百多个人才。对这些人，武则天不问他们的出身，一视同仁地接见，并量材任用，有凤阁舍人、给事中、员外郎、侍御史、补阙、拾遗、校书郎等职位。试官制度就是从这个时候开始的。虽然武则天看似在用官位来收买人心，但是她对不称职的人也会进行罢黜。朝廷中无论大事小事，她都明察善断，这也是当时许多人愿意为她效劳的原因。

社会经济也继续向前发展，人口由唐高宗初年的380万户增加到了615万户，平均每年以9.1%的速度增长，这在封建社会中是一个很高的增长率。这个数据客观地反映了当时经济发展的状况。

称帝之初，武则天就下旨封右鹰扬卫将军王孝杰为武威军总管，和武卫大将军阿史那忠节一起率兵赴西域征讨吐蕃。十月，唐军大获全胜，接连攻克"安西四镇"——于阗、疏勒、龟兹、碎叶，重新在龟兹设置安西都护府，并派兵戍守边关。

延载元年（694年），武三思带着四方少数民族的首领用铜铁铸造天枢，立在端门外面，用来歌颂武则天的功德，武则天亲自题写"大周万国颂德天枢"几个大字。这尊天枢用了八个月的时间才铸造完成，它看上去就像一根柱子，高三十五米，直径长四米，天枢一共有八面，每面宽超过一米。天枢的下面是铁山，周长超过三十六米，并且分别用铜铸造了蟠龙、麒麟等环绕在铁山周围；铁山上有一个直径九米的腾云承露盘，盘上有四条捧着火珠直立的龙，每条龙大约高三米。武三思亲自书写铭文，把朝廷百官和四方少数民族首领的名字刻在上面。整个工程总花费二百万斤铜铁，以致市场上所有的铜铁都不够用，还派人去民间收集农民们的铜铁农具。

万岁通天元年（696年）五月，契丹首领李尽忠和孙万荣举兵叛乱，攻陷营州，杀了营州都督赵文翙。武则天派大将曹仁节、张玄遇、李多祚等人率兵征讨，不幸的是，唐军误中吐蕃兵的埋伏，全军覆没。武则天又派武攸宜、王孝杰等人率兵再次讨伐，仍然大败而归。万岁通天二年（697年）四月，武则天第三次派兵，这次是武懿宗、娄师德、沙咤忠义率领二十万大军讨伐契丹。大军吸取前两次的教训，谨慎从事，终于击败契丹叛军，六月孙万荣兵败被杀，其余的契丹人都归降突厥。

平定契丹叛乱后不久，发生了葛国公刘义节之子刘思礼谋反之事。刘思礼曾经学习相术，认为自己会做刺史、太师。因此，他当上箕州刺史后，开始沾沾自喜，认为自己有王佐之才，迟早有一天能做太师，就和洛州录事参军綦连耀勾结谋反。结果事情败露，刘思礼被捕入狱。武则天让武懿宗审讯刘思礼，武懿宗许诺只要刘思礼说出朝廷大臣中哪些人谋反，就能免他的死罪。于是，刘思礼诬告宰相李元素、孙元亨等三十六人，结果这三十六位大臣全遭灭族之灾，被牵连的亲友有一千多人。

同一年，来俊臣想诬告武氏诸王和太平公主，太平公主是唐中宗的妹妹，武则天唯一的亲生女儿。这令武氏诸王和太平公主都很害怕，众人联合起来，一同向武则天揭发来俊臣的罪行。来俊臣凶狠贪暴，常网罗无辜，杀人不可胜计。武则天也知道天下愤怒，于是下令责数他的罪状，对他处以极刑，并没收其家财。他死时，仇家争食他的肉，不一会就把他身上的肉吃完了。

不过，武则天也并不是一味地重用奸臣，她身边也有能者贤臣，狄仁杰就是其中一个。狄仁杰是武则天时期的宰相，先后担任过都督府法曹、大理丞、侍御史、宁州刺史、豫州刺史等官职。他才识过人、为官清廉、处事公正、不惧权贵，他在断案判狱之时，为拯救无辜，甚至敢于拂逆圣意。

圣历元年（698年），武承嗣、武三思谋求当太子，并且几次让人向武则天提出请求，武则天对此一直犹豫不决。有一天，武则天征求大臣狄仁杰的意见，狄仁杰问武则天："陛下，姑侄关系和母子关系相比，您认为哪一种关系更亲近呢？"武则天回答说："这还用问吗，当然是母子关系远胜于姑侄关系。"

狄仁杰说："陛下，这就对了。如果您立自己的儿子，那么陛下在千秋万岁之后，还能够在太庙之中享受祭祀。可是，如果您立侄子，那微臣我还从来没有听说过有天子在太庙中祭祀姑母的事情呢！"狄仁杰说完后，又劝武则天把被废的中宗，即庐陵王李显召回来。狄仁杰的一番话说服了武则天，于是，武则天不再考虑立武承嗣、武三思为嗣，而是把庐陵王一家召回了洛阳。庐陵王一家回到洛阳后，皇嗣（退位的睿宗）向武则天请求逊位，让庐陵王为皇嗣，武则天同意了，将庐陵王李显重新册立为皇太子。

武则天晚年开始宠幸张易之、张昌宗兄弟，这二人年少貌美，经常脸上化着妆，穿着华丽的衣裳招摇。为了讨好武则天，武承嗣、武三思等人都争相追捧他们，甚至以能为他们执鞭牵马为荣。武则天每次在内殿中饮宴，都会让张易之、张昌宗在一旁作陪，她还让张昌宗穿着用鸟羽做的衣裳，乘坐在庭中的木鹤上吹笙，犹如羽衣仙人一般，并让朝中的文士都写诗赞美。由于年迈，武则天的精力、身体都不及早年，经常倦于处理朝政，于是，大多数政事她都借助张易之、张昌宗兄弟。一时之间，张易之、张昌宗二人权倾朝野，甚至掌握着生杀大权。唐中宗的长子——邵王李重润和妹妹永泰郡主、驸马武延基在私下议论张易之、张昌宗兄弟二人，言语神色对二人有些不满，后来张易之和张昌宗知道了，就跑到武则天面前状告，武则天不问真相，下旨逼迫三人自尽。

随着年龄的增长，武则天的身体越来越差，开始卧床不起，此时只有张易之和张昌宗兄弟在她旁边伺候。权力是一剂毒药，置身于权力场中的时间久了，任何人都会上瘾。张易之、张昌宗兄弟也逃不过这场宿命。两人野心勃勃，打算牢牢地控制住武则天，攫取帝王的权力。所以，从武则天重病卧床起，他们就截断了武则天与外界的所有联系，未经他俩的允许，没有人能够探视武则天，武则天也无法召见任何人。朝中一干大臣，如张柬之、敬晖、崔玄暐、桓彦范、袁恕己等人，都预感到恐有不测发生，于是当机立断，决定发动宫廷政变。

神龙元年（705年）正月，在宰相张柬之的带领下，众大臣及500多名羽林军一同冲入宫中，杀了张易之、张昌宗兄弟。武则天被迫逊位给太子李显，恢复国号"唐"，文武百官、旗帜、服色、文字等都恢复唐朝旧制，神都洛阳重新改称为"东都洛阳"。

同年十二月，武则天在上阳宫中去世，享年82岁。她死前颁布了最后的遗诏："去帝号，称则天大圣皇后。"神龙二年（706年）五月，武则天以皇后身份与唐高宗合葬于乾陵。大唐王朝从此又开始了另一段新的历史与波折。

第四章

从开元盛世到安史之乱

——逸豫亡身，唐由盛而衰

延和元年（712年），武则天之孙李隆基即位，是为唐玄宗。唐玄宗登基之后，任用贤相，励精图治，使唐朝的政治、经济、文化都得到新的发展，开创大唐王朝又一巅峰——"开元盛世"。然而唐玄宗晚年宠幸杨贵妃，荒废朝政，导致"安史之乱"的爆发。

第 1 节　孤家寡人唐中宗

公元705年—公元710年

唐中宗李显重登皇位，大唐王朝在武则天的手中绕了一个弯，重新恢复李姓，在历史的长河中继续前行。

唐中宗是一个平庸的人，曾经经历过的那些磨难，早已将他变得庸碌无为。重做皇帝后，他把朝政像皮球一样扔给妻子和女儿，所有的朝政和军国大事，任凭皇后做主，自己则终日躲藏在宫中，和年轻美貌的宫女调笑解闷。

皇后韦氏是唐中宗李显的结发妻子，唐中宗被武则天废为庐陵王后，她也从皇后降为妃，与丈夫一起先后被软禁在均州（今湖北均县）、房州（今湖北房县）等地，长达十多年。在这十来年中，她一直忠诚地陪伴在李显身边，不离不弃。李显、韦氏二人在苦难中相依为命，饱尝人间艰辛。每次听说武则天派使臣到来，李显就会吓得想自杀，这时韦氏总是安慰他说："别怕，祸福无常，朝廷派使臣来不一定是赐我们死，或许是好事呢！你不要怕，我们总有一天会出人头地的！"

在韦氏的陪伴、鼓励和安慰下，李显才在艰难的处境中活了下来。所以，他对韦氏有着很深的感情，他曾经对她说："如果有一天我能够重新登上皇位，你想做什么就做什么，你的任何要求我都会满足！"

如今心愿得偿，唐中宗终于可以报答韦氏的恩情了。他再次册封韦氏为皇后，韦氏想干政弄权，他就把朝政统统交给她，任由她为所欲为。

李显有八个女儿，其中第七女是在他和韦氏被贬去房州的路上诞生的。在匆忙之中，李显脱下自己身上的衣裳裹在刚出生的女儿身上，并给女儿取名为裹儿。裹儿从小聪明伶俐，十来岁时已经出落得美艳照人，李显和韦氏非常宠爱她。当武则天重新把李显一家召回洛阳后，看见这个孙女秀外慧中，也很喜欢，便封她为安乐公主。

父亲重登皇位后，安乐公主也开始了为所欲为的生活，她大兴土木、穷奢极欲、肆意挥霍。有一次，她要求唐中宗把昆明池赏赐给自己，唐中宗没有答应，她就强夺民田，占了很大一片土地，并人工开凿了一个大池。池周围的一草一木，池

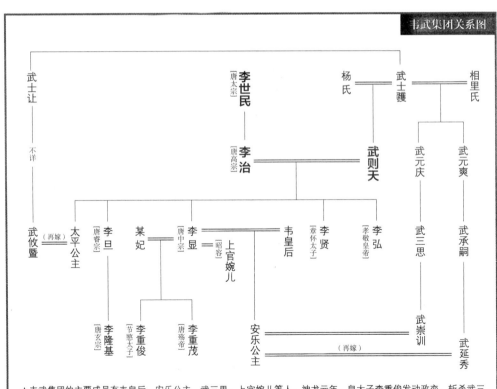

韦武集团关系图

★韦武集团的主要成员有韦皇后、安乐公主、武三思、上官婉儿等人。神龙元年，皇太子李重俊发动政变，斩杀武三思与武崇训；唐隆元年，李隆基与太平公主发动政变，诛杀韦皇后、安乐公主、上官婉儿、武承嗣、武延秀等人。

中间的假山，全部仿造昆明池修建；池岸用玉石砌成，池底全部用珊瑚和宝石铺成。她给这个池取名为"定昆池"，意思是要超过昆明池。她还让人沿池岸修造了很多亭台，召集了一些渔户、猎户住在那里。有时，她自己也会打扮成渔婆、猎户的模样，在池边钓鱼或上山打猎，以此取乐。

除了生活挥霍，她对朝政也横加干涉。她公开将朝廷的官位拿出来售卖，根据官员的不同品阶等级，分别定下不同的价格，以此赚钱来满足自己奢华的生活。她还将自己事先写好的诏书拿进宫中让父亲签字，并用一只手蒙住诏书上的文字，不让中宗看见。唐中宗为了让女儿高兴，也不过问诏书的内容，就在诏书上签下名字。

唐中宗之所以如此放纵妻女，只是因为她们曾经陪伴他度过了那些最艰苦的日子，他想给予她们一些回报。然而他从来没有想过，自己用皇权来报答她们，不仅会耽误大唐王朝的天下，有一天也会给自己带来杀身之祸。

尽管此时武则天已死，但武氏家族在朝廷中的势力仍然很强大。安乐公主的驸马是武三思的儿子武崇训，韦后也和武三思暗中私通，他们结成了韦武集团，在政治上互相利用。韦武集团试图掌控朝局。一方面，他们竭力笼络人心，例如韦后、武三思曾向唐中宗上表，建议让天下的读书人在生母去世后服丧三年，得到了唐中宗的批准；另一方面，对朝廷中的反对党，他们无情地进行打击和陷害。

当初，迫使武则天退位，拥立唐中宗复位的主要功臣有张柬之、桓彦范、敬晖、袁恕己、崔玄暐这五个人。唐中宗即位后，朝局暂时掌握在他们的手中。韦武集团弄权干政，对朝局构成了严重的威胁。张柬之等人多次从利害关系出发，劝谏唐中宗对韦后和安乐公主的行为进行约束，并劝说唐中宗尽快剪除武氏家族在朝廷中的势力。然而，懦弱的唐中宗对此置若罔闻。与此同时，韦后、武三思等人也在唐中宗面前对张柬之等人进行诬陷。唐中宗一向都听韦后之言，在武三思的提议下，唐中宗把张柬之封为汉阳王，把敬晖封为平阳王，把桓彦范封为扶阳王，把袁恕己封为南阳王，把崔玄暐封为博陵王。这种加封从表面上看是对他们的恩宠，是一种晋封和提升，但实质上却是削夺了他们的实权，张柬之、袁恕己都失掉了宰相之位。在晋封张柬之等五人的同时，朝中那些明确支持他们的大臣，也都被一一解除了职务。

但是，韦武集团并没有善罢甘休，韦后和安乐公主继续在唐中宗面前进谗言。韦后和武三思还授意侍御史郑愔编造罪名诬陷张柬之等人。神龙二年（706年）五月，他们开始诬告张柬之、敬晖、桓彦范、袁恕己、崔玄暐与驸马都尉王同皎结盟，试图谋害武三思，从而将敬晖从朗州刺史贬为崖州司马，把桓彦范从亳州刺史贬为泷州司马，把张柬之从襄州刺史贬为新州司马，把袁恕己从郢州刺史贬为白州司马。七月，武三思又授意心腹，让他们诬陷张柬之等人密谋废韦后，并和安乐公主里应外合加罪于他们。张柬之等五人又被流放到岭南。武三思仍然不放过他们，继续穷追猛打，派人到岭南追杀他们。桓彦范、袁恕己、敬晖都被武三思派去的人杀死，张柬之和崔玄暐因为早一步去世，所以幸运地没有死在武三思的手中。

除掉张柬之等人后，韦后、武三思、安乐公主更是有恃无恐，武三思还得意扬扬地对人说："我不知道什么人是善人，什么人是恶人，在我眼里，与我为善的都是善人，与我为恶的都是恶人。"

此时朝中的人也并不都是惧怕韦武集团的，皇太子李重俊就是其中之一。李重俊是唐中宗的第三子，不是韦后所生。韦后、武三思、安乐公主经常借故凌辱他，有时甚至直接称他为"奴"。异想天开的安乐公主还要求唐中宗废掉李重俊，把她立为皇太女。李重俊对韦后、安乐公主、武三思等人，一直怀恨在心。神龙三年（707年），李重俊对韦后、安乐公主等人再也忍无可忍，于是和左羽林大将军李多祚，右羽林军将军李思冲、李承况、独孤祎之等人密谋兵变。他们矫诏，假传唐中宗圣旨，调动羽林军和三百多名骑兵，重重包围了武三思府，杀了武三思、武崇训及十多名同党。然后，李重俊让金吾大将军李千里分兵守住各道宫门，自己则亲自率兵去杀韦后、安乐公主等人。匆忙之中，韦后和安乐公主簇拥着唐中宗登上玄武门城楼，并传旨让左羽林军刘仁景等人守住玄武门。不久，李多祚就带兵来到玄武门外，在刘仁景等人的抵挡下，李多祚一时无法攻入玄武门。这时，唐中宗在城楼上大声喊道："你们都是我的手下，为什么要作乱呢？只要你们马上投降归顺，杀了李多祚等人，我不但饶你们死罪，还保你们荣华富贵！"见皇帝发话，李多祚的人马乱了阵脚，开始倒戈，并听从唐中宗的话，在玄武门前杀了李多祚、李承况、独孤祎之等人，其余的人也四散溃逃。李重俊带着百多个人逃到终南山，最后被部下杀死，并将他的首级献于朝廷，用来祭奠武三思和武崇训。

李重俊死后，安乐公主的政治野心极度膨胀，她想效法祖母武则天，期待有朝一日自己也能做女皇帝。于是，安乐公主要父亲唐中宗册封自己为皇太女。虽然唐中宗这个皇帝做得庸庸碌碌的，朝政大事任由韦后母女为所欲为，但是对于册立皇太女这样的事，仍然认为不妥当，没有同意。安乐公主第一次见父亲坚决拒绝自己的要求，内心就对唐中宗有了不满，于是整日在韦后面前抱怨。这时，又发生了另外一件事情，使韦后对唐中宗起了杀心。一天，许州参军燕钦融向唐中宗上疏说："陛下，皇后擅权干政、淫乱后宫，安乐公主、武延秀、宗楚客等人狼狈为奸，实在是对朝廷、社稷不利啊。还请陛下尽快决断，对他们加以处理，以防不测呀！"在燕钦融的这段话中，所谓皇后淫乱后宫，是指韦后不遵妇道，与武三思等人暗中勾搭之事；武延秀是武承嗣的儿子，驸马武崇训被李重俊杀死后，安乐公主又下嫁给武延秀；宗楚客是武则天的一个远房侄子，韦后的心腹。唐中宗看了燕钦融的奏疏后，就把燕钦融召进宫中当面询问，燕钦融毫无惧色，坦率直言，唐中宗听后一直沉默不语。韦后很快就知道此事，并立即通知了宗楚客。燕钦融一走出宫门，宗楚客马上就让人把燕钦融抓起来，用锁链系住，扔在石阶之上，折断他的脖颈，燕钦融当场殒命。唐中宗知道这件事情后非常生气，当侍卫告诉他这是宗楚客所为时，他恨恨地说："你们的眼里就只有宗楚客，难道就没有我这个皇帝吗？"一向任由老婆、女儿为所欲为的唐中宗，何以会对燕钦融和一纸奏疏如此在意？唐中宗之所以任由妻女胡作非为，无非缘于感情上对她们的愧疚。身为丈夫和父亲，由于他的原因，让两个无辜的女人陪伴着他走过了人生中最为艰辛的岁月，无论如何他需要补偿她们。可是，他仍然是有底线的，这条底线就是他作为一个丈夫和男人的尊严，作为李氏王族子孙和大唐国君的责任。宗楚客得知唐中宗的态度后很恐惧，害怕唐中宗一怒之下会杀死自己，就赶紧跑到韦后那里，说皇上已经变了，怕是要对韦武集团动手。韦氏也很害怕她与人私通之事泄露会招来祸事，恰好安乐公主为了做皇太女也在旁边使劲儿撺掇，韦后便铁了心肠，和女儿联合起来，商议如何毒死唐中宗。两人商量好后，韦后亲自制作了唐中宗爱吃的饼，把毒药放进饼馅中，再让人把饼给唐中宗送过去。唐中宗一向喜欢吃饼，听说这饼是韦后亲手做的，一时高兴，就连续吃了好几个。吃完饼没多久，唐中宗就感到腹部一阵剧痛，倒在床榻上乱滚。旁边的侍臣急忙跑去告诉韦后，等到韦后慢吞吞地来到床榻前时，唐中宗已经说不出话来了，他用手指指自己的嘴巴，然后两眼一翻就死了。

第2节　唐玄宗即位

公元710年—公元712年

唐中宗死后，韦后一手遮天，谎称皇上是病死的，将真相瞒过了所有人。同时，韦后的野心如愿以偿，她临朝听政后，开始把南北衙的军队交给韦氏子弟统领。在宗楚客、武延秀以及韦氏家族一干人的煽动下，她还打算除掉相王李旦，效仿武则天登基。就在韦后野心勃勃策划这一系列阴谋时，太平公主和李旦的第三子李隆基站了出来。

太平公主是武则天最小的女儿，从小深得父母和兄长们的宠爱。和母亲一样，她也是一个喜欢权势的女人，并且她的长相、性格都和武则天很相似，所以深得母亲欢心。武则天还经常让女儿和她一起商议政事，只是她对政事的参与一直都比较隐秘，武则天也从不轻易将此事外泄，所以鲜有人知。

在武周末年，武氏家族和李氏家族的矛盾越来越深。武则天已经年迈，对操持政事日益感到力不从心，于是把庐陵王李显一家人召回洛阳，重新立李显为自己的继承人，并逐步让太平公主掌握了一些权力。长安三年（703年），武则天的男宠张昌宗诬告大臣魏元忠和司礼丞高戬，导致魏元忠和高戬被捕下狱。此事激怒了太平公主，一是因为高戬是太平公主的情人，二是因为魏元忠一直是李氏王室忠心

人生阶段	时间	年龄	主要事件
			太平公主年表
童年	665	—	生于大明宫中。
	673	8岁	在宫中出家为女道士，取道号为"太平"。
太平公主	681	16岁	下嫁唐高宗的嫡亲外甥、城阳公主的二儿子薛绍。
	688	23岁	薛绍因其兄薛颢谋反之事受累被诛，第一次婚姻结束。
	690	25岁	改嫁武则天堂侄武攸暨。
	702	37岁	李显、李旦与太平公主联名表奏，请封张昌宗为王。
镇国太平公主	705	40岁	宰相张柬之发动兵变，诛杀二张，逼武则天逊位给太子李显；受封"镇国太平公主"。
	710	45岁	派其子薛崇简与刘幽求一起参与李隆基等诛杀韦后的行动，拥立相王李旦复位。
	712	47岁	丈夫武攸暨去世。
	713	48岁	密谋杀害皇太子李隆基，事情败露，李隆基先发制人，捕杀太平公主党羽，太平公主最终被赐死于家中。

耿耿的支持者，作为唐高宗和武则天的女儿，太平公主的感情更多地偏向于李家这边。于是，太平公主一直在等机会除掉张昌宗和张易之二人，并且暗中和支持李氏家族的宰相张柬之等人来往。神龙元年（705年），张昌宗、张易之二人挟持病重的武则天，想伺机谋取皇权。在这紧要关头，太平公主当机立断，授意张柬之等人发动兵变，诛杀张昌宗、张易之，逼迫武则天退位，拥立李显复位。

李显复位后，封相王李旦为"安国相王"，封太平公主为"镇国太平公主"，太平公主对政事的参与开始从隐秘状态转向公开。唐中宗很尊重她，还曾经特地下旨说，太平公主见了皇太子李重俊、长宁公主、安乐公主等人，可以不用行礼。虽然韦后和安乐公主一直擅权干政、为所欲为，但是二人对太平公主却都比较畏惧。神龙三年（707年），太子李重俊谋反，韦后、安乐公主等人想趁机除掉太平公主和相王李旦，就向唐中宗诬告他们参与太子谋反一事。唐中宗让御史中丞萧至忠审理这件案子，萧至忠是一个清正廉明、正直克己的人，他对唐中宗说："陛下，您富有四海，难道就容不下您的一个兄弟，一个妹妹吗？难道您忍心他们被随意陷害吗？"萧至忠的一席话，才让太平公主和相王李旦幸免于难。

唐隆元年（710年）六月，唐中宗遇害之后，太平公主草拟了一道诏书，立温王李重茂为太子，皇后知政事。李重茂是唐中宗的第四子，也非韦后所生。李重茂被立为太子后，旋即登皇帝位，史称"殇帝"，尊韦后为皇太后，皇太后临朝称制。同时，韦太后的那帮心腹，如中书令宗楚客、太常卿武延秀、司农卿赵履温等人，都想煽动韦太后效仿武则天，谋害殇帝，另立国号。但是，他们并不敢轻举妄动，因为他们担心且畏惧太平公主和相王李旦从中阻挠。

在太平公主草拟的那份遗诏中，还有一条是"相王李旦参谋政事"，这原本是为制约韦后的野心，谋取韦后和李氏皇族之间的平衡。可是，韦太后和宗楚客等人商议后，决定让相王李旦担任太子太师，从而将李旦架空，打破这个平衡。直到李旦第三子李隆基的出现，才改变了当时的局势。

李隆基出生于垂拱元年（685年），在他出生之前，唐朝的朝政大权就已经被掌握在了他祖母武则天的手中。他出生前一年，祖母武则天和宰相裴炎将他的伯父唐中宗废为庐陵王，他的父亲豫王李旦被立为皇帝，即唐睿宗。可是，身为皇帝的唐睿宗只能住在别殿之中，不能听政，所有的军国大事都由年逾花甲的武则天独断专行。李隆基从小就生活在这种政治关系错综复杂的宫廷之中，经历了数不清的宫廷变故。3岁时，他就被封为楚王；6岁时，祖母武则天改大唐国号为周，正式做了女皇帝，父亲唐睿宗则被降为皇嗣，仍然回到东宫居住；7岁时，作为楚王的他开始建置官属；同年八月，由于尚方监裴匪躬、内常侍范云仙私自拜见皇嗣李旦，结果二人都被武则天杀死，同时武则天严令禁止李旦再接见公卿大臣，而李隆基兄弟和二伯父李贤的三个儿子再次入阁，开始了漫长的幽禁生活。据史书中的记载，有一次朝堂在举行祭祀仪式，当时负责守卫京城的金吾大将军武懿宗大声训斥侍从护卫，7岁的李隆基听见了，对其怒目而视，喝道："此处是我李家朝堂，与你有什么相关！"弄得武懿宗目瞪口呆。武则天知道这件事情后，不但没怪李隆基，反而很喜欢这个小孙子。长寿二年（693年），李隆基被封为临淄王；同年，他的生母窦妃被侍婢诬陷"厌蛊诅咒武则天"，被秘密杀死在宫中；八月，父亲李旦也被诬告谋反。就这样，李隆基在宫中过着战战兢兢的日子，直到14岁才再次出阁。此时，在大臣狄仁杰等人的规劝下，年迈的武则天打消了把武承嗣立为太子的念头，从洛阳接回李显，重新立为太子，皇嗣李旦被封为相王。长安元年（701年）至四年（704年），李隆基先后担任过亲卫府的右卫郎将、尚辇奉御（负责为皇帝管理内外闲厩马匹）。不久后，张柬之等人发动政变，杀死武则天的两个男宠张易之兄弟，迫使武则天让位给唐中宗。唐王朝经历的这些政治风波，李隆基目睹得一清二楚。

唐中宗复位后，李隆基被提升为卫尉少卿，接着又兼任潞州别驾，主管潞州的军事。潞州的治所在上党，就是今天的山西长治，此地与太行山相连。在这期间，以韦皇后、安乐公主、武三思为首的武韦集团与外廷宰臣宗楚客、纪处纳、韦巨源等人勾结，排除异己，削夺张柬之等人的官爵并杀害他们，逐渐掌握了朝政大权。神龙三年（707年），李重俊带领羽林军诛杀韦武集团失败后，相王李旦和太平公主也被牵连到其中。韦武集团诬陷李旦和太平公主参与此事，想把兄妹二人都置于死地，两人最终在朝中大臣的极力辩护下才得以保全。

景龙三年（709年），李隆基回京城参加郊祀，敏感的政治神经告诉他朝廷即将爆发一场大的政治风暴。于是，他决定留守京城，准备应变。李隆基胸怀大志、有胆有识、敢作敢为，他在暗中聚集了一批有才有武之人，并在羽林军中悄悄发展自己的势力。

唐隆元年（710年），唐中宗被毒死，殇帝即位还不到一个月。太平公主见韦太后不但没有尊重自己诏书中的决定，反而将相王李旦架空，感到其势力已日益强大，今

唐朝官员铨选考察"四事"	
身	体貌丰伟
言	言辞辩证
书	楷法遒美
判	文理优长

★四事皆可取，则先德行，德均以才，才均以劳。

唐朝官员任满考核标准	
四善	德义有闻
	清慎明著
	公平可称
	恪勤非懈
二十七最	献可替否，拾遗补阙，为近侍之最
	铨衡人物，擢尽才良，为选司之最
	扬清激浊，褒贬必当，为考校之最
	礼制仪式，动合经典，为礼官之最
	音律克谐，不失节奏，为乐官之最
	决断不滞，与夺合理，为判事之最
	部统有方，警守无失，为宿卫之最
	兵士调集，戎装充备，为督领之最
	推鞫得情，处断平允，为法官之最
	雠校精审，明于刊定，为校正之最
	承旨敷奏，吐纳明敏，为宣纳之最
	训导有方，生徒充业，为学官之最
	赏罚严明，攻战必胜，为将帅之最
	礼仪兴行，肃清所部，为政教之最
	详录典正，词理兼举，为文理之最
	访察精审，弹举必当，为纠正之最
	明于勘覆，稽失无隐，为句检之最
	职事修理，供承强济，为监掌之最
	功课皆充，丁匠无怨，为役使之最
	耕耨以时，收获成课，为屯官之最
	谨于盖藏，明于出纳，为仓库之最
	推步盈虚，究理精密，为历官之最
	占候医卜，效验多者，为方术之最
	检察有方，行旅无壅，为关津之最
	市廛弗扰，奸滥不行，为市司之最
	牧养肥硕，蕃息孳多，为牧官之最
	边境清肃，城隍修理，为镇防之最

★一最四善为上上，一最三善为上中，一最二善为上下；无最而二善为中上，无最而有一善为中中，职事粗理、善最不闻为中下；爱憎任情、断割乖理为下上，背公向私、职务废阙为下中，居官谄诈、贪浊有状为下下。

非昔比，暗中忖度再不果断将其剪除，恐怕夜长梦多、祸事及身。于是，太平公主就联合李隆基发动兵变，杀了韦太后和安乐公主，迫使殇帝逊位，拥立相王李旦——唐睿宗复位。

唐睿宗复位后，李隆基被封为平王，随后又在大臣们的拥戴之下，被册立为皇太子。在太子李隆基的身边，簇拥着一群有才干的大臣，他们成了太子的辅弼班子。例如，兵部尚书、同中书门下平章事姚崇兼太子左庶子，吏部尚书、同中书门下三品宋璟兼太子右庶子，侍中韦安石兼太子少保，尚书右仆射、同中书门下三品苏瓌兼太子少傅，中书侍郎、同中书门下三品张说兼太子侍读。

拥立唐睿宗复位，太平公主是有功的，再加上她是唐睿宗的亲妹妹，所以，唐睿宗对她也很尊重。据史书中的记载，每逢宰相议事时，唐睿宗总是会先问一句："你们和太平公主商议过吗？"然后才问："你们和太子李隆基商议过吗？"可是，太平公主跟她的母亲很像，对权力都有一种天生的渴望，当经历了几场政治风波之后，她的政治野心也不可避免地膨胀起来。她开始恃宠傲慢、干预朝政，同时李隆基政治势力的增长开始让她感到不安。李隆基也是一个强势的人，不甘心受人摆布。于是，两个强势的人——太平公主和太子李隆基，无法避免地产生了矛盾。

太平公主为巩固自己的势力和地位，开始把李隆基列为主要的政治敌人。有一天，她甚至把宰相宋璟等人拦截在宣政殿内，明目张胆地要求唐睿宗换太子，这一无理要求自然遭到了唐睿宗和宋璟等一干直臣的拒绝。太平公主还在朝廷中积极培植自己的党羽，当时朝廷中的七位宰相至少有五位是由她任命的。在文武百官中，除了姚崇、宋璟等少数几个人，大多数朝臣都依附于太平公主。这样的形势让唐睿宗感到很为难：一个是自己的妹妹，一个是自己的儿子，两边都是自己的亲人，他该选择谁？无论是儿子还是妹妹，他都不愿意他们受到伤害。

眼看李隆基和太平公主之间的矛盾越来越激烈，局势越来越严峻，对于妹妹和儿子的权力之争，万分为难的唐睿宗实在难以处理，于是借口彗星出现，需要"传德避灾"，不顾太平公主的强烈反对，将皇位传给了太子李隆基，自己做了太上皇。这一年是先天元年（712年），李隆基正式登基即位，史称"唐玄宗"，从此大唐历史又翻开了崭新的一页。

第3节　走向开元盛世

公元713年—公元741年

唐玄宗初登皇位，立足未稳，国政还来不及全部掌握，太平公主就开始抓紧时间排除异己，在朝廷中安插自己的亲信。开元元年（713年），太平公主借助太上皇的势力，在朝廷上擅权，和唐玄宗发生矛盾，骄横的太平公主提出废帝，结果遭到大臣陆象等人的强烈反对。心有不甘的太平公主经过一番密谋，准备在七月初四发动兵变，结果消息先泄露出去了，唐玄宗得知后，决定先发制人。七月初三，羽林军对太平公主的一班党羽进行了突袭和捕杀，太平公主仓促逃入南山佛寺之中，三日后返回，却被唐玄宗宣布赐死。几经波折之后，从武周时代以来的多次宫廷政变终于暂时落下了帷幕，政权稳定下来，朝政和军政大权真正转移到唐玄宗的手中。

先天元年（712年），初登皇位的唐玄宗为稳定政局、巩固皇位，就采取了出刺诸王、严禁朝臣结交诸王以及抑制功臣等措施。所谓"出刺诸王"，就是把李姓皇室的各王派到地方去做刺史。实际上，在唐睿宗时期，宰相姚崇、宋璟就提出了出刺诸王的建议，只是没有能够被采纳。唐玄宗初登皇位，禁军由其兄弟掌管着：宋王李成器是闲厩使、左卫大将军；申王李成义是右卫大将军；岐王、薛王也分别掌管着左、右羽林军。同时，宋王李成器是唐睿宗的嫡长子，邠王李守礼是唐高宗的长孙，特殊的身份使得他们更容易被那些别有企图的政治阴谋家利用。于是，姚崇等人再次提出分刺诸王，唐玄宗采纳了这个建议。

开元二年（714年）六七月，唐玄宗陆续解除了宋王、岐王等人的兵权，任命宋王为岐州刺史，申王为豳州刺史，邠王为虢州刺史，岐王为华州刺史，薛王为同州刺史。唐玄宗还规定，这些到地方担任刺史的王爷，并不主管具体事务，所有的事务都由上佐负责。上佐就是州长史、司马。这就意味着各王虽然名义上是镇守一方的最高官员，但是却不能掌握一州的军政大权，从而失去了兴兵作乱的条件。另外，唐玄宗还规定：宗王以下的各王，每季只允许两人入朝，互相轮换进京。这就限制了诸王同时进京并留居京城。唐玄宗登基之后，对当年曾经参加诛杀武韦集团和太平公主势力的一些朝臣，进行加官封爵。在这些身居高位的人中，有的借此居功自傲，难以驾驭，也使得政局变得不稳定。对这些人，唐玄宗或罢免他们的宰相职务，或让他们到地方上去做官。

唐玄宗也是一位雄才大略的皇帝，为了能够从历史上总结经验，汲取教训，他对史书的阅读很重视。为了能够更好地读懂史书，他还设置了侍读，像马怀素、储无量就是他最早的侍读。

开元三年（715年），唐玄宗宣布选贤任能、量才授职，整顿吏治。从唐中宗时开始，唐朝的官员选拔制度非常混乱，皇亲国戚们利用自己的权力，公然卖官，使得官职名目繁多，而且人浮于事的现象极其严重。唐玄宗对官员的筛选制度进行了改革，严格控制选拔官吏的程序，并将多余的人员淘汰掉，还规定凡是没有战功和别敕的人，不论是吏部还是兵部都不能委任他们做官。唐玄宗的这一项改革，不但提高了政府的办事效率，还为国家节省了大笔开支。一方面是淘汰不合格的官员，另一方面是重用有才干、有能力的人为官，唐玄宗即位后，首先重用了姚崇、宋璟、张说这三个人。

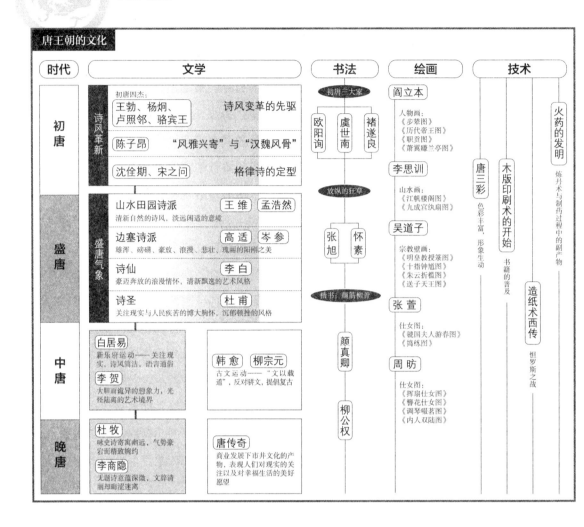

姚崇是一个既有才干，又正直的人。天授元年（690年），在武则天的授意下，朝廷内外告密成风，人人自危，但是姚崇却秉公持法，反对罗织罪名、滥用刑法，保全了许多人的性命。武则天赏识他的才干，把他从郎中提升为夏官侍郎，后又任命他为凤阁鸾台平章事。唐隆元年（710年），李隆基和太平公主等人发动宫廷政变，诛灭武韦集团，唐睿宗重新即位。唐睿宗了解姚崇的政治才干，任命他为兵部尚书、同中书门下三品，但后来姚崇因得罪了太平公主而被贬职。开元元年（713年），唐玄宗平定太平公主叛乱，再次重用姚崇，不仅将他官复原职，还加封梁国公，迁中书令。姚崇做宰相后，没有辜负唐玄宗对他的信任。他建议唐玄宗从刑法、用人、赋税等十个方面进行吏治整顿，全部被唐玄宗采纳。他竭力辅佐朝政，革故鼎新，并大力推行社会改革，兴利除弊，被后人称为"救时宰相"。

刚正不阿的宋璟和姚崇同朝为相，他不管遇到什么事情都敢于向唐玄宗直谏，使得唐玄宗既尊敬他，又惧怕他。宋璟向唐玄宗建议恢复贞观年间史官公开记事的制度。在唐太宗时期，中书、门下和三品官向皇帝奏事，会有史官随同，把大臣上奏的内容全部记载下来，所以大臣们每次奏事都不敢随心所欲、任意歪曲事实。唐玄宗采纳了他的建议，从此，政事相对公开，在一定程度上抑制了政治的腐败。

除了姚崇和宋璟，张说也是当时的名相。张说前后三次掌管朝政大权，他善用人才，对一些有名的文儒能够加以提拔重用。他最先提倡开设集贤院安置学士，对唐太宗的治国之策进行整理，并用来辅佐唐玄宗。

唐玄宗用人能做到选贤任能，使人尽其才。他特别颁令，从京官中选用一批有才识的人到各州县去担任都督、刺史，并从各地方的都督、刺史中选拔有政绩的人到京师中任官。他还非常重视对县令的选任。开元四年（716年），他下令把新选任的县令召入大明宫的宣政殿，亲自出题考试，考察县令是否通晓经国治民之道。在这次殿试中，有45人被淘汰。唐玄宗还下令颁布《整饬吏治诏》，在每年十月委派各道按察使对刺史、县令的政绩进行考察。

除了重视官吏的选拔和任用，唐玄宗还重视发展经济。他即位后不久，就率先下令禁绝奢靡之风。为了能够让大家安心于农业生产，开元二年（714年），他下令禁止开采珠宝玉石，不得大量织锦，凡是违令的人都要受到处罚。他还公开把乘舆服御、金银器物都销毁了，并在殿前焚烧珠玉、锦绣等物品，规定后妃以下的宫中女子都不能穿用珠玉锦绣。

唐玄宗还抑制了当时佛教的泛滥。佛教从东汉传入中国起，在南北朝时期有很大发展，唐朝时期更加盛行，再加上武则天提倡佛教，使得佛教泛滥。当时，很多人为逃避徭役，都削发为僧、尼，甚至还有一些贵族官僚为牟取私利，也争相营造佛寺。开元二年（714年），唐玄宗接受了宰相姚崇的建议，下令让一万二千多名僧、尼还俗，并不准再建佛寺，提高朝廷对经济的控制。

为了发展农业生产，他还采取了一些具体的措施。一方面，为抑制土地兼并的现象，保障农民的土地，唐玄宗实行"检田括户"的政策。开元九年（721年），唐玄宗任命监察御史宇文融为复田劝农使，主持检查土地和搜括户口方面的工作。随后，唐玄宗颁布了《置劝农使安抚户口诏》，下令在农村里组织农社，促使贫富互相帮衬，发展农业生产。这项"检田括户"的政策前后施行了四年时间，对打击豪强地主的土地兼并活动，增加国家的赋税收入，安定民心，发展农业生产都起到了积极作用。

另一方面，唐玄宗提倡大力兴修水利，以提高农业发展水平。他不仅表现出对水利的重视和决心，对那些兴修水利的官员也大加表彰。例如，陕州刺史姜师度主持修复通灵陂，将洛水和黄河水引来灌溉农田，获得了农业生产的丰收，被唐玄宗嘉奖为金紫光禄大夫，并提升为将作大监。开元二年（714年），朝廷在文水东北开凿了甘泉渠、荡沙渠、灵长渠，引文水灌溉了数千项田地。开元四年（716年），唐玄宗又下令在今天的河北三河地区修渠、围塘，灌溉了3000项田地。到唐玄宗中期，在彭山地区兴修水利，灌溉了1600项田地。开元二十七年（739年），在武陵（今湖南常德）修建北塔堰，灌溉了千余顷田地。据《新唐书·地理志》中的统计，在唐玄宗时期，全国一共兴建了56项农田水利工程，极大地促进了农业生产的发展。

除此之外，唐玄宗还组织人手进行垦荒，扩充屯田。屯田有两种，一种是军屯，另一种是民屯。军屯主要在边疆地区，由守卫边疆的将士负责；民屯主要在内地，是由失去了土地的农民进行耕种。屯田郎中则掌管屯田政令。从唐玄宗下令扩充屯田开始，到开元二十九年（741年），全国总共屯田1044屯。

在唐玄宗统治前期，社会安定，经济获得显著发展。唐玄宗登基后仅仅六七年，天下就大治。开元二十五年（737年），唐玄宗下令提高粮价百分之二三十，并在京城和东都一带地区购买粮食，在这两个地方各买了好几百万斛粮。同时，停止运送当年江、淮的租赋到京师。唐玄宗还

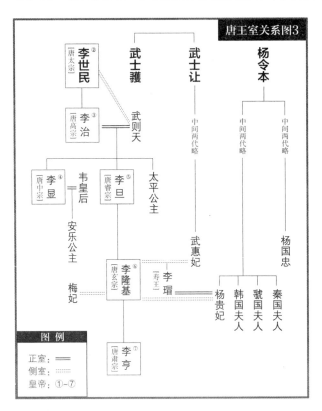

下诏河南、河北原本输送到含嘉仓和太原仓的租赋，都留在本州地区。京师不再依靠关东的粮食，而且国家的粮仓存粮都已经满了，到天宝八载（749年），全国各地存粮一共有9606222石。开元二十八年（740年），全国户数8412871户，人口数48143609人，比唐朝初年甚至武则天时期有大幅度的增加。

开元二十二年（734年），唐玄宗亲自在宫苑中种麦。麦子成熟之后，他还和太子等人一起收割，并对太子说："这些麦是用来祭祀宗庙的，所以我必须亲自种植收获。我这样做，也是为了让你们都知道农业耕作的艰辛。"接着，他又对左右的侍臣说："我让人去看农田中的庄稼，基本上都听不到什么实话，所以，我要亲自种植体验一下。"

为了从经济上削弱贵族的势力，加强朝廷集权，唐玄宗还改变了食实封的制度。唐朝初年，凡是受封的王公贵族，封户的租调都是由受封者征收的，因为在唐朝初年，受封的人只有二三十家，封户也就千来户人家，对朝廷的影响并不大。可是到了唐中宗以后，受封的人越来越多，所封户数也远远超过了唐朝初期。唐中宗时，受封的人数多达一百四十余家，封户遍及各个地区。例如，安乐公主食封四千户，长宁公主食封三千五百户；唐睿宗时期，太平公主食封一万户。食封的人不仅征收租调，影响到朝廷的收入，而且还任意敲诈封户，使封户增加了许多额外负担。唐玄宗改变旧制，把封户的租调改为朝廷统一征收，食封者到朝廷按照定额领取。这样，既加强了朝廷对全国财政的控制能力，也减少了封家对封户的索取，有利于提高农民的生产积极性。

除了政治与经济的稳定发展，唐玄宗还对兵制进行了大力改革。唐玄宗即位初期，由于均田制度受到破坏，府兵制度已经难以维持。这一方面是由于逃亡的农民越来越多，兵源日益枯竭；另一方面是由于府兵不能按时更换，久征未归的人不能自备资粮，使得很多农民倾家荡产，逃避兵役。于是，开元十年（723年），唐玄宗采纳宰相张说的建议，募兵十三万，充当朝廷的宿卫。开元二十五年（737年），又根据边防的需要，向全国征兵。这些被征召的士卒，都由朝廷供给衣粮，长期戍守边关。第二年，将那些不是征召而来的边兵都遣返回家，从而促进了农业生产的发展。

由于唐玄宗崇尚儒学，爱好文典，所以，朝廷兴起了一股文治之风。开元三年（715年），在一次宴会上，唐玄宗因为内库中的书大多数都有残缺，而且篇章卷集显得错乱复杂，不方便检阅，就提出让左散骑常侍褚无量、马怀素等人进行整理。开元五年（717年），马怀素等人针对内库书籍的整理提出了具体建议，唐玄宗听后立即表示赞同，并下令让国子监博士贺知章、桑泉尉韦述等人在东都洛阳的乾正殿编校群书、勘正经史，马怀素为修图书使，负责管理这件事情。然后，他下令凡是在公卿士庶人家中有珍本图书的，都暂时借给官府缮写。同时在著作院中设置修书院，在磊明宫光顺门外、东都明福门外创置集贤书院，让学士们对书籍内容的失误进行勘正，还召集学者编撰古今书目。

开元十一年（723年），唐玄宗设置丽正书院，召集文学之士徐坚、贺知章等人著书立说，或讲经论道，并让宰相张说负责管理书院之事。同时，唐玄宗令起居舍人陆坚在集贤院中整理并编撰了《唐六典》，并亲自制定了理典、教典、礼典、政典、刑典、事典这六条编写纲目。这部作品花费十多年的时间才完成。全书一共三十卷，它对唐代的律令作了简要的概括，并保存了唐代前期的田亩、户籍、赋役、选举等典制。在唐玄宗的提倡和重视之下，唐朝的经籍整理和著述取得了令人惊喜的成就。

唐玄宗对科学技术的发展也很重视。开元五年（717年），唐玄宗听说一行和尚的学问很好，并且精通天文历法，就马上把他找到京师，将他安置在皇宫光太殿内，让他进行科学研究。唐玄宗还多次亲自去看他，向他请教治国安民之道。一行曾制造出黄道游仪，用来确定黄道的进退，并用黄道游仪测量二十八星宿与天体北极的度数。在实际测量中，他发现了二十八星宿的位置与古籍中的记载不太一样，从而证明恒星的位置是在不断地移动，这比英国天文学家哈雷1718年提出的恒星自行学说早了将近一千年。

之后，一行还首次测量了子午线的长度。开元十二年（724年），唐玄宗下旨让太史监南宫说等人测量南北各地晷影和北极高度，通过测量发现，影差与距离的比例并不是固定的。一行又用自己设计的一种名叫"覆矩图"的仪器，根据勾股图进行计算，得出了南北两地相距351里80步（大约相当于今天的129.22公里），北极高度相差1度的结论。一行等人实地测量子午线的长度，不仅在中国天文史上是一次创举，在世界天文史上也属于首次。虽然他们得出的子午线长度并不十分精确，但是与近代测定的数字（111.3公里）是很相近的，而且使用的方法也是比较科学的。

天宝年间十节度使				
各地节度使	设置时间	主要长官	驻地	治所
安西节度使	718	高仙芝、封常清、李珙	龟兹	今天的新疆库车
北庭节度使	712	来曜、王安见、程千里、封常清	北庭都护府	今天的新疆吉木萨尔北
河西节度使	711	王倕、皇甫惟明、王忠嗣、安思顺、哥舒翰	凉州	今天的甘肃武威
陇右节度使	714	皇甫惟明、王忠嗣、哥舒翰	鄯州	今天的青海东部
朔方节度使	721	王忠嗣、张齐丘、安思顺	灵州	今天的宁夏灵武西南
河东节度使	—	田仁琬、王忠嗣、韩休琳、安禄山	太原府	今天的山西太原西南
范阳节度使	742	裴宽、安禄山	幽州	今天的北京
平卢节度使	719	安禄山	营州	今天的辽宁锦州西
剑南节度使	719	章仇兼琼、郭虚己、鲜于仲通、杨国忠	益州	今天的四川成都
岭南经略使	—	裴敦复	广州	今天的广东广州

唐玄宗时期，天文历法上取得的另一项新的成就是《大衍历》的成功编撰。开元九年（721年），为了纠正旧历中的失误，唐玄宗下诏让一行负责改造新历。一行在黄道游仪的基础上，对历代历法进行了参考与修订，于开元十五年（727年）完成草稿。一行病逝后，历官陈玄景等人又继续编次，并于开元十六年（728年）编撰完成，开元十七年（729年）正式颁行。《大衍历》提出了比较正确的"定气"概念，推算出与农时相应的二十四节气。

总之，唐玄宗即位后励精图治，在政治、经济、军事、科技文化等各方面都进行了改革与发展，唐王朝出现了前所未有的繁荣兴盛局面，国力达到鼎盛阶段，史称"开元盛世"。

第4节 盛世背后的危机
公元742年—公元756年

唐玄宗的原配是王皇后，早年最宠爱的妃子是武惠妃。王皇后一直膝下无子，唐玄宗宠爱武惠妃，曾经一度想废后，武惠妃也曾企图对王皇后进行诋毁。但是，王皇后在宫中的人缘极好，许多人都受过她的恩惠，没有人愿意说她的坏话。再加上在武周时期，唐玄宗和父亲落魄之时，曾经受过王皇后父亲的恩惠。王皇后嫁给他之后，从讨伐韦后，到铲除太平公主，她都一直在幕后支持他，帮助他。所以，唐玄宗犹豫再三，还是放弃了废后的念头。然而事情的发展往往出人意料。王皇后有个兄长名叫王守一，王守一为了帮妹妹保住皇后位，就请了一个名叫明悟的和尚祭拜南斗星和北斗星，将唐玄宗的名字刻在一块木符上，让王皇后戴在身上，并对王皇后说："这块木符能够保佑你早生贵子，你以后可以像武则天皇后一样！"结果这件事情被唐玄宗知道了，尤其是"你以后可以像武则天皇后一样"这句话激怒了唐玄宗，唐玄宗终于还是将王皇后废为庶人，并赐死其兄长王守一。王皇后在被废三个月后就过世了。

武惠妃是武氏家族的人，武则天是她的姑祖母。武惠妃从小就被武则天召进宫中抚养，后来又由武则天做主，嫁给了李隆基。王皇后被废后，她被封为"惠妃"。虽然名义上是妃，但是她在后宫中得到的待遇几乎等同于皇后。武惠妃早年生过三个孩子：夏悼王李一，怀哀王李敏，上仙公主。不幸的是，这三个孩子都早夭了，令唐玄宗和武惠妃二人十分悲痛。不久后，武惠妃又生下寿王李清。唐玄宗和武惠妃害怕这个孩子也早早夭折，玄宗就让兄长宁王李宪抱回家去抚养，并给孩子改名为李瑁。在宁王和宁王妃的悉心抚养下，李瑁顺利长大成人。接下来，武惠妃又陆陆续续生下盛王李琦、咸宜公主、太华公主，这几个孩子都平平安安地活了下来。唐玄宗和武惠妃很高兴，认为这都是李瑁的功劳。原来当时讲究迷信，他们认为武惠妃后面生的几个孩子之所以能活下来，是由于顺利长大成人的李瑁在保佑他们。武惠妃因此更加宠爱李瑁，还一心想让唐玄宗把他立为太子。但是当时已经册立了太子李瑛（非武惠妃亲生），并且废立太子是一件牵动朝政的大事，所以最终作罢。开元二十三年（735年），李瑁被封为寿王，同时，17岁的杨玉环被选为寿王妃。杨玉环出生在成都，她的父亲杨玄琰曾经担任蜀州司马。杨玉环幼年丧父，被寄养在叔父杨玄璬的家中，是由杨玄璬一手养大的。杨玉环从小就能歌善舞，通晓音律，擅长演奏各种乐器。她嫁给李瑁后，两人恩恩爱爱，琴瑟和谐，在一起幸福地生活了五年。

唐玄宗对武惠妃宠爱有加，一直想立她为皇后。但是，因为武惠妃是武氏家族的人，武三思是她的远房叔公，武延秀是她的远房叔父，而武三思和武延秀这两个人都是扰乱朝纲的恶人，为世人所不齿。因此，宰相张九龄、御史潘好礼等一班大臣都极力反对立她为后。同时，大臣们还有别的担心，因为太子李瑛非武惠妃亲生，而武惠妃又一直有心让玄宗换太子，册立自己的亲儿子李瑁当太子，大臣们担心武惠妃做了皇后，会因一己私心扰乱朝纲，动摇太子根基。唐玄宗看见朝中的大臣们竟然如此反对，也只好打消了这个想法。武惠妃见做不了皇后，就和李林甫等人串通起来，设计陷害太子李瑛、鄂王李瑶、光王李琚。李瑛、李瑶、李琚的生母分别是赵丽妃、皇甫德仪和刘才人，自从武惠妃得宠后，她们相继失宠，因此李瑛、李瑶、李琚对武惠妃多有怨言，武惠妃对他们也心怀不满。在武惠妃等人的栽赃陷害下，开元二十五年（737年），唐玄宗最终将太子李瑛、鄂王李瑶和光王李琚贬为庶人，三王被废后不久就遇害了。武惠妃害死三王后，也在同一年病倒，一直卧床不起，没过多久就病逝了，死时年仅38岁。

武惠妃死后，唐玄宗异常悲痛，对她忍不住地思念，日夜黯然神伤。唐玄宗身边的宦官高力士是他的心腹，为了安慰唐玄宗，高力士就劝说他选妃。唐玄宗说："以往通过各级官府层层筛选之后送来的人都很寻常，没有什么出众的！"于是授意高力士亲自出马，在不惊动官府的情况下，暗中寻找。得到唐玄宗的应允后，高力士就从长安秘密出发了。他从汉江坐船顺流而下，前往江南、福建等地，亲自深入民间为唐玄宗物色佳人。高力士不负唐玄宗所望，很快就带回一个才色双绝的福建女子江采萍，她就是梅妃。

梅妃是福建人，出生在书香世家，父亲是一位精通医道的秀才。她是家中的独生女儿，深得家人宠爱。梅妃从小聪明过人，读书过目不忘。据说她在父亲的悉心教养下，9岁就能诵读《诗经》，15岁就能写出一手好诗词、好文章。再加上她眉眼清丽，五官雅秀，长得亭亭玉立，看上去就像一个冷艳袭人、超凡脱俗、不食人间烟火的仙女。果然，唐玄宗一见到她，就立刻迷上了她。唐玄宗得知她自小喜爱梅花，便封她为梅妃，并在她居住的宫中，命人前前后后都种上梅树。唐玄宗还亲笔为她宫中的亭台楼阁题写"梅亭""梅阁""梅苑"等字样。一时之间，后宫数千佳丽，梅妃却能集恩宠于一身。

可是，唐玄宗虽非薄情之人，但他和所有君王一样，也是风流成性。虽然梅妃清雅高洁、温柔娇美、才气缠绵，但是时间久了，新鲜感一过，唐玄宗就感到有些索然无味了。人性就是这样，好比吃一道菜，再好的美味也耐不住天天吃，日子长了总想再尝一尝别的味道，体验新的刺激。

开元二十八年（740年），唐玄宗行幸骊山温泉宫时，见到了自己的儿媳妇、寿王李瑁的妻子杨玉环，立刻惊为天人。杨玉环款款来到帝座前，向皇帝施礼，唐玄宗看得目瞪口呆：沉鱼落雁之容，闭月羞花之态，体态雍容，举止高雅，果真是名副其实的美呀！唐玄宗对她一见钟情，回宫之后倍加思念，可她毕竟是自己的儿媳妇，父亲夺儿子所爱，强抢儿媳，这样的丑闻让任何人提及都不好听。于是唐玄宗想到一个办法，为了掩人耳目，他以替自己的母亲窦太后荐福为名，下诏让杨玉环出家做女道士，并赐名"太真"。就这样，杨玉环搬出寿王府，住进太真宫，与寿王正式分离。

天宝四载（745年）七月，唐玄宗下旨，册立左卫勋二府右郎将韦昭训的次女为寿王妃；八月，正式册立杨玉环为贵妃，并追赠杨玉环的父亲杨玄琰为太尉、齐国公，母亲为凉国夫人，叔父杨玄璬被提升为光禄卿，杨氏家族中的杨铦被提升为鸿胪卿，杨锜被提升为侍御史。杨玉环的三个亲姐姐也被接到长安，赐给府第，大姐被封为韩国夫人，三姐被封为虢国夫人，八姐被封为秦国夫人。从此以后，唐玄宗便把朝政大事扔到一边，整日与杨贵妃沉湎于声色享乐之中。

杨贵妃精通音律，擅长乐器，与同样精通音律的唐玄宗情投意合。两人共同谱写了《霓裳羽衣曲》，唐玄宗奏乐，杨贵妃跳舞表演。唐玄宗的乐音缠绵绝美，杨贵妃的舞姿曼妙华美，云袖挥舞，裙裾翩翩，宛如仙姝下凡，将二人的爱情演绎得美妙绝伦。

杨贵妃还善于察言观色，她想方设法迎合唐玄宗的心意，每天与唐玄宗调情，在酒酣兴奋的时候，自己就带着一百多名宫妓，让唐玄宗带着一百多名小宦官，在宫廷院内排成两队，各自用彩锦为旗，互相攻击打斗，凡是输了的人都要罚喝酒。

杨贵妃的三个姐姐也深得唐玄宗的欢心。唐玄宗赐给虢国夫人的照夜玑，赐给秦国夫人的七叶冠，全部都是稀世珍宝。每年，唐玄宗还要赏赐给杨贵妃的三个姐姐每人一千多贯胭脂钱。唐玄宗每次出游行幸，都要带着杨贵妃和她的姐妹们。高力士见唐玄宗宠爱杨贵妃，也极力巴结奉承，每次杨贵妃乘马，高力士都会亲自为她执辔拿鞭。

杨贵妃是一个只讲究享受、不吝啬钱财、挥金如土的人。为了满足她极度奢侈的生活，皇宫中专门为她织锦刺绣的女工就多达七百人，另外还有一百多人专门为她雕刻、打造各种各样的珍奇、珠宝、首饰。岭南节度使张九章、广陵长史王翼等人，四处寻找手艺精湛的工匠，为她打造奇珍异服，以此博得她的欢心。杨贵妃一高兴，就在唐玄宗面前替张九章、王翼等人说好话，唐玄宗立即就给他们加官晋爵。杨贵妃从小喜欢吃荔枝，全国最好的荔枝是岭南荔枝，可是当时的交通不像现在这样快速、发达，荔枝又不容易保存，时间长了，色泽和口味都会变化。为了能够让杨贵妃吃到新鲜的岭南荔枝，唐玄宗特地命人以六百里加急的方式，从岭南快马传送荔枝。那时，六百里加急通常只有在边关告急，敌军大量入侵的情况下才会使用。在传送荔枝的途中，所有的驿站都早早配好精壮的马匹、人力，每到一个驿站，立即换马换人继续飞驰传送。就是靠这种方式，即使在炎热的盛夏，从岭南传送到长安的荔枝仍然能够保持着新鲜，色泽和味道都没有丝毫改变。"一骑红尘妃子笑，无人知是荔枝来"的诗句，说的就是为杨贵妃把荔枝从岭南送到长安的事。

杨贵妃得宠，福荫了一大批杨氏家族的人，杨国忠就是其中一个。杨国忠是她的一个远房哥哥，整日吃喝嫖赌、不学无术。在杨氏姐妹的引荐下，唐玄宗封杨国忠为金吾兵曹参军、闲厩判官。最先，杨国忠趋附、巴结李林甫，并且不到一年，就以监察御史的身份兼领了15个职位。后来，他又替代李林甫成为宰相，并掌握了国家朝政。

由于杨贵妃的关系，杨氏家族的人在显贵腾达之时，也日益骄横跋扈、仗势凌人。天宝十载（751年）正月十五的元宵节，杨贵妃的三个姐姐和两个兄弟，五家人一同夜游，在西市门和广宁公主一家人相遇了。杨家和广宁公主一家都想先出西市门，结果两家争执起来，杨家家奴气势汹汹地挥鞭乱抽，把广宁公主打下马来，驸马程昌裔见状，赶紧上前搀扶，也被那个家奴用鞭子抽打了几下。第二天，广宁公主进宫，向父亲唐玄宗哭诉。唐玄宗下旨把杨家打人的家奴处死，为了安抚杨贵妃，唐玄宗竟下旨罢免驸马程昌裔的官职。有了皇帝的纵容，杨家人从此更是目中无人、为所欲为。

在杨贵妃的请求下，唐玄宗下旨为杨贵妃的父亲杨玄琰建立家庙，并亲自书写碑文。更让人啼笑皆非的是，李氏皇族中的诸王子孙凡是想要婚嫁的，都必须先贿赂韩国夫人和虢国夫人，再由她们两人奏请唐玄宗，得到唐玄宗的同意才行。一般来说，只要是韩国夫人和虢国夫人奏请的事，唐玄宗几乎都会答应。堂堂正正的李氏皇族的子孙，就连婚嫁之事也要经过杨贵妃的家中人，由此可见杨贵妃得到的圣宠已无以复加。

唐玄宗每次前往华清宫，不仅会带着杨贵妃，同时也会带着韩国夫人、虢国夫人和秦国夫人。在前往华清宫的路上，三位夫人为显示自己的地位，坐着用黄金装饰的车，骑着西域进贡的名马，她们招摇过市，让沿街的百姓们都产生了强烈的反感。在华清宫里，她们不仅有各自的住处，每天的日常生活开支还要耗费大量的钱财。为了收敛钱财，满足骄奢淫逸的生活，杨氏兄妹擅权弄法、卖官受贿、唐玄宗也放任不管。就在他们醉生梦死之时，大唐帝国已不知不觉地由盛世走向了衰落。

第5节　安史之乱爆发
公元755年—公元756年

在唐玄宗统治的开元时期，虽然社会经济繁荣富强，国力强盛，但也潜伏着一定的社会危机，并且日益发展和加剧。唐朝初年，为了加强封建统治的中央集权，国家的大部分兵力都掌握在朝廷手中，只有少数兵力被部署在边界地区。随后，不时有突厥等少数民族入侵，导致边界上的战事频繁发生。为了保卫边疆，镇压入侵的少数民族，唐朝廷开始陆续向边界地区增加兵力。

唐朝从唐高祖开始，经过唐太宗贞观年间，直到唐玄宗开元时期，一直实行府兵制。府兵是指平时耕种土地的农民，在农闲时进行军事训练。农民接受军事训练后，随时都要准备应征入伍。组织农民进行军事训练的机构是折冲府，当时每个地方都设有折冲府。在府兵制中，每个士卒的武器和马匹都是自备的。这种府兵制起源于西魏，历经北周、隋朝，在唐朝武德、贞观年间逐渐趋于完善。但是，府兵并非唐朝唯一的兵种，此外还有宿卫、禁军等兵种。宿卫是负责日夜保卫京城的士卒；禁军是皇帝的亲兵，是负责保卫皇宫的军队。

到了唐高宗后期和武周时期，府兵制逐渐遭到破坏。因为当时边界上战事频繁，防御线拉得很长，兵役相当繁重，很多戍守边防的士卒多年都不能回家，再加上府兵的地位很低，所以最后有很多士兵逃亡，老百姓也纷纷躲避兵役。

唐玄宗时期，土地兼并的现象很严重，均田制遭到破坏，再加上府兵需要自备武器、马匹，而农民在失去土地之后，日益贫困的生活环境也使得他们不再具有当府兵的条件。大量府兵逃亡，边防队伍严重缺员，征防难以调发。开元十一年（723年），在宰相张说的建议下，朝廷开始招募宿卫。唐玄宗让尚书左丞萧嵩和京兆（今陕西西安）、同州（今陕西大荔）、岐州（今陕西凤翔）、华州（今陕西华县）等地的官员分别在当地招募并挑选了十二万府兵和白丁，让他们一年分两次轮流守卫京师，称为"长从宿卫"，这是唐朝第一次通过募兵制招兵。开元二十五年（737年），唐玄宗下旨让各镇节度使根据防务的需要清点名额，然后招募自愿长期戍守边防的士卒。次年，唐玄宗再次下旨，明确停止调发府兵征守边关。天宝八载（749年），由于各地军府不再需要征调府兵，于是就正式废除了府兵制。

募兵制的实行，使得边防沿线上的驻军越来越多，唐朝的兵力分布重心已经从朝廷转向边防地区。为了加强对边防兵力的控制，全国的一些重点边防地区都设立了节度使。在唐玄宗的天宝初年，唐朝廷总共设置了十个节度使。

最初，节度使的手中只有兵权。但是后来，各节度使又逐渐掌握了当地的政权、财权，手中的权力越来越大，事实上已经开始独霸一方。他们表面上听命于朝廷，实际上阳奉阴违，暗中都在积极发展自己的势力。为了能够邀功请赏，每逢有战事时，他们都会虚报战况。如果他们损失上万的兵力，在上报朝廷的奏表中，他们会把损失缩减到一千人；如果他们得胜，俘获了一千名敌兵，在上报朝廷的捷报中，他们会夸大胜利的成果，谎称俘获的敌兵有一万人。因为天高皇帝远，所以皇帝不但经常被他们欺骗，还对他们更加倚重。此外，为了笼络人心、拉拢部属，各节度使还经常向朝廷伸手要官，将大大小小的官职授予部属。按照规定，只有在战场上立下战功的人才有资格被封赏，可是，在节度使的操纵之下，就连一些不该有官爵的人也被授予了官爵。

在潜伏的社会危机不断发展的同时，身为皇帝的唐玄宗自己也变得昏聩无能。唐玄宗在初登皇位那几年，大力提倡简朴，勤于政事，到了后来，他日益变得骄奢淫逸，懒于朝政。初登皇位时，他励精图治、锐意改革，重用贤臣、能臣，采纳忠言，能够接受各种意见，努力采取各种措施振兴朝纲。可是到了开元后期，他见天下太平无事，日渐骄傲自满，再也听不进忠言。开元二十一年（733年），韩休担任宰相。韩休是一个正直的人，他经常劝谏皇帝。虽然唐玄宗表面上对韩休很尊重，对他的谏言点头称是，内心里却不以为然。韩休只做了七个月的宰相就被唐玄宗找借口撤了职。开元二十四年（736年），唐玄宗想任用牛仙客为尚书，宰相张九龄认为不妥，就上奏唐玄宗进行劝谏，唐玄宗对张九龄的劝谏也极为不满，不久后，张九龄也被罢免宰相职务。就在朝廷中的忠臣和忠言距离唐玄宗越来越远时，奸臣和佞言却距离唐玄宗越来越近。

李林甫是唐皇室的宗亲，擅长音律，并因此得到对音律情有独钟的唐玄宗的认同。同时，这个人奸猾狡诈，擅长阿谀奉承，喜欢钻营，人们都说他"口蜜腹剑"。只因他善于迎合、巴结，很快就被唐玄宗提升为宰相。唐玄宗一边和杨贵妃在后宫中取乐享受，一边把政事都扔给李林甫。李林甫利用手中职权，截断其他大臣对唐玄宗的言路，混淆唐玄宗的视听，甚至谎报朝政。一些正直的大臣看着他胡作非为，空有满腔怨气，但为明哲保身，谁也不愿多说什么。李林甫是个彻头彻尾的小人，他妒忌贤能、排斥异己，先后把李适之、韦见素等贤臣排挤出朝廷。他还多次兴起大狱诛杀忠臣，大臣韦坚、杜有邻、杨慎矜等人都含冤死在他的手中。俗话说暗箭难躲，小人难防，除了皇太子，几乎满朝的文武百官都很惧怕他，人人都尽量躲着他。在李林甫的蒙蔽之下，天宝三载（744年），唐玄宗甚至想把朝中所有政事全部交给李林甫，只是在高力士的劝阻下才打消了这个念头。李林甫为了随时掌握唐玄宗的意向，摸清唐玄宗的想法，收买了唐玄宗身边的一些宦官、侍卫。因为李林甫的马屁每次都能够拍得恰到好处，所以更得唐玄宗的信任和欢心，天宝六载（747年），唐玄宗一时兴起，竟然把当年所有贡物都赏赐给了李林甫。

唐玄宗重用奸臣的同时，还把一些朝政大事的处理权交给了宦官。要知道，根据唐朝的法律，宦官是不能够干政的，可是唐玄宗却打破了这一惯例。他身边

唐玄宗的最后命运

唐肃宗即位后，于至德二载（757年）十二月迎回唐玄宗，并将其安置在兴庆宫。此后，唐玄宗居住在兴庆宫中，不再过问朝政之事，龙武大将军陈玄礼和内侍监高力士仍然跟随其左右，唐玄宗的亲妹妹玉真公主也陪伴在他身边。唐玄宗一直念念不忘杨贵妃，回到长安后，他特地派人去马嵬坡祭悼她，并想将她改葬，但遭到宦官李辅国的反对，于是唐玄宗密令手下宦官将杨贵妃的遗体移葬别地。上元元年（760年），宦官李辅国为邀功，向唐肃宗上奏说："太上皇居住在兴庆宫中，每天和外面的人来往，他身边的陈玄礼、高力士等人都可能对陛下图谋不轨。如今的将士们都是在灵武立过功的臣子，大家对此深感不安。我不能理解这些事，只能如实禀告陛下。"唐肃宗对此还未有所表示，七月，李辅国借唐肃宗患病之机，假宣诏书，强行把唐玄宗迁居到西内苑。唐玄宗一行人途经夹城时，李辅国率弓箭手射杀他身边的五百骑将士，双方剑拔弩张，形势紧张。唐玄宗胆战心惊，险些坠马，幸亏高力士挺身而出，唐玄宗才安全迁居到西内苑的甘露殿。此事过后，唐肃宗不仅没有责怪李辅国，反而对他进行安慰。几天后，唐玄宗身边的亲信皆受到清洗：高力士被冠以"潜通逆党"的罪名，流放到巫州；陈玄礼被勒令致仕；玉真公主也出居玉真观。此时西内苑只剩唐玄宗一人，无人与他亲近，每日在此负责打扫，服侍他饮食起居的，全都是李辅国派去的人。宝应元年（762年）四月，唐玄宗在郁闷中溘然逝世，终年78岁，被葬于金粟山，名为"泰陵"。

的宦官，凡是能够迎合他的，能够讨他欢心的，几乎都被他授予三品左右监门将军一职。天宝年间，身居高位的宦官竟然有一千多人，开启了唐朝宦官干涉朝政之先河。在这些宦官中，唐玄宗最信任的人就是高力士。高力士擅长骑射，在诛灭韦后和太平公主的政治势力时立过功，唐玄宗即位后，他升迁为右监门卫将军、知内侍省事。朝中每天的奏折文表，都必须先呈送给高力士，让高力士先过目。如果有大

唐年表3		
皇帝（朝）	时间	主要事件
唐玄宗（6）	712	唐睿宗禅位，皇太子李隆基即位，是为唐玄宗，尊睿宗为太上皇。
	713	太平公主密谋政变，玄宗先发制人，尽诛公主党羽，赐死太平公主。
	716	唐睿宗卒；姚崇荐宋璟为相。
	720	东突厥入寇，大败唐兵于甘州。
	721	命僧一行造新历。
	723	开始实行募兵制，唐朝的兵制由此而变。
	725	唐玄宗于泰山封禅。
	728	河西、陇右兵大败吐蕃。
	730	吐蕃数败请和，遣使入贡。
	734	李林甫拜相，唐朝政治开始陷入黑暗。
	736	平卢讨击使安禄山出击契丹，战败，玄宗惜其才，将其赦免；张九龄罢相，李林甫自专大权。
	737	废黜皇太子李瑛，不久赐死；唐玄宗爱妃武惠妃逝世。
	738	立忠王李亨为皇太子。
	739	平定突骑施，唐在西域威势复振。
	742	置十节度、经略使；安禄山为平卢节度使。
	744	平卢节度使安禄山兼范阳节度使。
	745	回纥尽占东突厥故地；册封杨玉环为贵妃。
	748	杨国忠获宠，一岁中兼领十五使。
	751	安禄山兼河东节度使；安西节度使高仙芝与大食（阿拉伯）战于怛罗斯，兵败。
	752	李林甫卒，杨国忠拜相。
	755	安禄山于范阳起兵，安史之乱爆发，并于年底攻陷东都洛阳。
	756	安禄山于洛阳称帝；玄宗逃亡蜀地，行至马嵬驿，将士哗变，杀杨国忠等人，并迫使玄宗缢杀杨贵妃；太子李亨即位于灵武，是为唐肃宗，遥尊玄宗为太上皇。
唐肃宗（7）	757	安庆绪杀安禄山；张巡、许远死守睢阳；郭子仪收复长安和洛阳。
	758	史思明再叛唐；九节度使讨安庆绪。
	759	史思明杀安庆绪，自称为"大燕皇帝"。
	761	李光弼与史思明战于邙山，大败；史朝义杀史思明。
	762	玄宗、肃宗卒，皇太子李豫即位，是为代宗。
唐代宗（8）	763	史朝义败亡，安史之乱终结；吐蕃入侵长安，代宗亡奔陕州。
	765	仆固怀恩叛唐，引回纥、吐蕃入寇；郭子仪单骑退回纥，并与之合兵大破吐蕃。
	775	魏博节度使田承嗣反，命诸道讨之。
唐德宗（9）	779	唐代宗卒，皇太子李适即位，是为德宗。

事，高力士就再上奏唐玄宗，如果只是一些琐事，高力士大笔一挥就自己处理了，根本不用向唐玄宗汇报，他几乎就成了唐玄宗的代言人。

天宝年间的唐玄宗对钱财也是挥霍无度的，他经常把大量钱财赏赐给后宫。户部郎中王鉷为了迎合唐玄宗，每年都会向唐玄宗交纳上百亿万的钱，并将这些钱贮藏在皇宫的内库中，专门用来供皇帝赏赐之用。为了讨好唐玄宗，他甚至还对玄宗说："陛下，这些钱和国家财政没有关系，您放心用好了！"结果，早已昏庸的唐玄宗不仅没有详细询问这些钱财的来源，反而很高兴地破格提拔王鉷为御史丞、京畿采访使。杨国忠也多次向唐玄宗谎报国家粮仓中的粮食丰盈，钱库中的钱财不计其数。为了骗过玄宗，他把各地运往京师的租税都换成布帛，存储在皇宫中的仓库里，唐玄宗带着大臣参观仓库后，非常高兴，夸奖杨国忠将国家财政打理得井井有条。

与此同时，唐玄宗开始追求长生不老。开元二十年（732年），他把自称有仙术的道人张果请进了宫中，时常向他请教神仙道术。开元二十九年（741年）的一天晚上，唐玄宗梦见了老子，第二天清晨醒来，就让人把老子的画像挂在兴庆宫中。此后，凡是巴结讨好唐玄宗的人，只要信口开河说自己看见老子的真容，或者谎称听到老子的谈话，唐玄宗也不辨真假都会给予奖赏。

皇宫里每日歌舞升平，日益颓废的唐玄宗沉湎于醉生梦死之中，却不知道潜伏着的阶级矛盾和越来越严重的社会危机，正在静悄悄地向他逼近。

天宝十一载（752年），李林甫病故，杨国忠接替他成为宰相。杨国忠一上任，就马上诬告李林甫谋反。虽然李林甫已经死了，但朝廷还是削夺了他的官爵，没收了他的家产，将他的子孙都流放到岭南，他留在朝廷中的党羽也一并受到清洗。同时，杨国忠与三省节度使安禄山之间的关系一向都很紧张，为了能够和安禄山抗衡，杨国忠上奏唐玄宗，请求封哥舒翰为河西节度使。

安禄山是营州柳城的少数民族人，营州柳城就是今天的辽宁朝阳。开元二十九年（741年），安禄山是幽州藩帅张守珪的下属，后来因为军功，逐渐升任营州都督、平卢军使等职务。他见唐玄宗喜欢打仗、好大喜功，就迎合唐玄宗的心理，多次挑起边防战事，并在唐玄宗面前邀功请赏，从而得到唐玄宗的赏识。唐玄宗先后任命他为平卢节度使、范阳节度使、河东节度使。

唐玄宗为表示对安禄山的恩宠，在安禄山初次入朝时，就让他和杨贵妃结为兄妹。然而，安禄山看见杨贵妃深得唐玄宗的宠爱，就请求做杨贵妃的养子，虽然他足足比杨贵妃大15岁。安禄山每次上朝，总是先拜见杨贵妃，再拜见唐玄宗。唐玄宗很纳闷，就问他原因，他故意假装傻乎乎的样子，回答说："我们胡人总是先拜母亲，后拜父亲。"惹得唐玄宗一阵大笑，误以为他痴傻憨直，从而对他作出了错误的判断。

天宝十载（751年），安禄山过生日，唐玄宗和杨贵妃赏赐给他许多金银宝器。到了第三天，杨贵妃还以养母的身份，按照惯例为他沐浴。杨贵妃将安禄山召入宫中，用锦绣做的大襁褓包裹着他，宫人用彩舆抬着他，戏谑声、欢呼声响彻宫内宫外。唐玄宗听到欢笑声后问原因，左右侍从回答说："这是贵妃在按照惯例洗儿，所以欢笑。"唐玄宗兴致勃勃地前去观看，赏赐给杨贵妃洗儿金银钱，还厚赏了安禄山。从这以后，宫中的人都把安禄山称为禄儿，唐玄宗还允许他随便出入宫闱。同年，唐玄宗让人在长安为安禄山建造宅第，就连厨房和马厩也是用金银来装饰的，非常奢侈华丽。当安禄山搬进新宅时，唐玄宗还下旨让朝中大臣们都前去祝贺。

本来，安禄山在担任平卢、范阳两镇的节度使后，还兼任河北采访使、御史大夫、左羽林大将军等职位，并被封为东平郡王。但是，不满足的安禄山又向唐玄宗请求河东节度使一职，唐玄宗没有多想，就将河东节度使韩休琳迁为左羽林大将军，让安禄山担任了河东节度使。安禄山的母亲和祖母都被唐玄宗封为国夫人，安禄山的11个儿子都由唐玄宗亲自赐名。其中，长子安庆宗被封为卫尉少卿，加授秘书监，迎娶荣义郡主；次子安庆绪被封为鸿胪少卿兼广阳郡太守。但是，对这一切，安禄山不但没有对唐玄宗感恩戴德，反而政治野心更加膨胀，他开始招降纳叛，积极扩充自己的实力。

这时，安禄山和杨国忠之间的矛盾已经很深了。别看安禄山对杨贵妃百般巴结奉承，却从来不把杨国忠放在眼里。为了在唐玄宗面前争宠，杨国忠和安禄山互相倾轧，都想压倒对方，抬高自己的地位。虽然杨国忠多次想把安禄山拉拢到自己的阵营中，但是都没有成功。杨国忠见拉拢不成，就想以谋反的罪名除掉安禄山。在杨国忠的授意下，河西节度使王忠嗣向唐玄宗上奏说安禄山谋反，接着，杨国忠自己也上奏折说安禄山要谋反。开始，唐玄宗根本就不相信。在唐玄宗看来，自己给予安禄山如此多的恩遇，安禄山又怎么会背叛唐朝呢？然而，皇太子似乎也发现了一些安禄山谋反的迹象，向唐玄宗进谏。虽然唐玄宗此时仍然不太相信，但安禄山毕竟是三镇节度使，手握十几万精兵，万一真有什么事端，祸乱就大了。于是，唐玄宗决定调查这件事，他采纳了杨国忠的建议，下旨召安禄山入朝，想要以此来试探安禄山的动静。

杨国忠原本以为安禄山不敢进京，可是他却打错了算盘，结果出乎他的预料。安禄山一接到唐玄宗召他入朝的诏书后，就立即赶到长安。这令杨国忠感到很难堪，而唐玄宗从此以后再也不肯相信杨国忠说安禄山要谋反之类的话了。

天宝十三载（754年），安禄山到长安朝见唐玄宗，向唐玄宗哭诉道："陛下，我本来就不是汉人，可是陛下多次提升我、重用我，对我的恩宠超出常人。杨国忠嫉妒我，三番五次都想要害我，我迟早都会死的。"唐玄宗对他好言相劝，再次给他封官，让他兼任尚书左仆射，并赏赐他许多钱财珠宝，还封他的一个儿子为三品官，一个儿子为五品官，赐给十房奴婢和一所住宅。唐玄宗本来还想封安禄山为同平章事，同平章事相当于宰相的职位，杨国忠得知后，极力劝说："陛下，安禄山虽然有军功，可是他不识字啊，一个不认识字的人又怎么能够当宰相呢？"在杨国忠等人的极力劝阻下，唐玄宗才作罢。安禄山离开长安回范阳前，唐玄宗还亲自给他饯行，并在临别的时候，把御衣脱下来赐给安禄山，又派高力士在长安城东的长乐坡再次为他饯行。从这以后，凡是上疏说安禄山要谋反的人，唐玄宗都下令把他们送到安禄山面前，任由安禄山处置，因此，以后再无人敢说安禄山谋反了。

天宝十四载（755年），安禄山要求用32名番将代替汉将，结果遭到吏部侍郎韦见素和杨国忠的坚决反对。唐玄宗派一个名叫辅璆琳的宦官前去范阳察看安禄山的动静，安禄山就送给辅璆琳大笔钱财，收买了辅璆琳。辅璆琳回到京师后，向唐玄宗说了安禄山的很多好话，说他忠于唐朝，忠于皇上，并没有二心。杨国忠、韦见素建议三镇节度使分别由三人担任，想借此削弱安禄山的兵权，结果也没有得到唐玄宗的采纳。

唐玄宗对安禄山越是恩宠，安禄山的政治野心就越大。他见到唐王朝诸多弊端：唐玄宗年岁已高；不理朝政，朝廷中贤臣不受重视，奸臣当道；精兵强将绝大多数都集中在边镇地区，朝廷中的军事实力非常空虚。这一切都让安禄山感觉有机可乘，于是做好了随时起兵造反的准备。

安禄山早就网罗了一批文臣武将，在范阳城中筑造雄武城，贮存起大量的兵器，并从少数民族中精挑细选了八千名勇士。为寻找、搜集安禄山的罪状，杨国忠派京兆尹包围了安禄山在京师的住宅，逮捕并杀害了安禄山的客人李超。安禄山的儿子安庆宗是荣义郡主的丈夫，在京师担任太仆卿，所以安庆宗立刻就将京师里面发生的事情密报给安禄山。安禄山得知后，加快了造反的准备。

在天宝十四载（755年）的六七月间，唐玄宗曾经两次亲手写诏书，召安禄山赴京，可是安禄山都置之不理。同年十一月初九，安禄山见一切准备就绪，就以讨伐奸臣杨国忠为名义，亲自率领十万大军南下，发动了叛乱。当时，由于唐王朝内部好几十年都不曾有过战争，中原地区的武备非常松弛，多数士卒不善于打仗。安禄山的军队却训练有素，所以叛军一路势如破竹，很快就逼近东都洛阳。

直到此时，沉湎于歌舞酒色之中的唐玄宗才如梦初醒。慌乱之中，他下旨任命安西节度使封常清为范阳、平卢节度使，赶往洛阳招募兵力。封常清很快就召集到六万人马，并下令拆毁洛阳北面黄河之上的河阳桥（在今河南孟县），防止叛军从背面攻入洛阳，加强对洛阳的守备。与此同时，唐玄宗任命第六子荣王李琬为元帅，右金吾大将军高仙芝为副将，率领十一万大军东征安禄山。安禄山进攻洛阳的势头虽受到一些阻挠，但由于双方实力相差悬殊，洛阳最终于十二月十二日失守，封常清与高仙芝只能退至潼关，坚守不出以阻止叛军西进。

然而唐玄宗听信宦官监军谗言，认为封常清与高仙芝作战不利导致洛阳失守，以"失律丧师"之罪处斩两人。朝廷自毁长城，丧失两员大将，为之后的失败埋下伏笔。唐玄宗处斩封常清与高仙芝以后，起用正在京师养病的河西、陇右节度使哥舒翰为统帅，镇守潼关。哥舒翰到潼关后也采取守势，倚仗潼关天险，叛军一时无法攻破，长安暂且无忧。

在朝廷征兵、派兵的同时，驻守在各个地方的军队和当地老百姓也奋起抵抗安禄山的叛军。河北平原郡太守颜真卿组织河北的军民英勇抗战，在很大程度上打击了叛军气焰，使得一时失陷的各个城池也纷纷脱离叛军；常山太守、颜真卿的从兄颜杲卿在常山（今河北正定）起兵；朔方节度使郭子仪也奉唐玄宗之命东征，先后打下云中（今山西大同）、马邑（今山西朔州东），并打通东陉关（今山西代县东），为继续东进征讨安禄山开辟了道路。一时之间，安禄山的叛军陷入困境之中。

天宝十五载（756年）正月，安禄山在洛阳称帝，自称"大燕皇帝"。此时，在饶阳（今河北深州）一带的叛军将领史思明，为改变困境，攻陷了常山，俘获颜杲卿。二月，唐玄宗新任命的河东节度使李光弼率领一万多人，东出井陉（今河北井陉东），夺回常山。原本史思明在攻陷常山、俘获颜杲卿后已经离去，此时见常山又落入唐军之手，于是卷土重来，想要再度抢下常山。李光弼的唐军和史思明的叛军相持四十多天，不分胜负。最后，在郭子仪的援助之下，李光弼终于在九门（今河北正定东）大败史思明，接着又大战于嘉山（今河北曲阳境内），史思明的叛军全线溃败。紧接着，河北十多个郡的军民都杀了大燕国的守将，投降唐军。此时，张巡也率兵据守着睢阳，和安禄山的叛军血战数百次，阻止叛军南下江淮。哥舒翰率军镇守着潼关，粉碎了叛军西进的企图。为减轻潼关的压力，郭子仪上疏建议北取范阳，但是没有得到唐玄宗的许可。

天宝十五载（756年）六月，由于唐玄宗急于打败叛军、收复洛阳，就下旨让哥舒翰率军出潼关东进收复失地。此时，作恶多端的杨国忠害怕哥舒翰图谋自己，也极力赞成。哥舒翰不得不遵从唐玄宗的旨意东进。叛军将领崔乾祐早已把军队主力埋伏在灵宝（今河南灵宝东北）西原的一个险要之处，并派老弱残兵引诱唐军东进。果然，唐军中了埋伏，大败而归，哥舒翰带着少许人马逃回潼关。几日后，叛军乘势夺取潼关并俘获了哥舒翰，准备向西挺进，长安危在旦夕。

此时的唐玄宗早已没有了当年的锐气，他放弃抵抗，扔下满朝文武和长安城的百姓，自己带着杨氏姐妹及杨国忠、高力士等少数人，在龙武大将军陈玄礼率领的禁军护送下悄悄逃出长安。一行人到达咸阳时，咸阳县令已经逃跑，狼狈不堪的唐玄宗只好吃杨国忠在路边买的胡饼充饥。别的随从人员看见农民送来的粗食淡饭都争相抢食，但是也不能吃饱。到金城（今陕西兴平）后，金城县令也早已经逃走，跟随唐玄宗的一些人也陆续离去。唐玄宗、杨贵妃等人的食宿无人安排，夜里又没有灯光，大家只好不分贵贱，胡乱凑合着睡了一夜。

当唐玄宗他们西行到马嵬驿（今陕西兴平西北）时，随行的将士们早已又累又饿、疲惫不堪，大家都怨声载道，怨恨杨国忠的乱政误国招来了这次动乱。在大将陈玄礼等人的带领下，愤怒的将士发动兵变，杀死了杨国忠和他的儿子户部侍郎杨暄，同时杀了韩国夫人、秦国夫人，但将士们的愤怒仍然未能平息下去，最后又包围驿站要求杀死杨贵妃。唐玄宗闻讯后，来到驿站门前，对军士们表示慰劳，并下令收兵，可是，军士们却俨然没有听到他的话，站立着不动。唐玄宗又派高力士去询问，龙武大将军陈玄礼回答道："杨国忠谋反，我们已经把他杀了。请陛下将杨国忠的妹妹杨贵妃也一同正法！"高力士把陈玄礼的话转告给唐玄宗，唐玄宗迟迟没有应声。最后，在京兆司录韦谔和高力士的苦苦劝说之下，唐玄宗只好下旨让高力士将杨贵妃带入佛堂自缢。

至此，唐朝的半壁江山陷入兵荒马乱之中，一度繁华的城市变成废墟，社会经济也受到了严重的破坏。盛世大唐已一去不返，一度强盛的大唐帝国开始走向没落。

第 6 节　平定叛乱
公元756年—公元763年

马嵬驿兵变后，唐玄宗下旨，任命太子李亨为天下兵马大元帅，领朔方、河东、平卢节度使，负责率军平叛。然后，大家兵分两路，唐玄宗带着一批人向西逃往成都，太子李亨则带着自己的人马向北前往灵武（今宁夏回族自治区境内）。李亨是唐玄宗的第三子，母亲是杨妃，自己曾被封为忠王。当年武惠妃阴谋将原太子李瑛废黜，也没能让自己的儿子被立为太子，唐玄宗反而册立了忠王李亨为太子。

到灵武后，眼看中原地区群龙无首，太子李亨就在一干大臣和随军士卒们的支持之下，即位称帝，史称"唐肃宗"，并遥尊唐玄宗为太上皇。唐肃宗即位后，立刻开始对叛乱的平定工作，朝中大臣、军中士卒、天下百姓都感觉有了主心骨。唐肃宗打算先收复长安和洛阳，并下旨从河西、安西等地征调一万多名精兵，又把在河北前线的朔方节度使郭子仪和河东节度使李光弼统领的五万多人马抽调到灵武。一时之间，灵武旌旗飘扬，军威强盛。接着，唐肃宗重新任命了朝官和将帅，组建了一套新的行政体系和军事体系，还对如何抗击安禄山和史思明叛军重新作出部署。唐肃宗一边部署军事计划，一边派遣使臣前去回纥搬调救兵。回纥接到唐肃宗的请求后，立即派出精锐的骑兵前去灵武进行协助。

在唐肃宗抓紧时间备战的同时，安禄山和史思明的叛军内部也出现了矛盾。安禄山起兵称帝后，曾封次子安庆绪为晋王，并将他定为自己的继承人。后来，安禄山因为宠爱小妾段氏，想改立段氏的儿子安庆恩为继承人，所以，安庆绪经常担心自己会被父亲废掉，内心充满了不安。安禄山一直有眼疾，自从起兵后，他的眼疾越来越严重，险些双目失明。此时，各个地方的平叛大军纷纷组建起来，形势对他逐渐变得不利。各方面的不顺利，使得他的性格、脾气越来越暴躁，左右侍从、部属，包括他的儿子，稍不如他的意，都会被他随意打骂，甚至随时可能被他下令杀死。在这些人中，被安禄山打得最多的是严庄和李猪儿。严庄是安禄山的亲信，安禄山称帝后，经常待在宫中，很少外出和属下一起议事，里里外外无论大小事情都是通过严庄一手传达的。虽然安禄山倚重严庄，也信任严庄，但是却经常无缘无故地鞭打严庄。李猪儿是负责每日为安禄山穿衣解带的宦官，因为整日待在安禄山身边服侍，被打得最多，怨气也最大。于是，安庆绪就联合严庄和李猪儿，准备秘密除掉安禄山。至德二载（757年）正月的一天夜里，三人悄悄走到安禄山的身边，此时的安禄山正在熟睡，对一切毫不知情。李猪儿手持大刀，对准床上熟睡的安禄山猛砍一刀，安禄山被惊醒，急忙摸身边的刀，却摸了个空。原来安禄山平时睡觉时，都会把刀放在自己枕边，李猪儿知道他这个习惯，于是提前将刀拿走了。所以，安禄山很快就死在了李猪儿的刀下。杀死安禄山后，安庆绪在床底下挖了一个坑，埋葬了父亲，并嘱咐严庄和李猪儿严守秘密。第二天，严庄对部下宣告安禄山病危，诏立安庆绪为太子，所有军国大事交由太子安庆绪处理。安庆绪随后即位，尊安禄山为太上皇，这才发布安禄山的死讯并为其发丧。

安禄山死后，其部下不服安庆绪，于是叛军又爆发内讧，战斗力被削弱，形势开始朝着有利于唐军的方向发展。至德二载（757年）二月，郭子仪率领部下从洛交县进攻冯翊县，又攻下河东地区。唐军到达关中之后，唐肃宗从灵武转移到凤翔。四月，唐肃宗任命皇子李俶为元帅，郭子仪为天下兵马副元帅，继续讨伐叛军。叛军自从占领长安以后，日夜纵情于酒色之中，四处抢夺珠宝、掠夺百姓，已经完全丧失了战斗力，于是唐军准备趁机收复长安。九月，郭子仪率领十五万唐军逼近长安，并和十万叛军相持于长安西香积寺北沣水之东。经过一番激战，叛军全线崩溃，唐军顺利收复长安。之后，唐军又继续东进，安庆绪见唐军来势汹汹，主动放弃洛阳，向北前往邺郡（今河南安阳）。于是，唐军不费力气地收复了洛阳。

乾元元年（758年）九月，唐肃宗调动九个节度使的几十万兵马全力攻打安庆绪。由于这些节度使个个都手握重兵，尤其是战功最多、威信最高的郭子仪和李光弼两人，他们几乎得到军中所有将士和老百姓的拥戴。唐肃宗害怕他们有朝一日会对自己构成威胁，就不愿意把军权交给他们，所以，他没有任命任何一个节度使担任主帅，而是任命自己身边的宦官鱼朝恩担任观军容宣慰处置使，总揽全局。这实际上是授予鱼朝恩统率九名节度使及其所有兵马的权力，并让鱼朝恩随时监视九名节度使的动向。在鱼朝恩的牵制下，九名节度使分别率军围住邺郡，并引来漳水灌城，城内的安庆绪不仅遭受到水灾之苦，而且还面临着粮食匮乏的问题。当时，甚至连老鼠也成为充饥的美食，被城内的军民们争相抢食。城内的集市上，一只老鼠竟然被卖到四千钱。唐军及时了解到城内的情况，并准备利用这一良机攻城。遗憾的是，由于九名节度使没有统一的指挥，宦官鱼朝恩又不懂军事策略，胡乱制约各节度使的行动，导致史思明率领大军及时从魏州（今河北大名）赶来援助邺郡。史思明的叛军拦截住分别从长江、淮河、汾河、晋水给唐军运粮的船和车马，断了唐军的粮草。同时，史思明使用声东击西的策略，对各路唐军进行袭击，迫使唐军处于疲劳应战的状态。

乾元二年（759年）三月，唐军和史思明的叛军正式展开激战。激战之时，天上突然刮起一阵大风，天地之间顿时风沙弥漫，所有的树木草丛都被大风吹得"哗哗"地响，一时之间天地昏暗。风沙之中，正在交战的两军互相看不清对方，完全敌我不分，处于一片混战之中。等到战斗结束，双方都蒙受了巨大损失。

就在两军相持不下之时，叛军内部再次出现矛盾。安禄山被儿子安庆绪杀死之后，史思明就有了自立为王的想法，他收编了安禄山的残部，这引起安庆绪对他的不满。后来，二人又因为诸多意见不统一而产生严重分歧。最终，史思明杀死安庆绪，带着士兵返回范阳，自称"大燕皇帝"。史思明退军之后，唐朝九名节度使也各自率军撤退，鱼朝恩回到朝中，郭子仪被任命为东畿、山东、河东诸道元帅，权知东京留守。鱼朝恩回朝之后，为洗清自己的过失，把在邺郡与叛军交战的损失，都推到郭子仪的身上。于是，唐肃宗召令郭子仪回京，并任命李光弼为天下兵马副元帅，驻守洛阳。

乾元二年（759年）九月，史思明再次率叛军南下攻占洛阳。十二月，史思明又派手下大将李归仁向西攻打陕州，结果被陕州的唐军击败。上元二年（761年）二月，史思明准备向西攻破潼关，结果受到潼关守军的抵抗，被阻挡在潼关之外，不能前进。史思明不得已，只好退回到永宁（今河南洛宁）。这时，史思明叛军内部再次出现矛盾和分裂。史思明杀死安庆绪、自立为帝后，封长子史朝义为怀王。但是，史朝义和父亲的关系一直不是很好，因为史思明更宠爱史朝义的异母兄弟史朝清，这致使史朝义对父亲一直心怀不满，担心父亲有一天会废了自己，把帝位传给兄弟史朝清。于是史朝义就利用叛军中的一些将领对史思明的不满情绪，策动兵变，杀死史思明，自己称帝，并派人前往范阳杀了史朝清。同时，有几十名与他持不同意见的人，也被他

——杀死。短短几个月内，范阳城内就有好几千人死于内讧。

宝应元年（762年），唐肃宗病逝，太子李豫即位，即唐代宗。唐代宗登基后，立即任命雍王李适为天下兵马大元帅，仆固怀恩为副元帅，继续平定史朝义叛军。唐军向东挺进，很快攻下洛阳。此时，帮助唐军平定叛乱的回纥兵也赶到洛阳，他们在洛阳城内烧杀抢掠，洛阳城中的百姓死了一万多人，城内的大火持续烧了几天几夜也没有熄灭。宦官鱼朝恩统率的神策军把洛阳、郑州、汴州（今河南开封）、汝州（今河南临汝）等地也看作是叛军所在地，并在这些地方任意强取掳掠。同年十一月，史朝义从濮州北渡黄河，唐军一直在后追击，最后终于在昌乐击败史朝义。随后，史朝义叛军设置在邺郡的节度使薛嵩降唐，其辖下的相州、卫州、洺州、邢州重归唐朝版图；恒阳节度使张忠志降唐，其辖下的赵州、恒州、深州、定州、易州也重归唐朝版图。唐代宗还赐张忠志改姓"李"，改名为"宝臣"，任命他担任成德节度使，仍然统领着原有的辖地。宝应二年（763年）正月，史朝义败走莫州（今河北雄县南），其部将田承嗣降唐；史朝义又向范阳逃亡，范阳节度使李怀仙也早已降唐。史朝义的部下见大势已去，纷纷叛他而去。最后，史朝义带着几百人准备向北逃亡，李怀仙带兵穷追不舍，走投无路的史朝义只好自缢于一片树林之中。到此为止，前后历时八年的安史之乱终于被彻底平定下来。

第五章

风雨中晚唐

——内忧外患，大唐乱世再现

安史之乱后，唐王朝陷入了宦官乱政与藩镇割据的混乱局面之中。尽管后期一些皇帝希望能够挽救唐王朝衰落的命运，也尝试着进行改革，但积重难返的唐王朝问题重重，百姓们也生活在水深火热之中。黄巢起义后，唐王朝名存实亡，最终灭于朱温之手。

第1节 唐末毒瘤：宦官与藩镇

公元757年—公元805年

在中国的封建王朝史上，历朝历代都规定宦官不得染指国家大事，不得弄权干政。但这只是写在纸上的规定。从中国第一个封建王朝秦朝开始，直到最后一个封建王朝清朝结束，在每朝每代中，宦官专权干政的例子屡见不鲜、层出不穷。但通常情况下，总是在每一个朝代政治腐败、朝政荒废之时，宦官弄权的例子才最为多见，因为在这种形势下，他们更容易乘虚而入。最初，他们可能仅限于帮助皇帝处理一些朝政上的琐事。在皇帝因为某种特殊原因顾及不到朝政的时候，通常都乐于把一些不甚重要的政务交给自己身边最受宠信的人，而这个人通常就是宦官。然后，其中的某些人，一般来说只限于有某种政治野心的宦官，可能会通过帮助皇帝处理政务琐事，逐步从皇帝那里接管相对比较重要的军国大事。直至最后完全置身于政治的洪流之中，在朝政中呼风唤雨，左右着朝廷中的文武百官和政治形势，甚至擅权。唐朝的宦官专权格局基本上就是这样形成的。

唐朝的宦官隶属于内侍省，在唐太宗统治的贞观年间，内侍省并不设置三品以上的官员。宦官的职责就是为皇帝守门，侍立在皇帝的身旁，随时帮助皇帝传达命令。唐中宗时期，宫中的宦官人数开始增加，宦官的品级也得到提高，当时，七品以上的宦官就有一千多人。唐玄宗时期，宫中的宦官增加到三千多人，不仅有许多宦官在三品以上，甚至还有的宦官身着红衣或者紫衣。根据史料中的统计，这些被允许身穿红衣或者紫衣的宦官至少也有一千人。在中国封建王朝，红衣、紫衣是那些身份地位都很尊贵的高官和王侯才有资格穿的。在唐玄宗时期，最有影响力的宦官是高力士。高力士很早就跟随在唐玄宗身边，还曾辅佐唐玄宗剪除韦后及太平公主的政治势力，唐玄宗一直很信任他，在一些事情上也比较依赖他。尤其是在唐玄宗的晚年，很多事都需要借助高力士才能完成。在唐玄宗的默许和授权下，高力士自然也有很多参与朝政的机会。

到唐肃宗时期，最有影响力的宦官是李辅国、程元振、鱼朝恩这三个人。

李辅国原名李静忠。在安史之乱中，他一直追随在太子李亨（唐肃宗）的身边，为太子鞍前马后地效劳。他伴随太子北上灵武，辅佐太子登基称帝，从而名噪一时，并深得李亨信任。唐肃宗从灵武返回长安以后，朝廷中所有的事，无论巨细，在呈奏给唐肃宗之前，都要先经过李辅国之手。各地府县在处理事情时，都要先征求李辅国的意见，要得到他的同意。无论是在朝堂上，还是在深宫中，凡是李辅国说过的话，无人敢提出异议。

除掌控朝政，李辅国还和张皇后勾结，两人一唱一和，互相巴结。张皇后本是李亨做太子时的良娣，深得宠爱；李亨登基以后，先封她为淑妃，后又册立她为皇后。对这二人之事，宫中和朝堂上都传得沸沸扬扬，很多人都看不惯，但是惧于李辅国的权势，都敢怒不敢言。唯有建宁王李倓多次向唐肃宗上奏，提及这件事情，并建议皇帝整肃后宫，对宦官加以约束。李辅国很不高兴，就和张皇后联合起来，反咬建宁王一口，诬陷他因为没有被封为元帅，心怀怨恨，想阴谋杀害广平王李俶。唐肃宗听了很生气，不待查明真相，就下令赐死建宁王。

乾元二年（759年），淮南节度使刘展在暗中准备谋反，被淮西节度使颜真卿察觉，颜真卿就提前进行防备。可是，颜真卿手下的都统李峘却认为这是颜真卿在故意制造事端，对其部署提出异议。为了控制颜真卿，唐肃宗以一纸诏书把颜真卿召回长安，任命他为刑部尚书。颜真卿回长安后，有一次主动带着朝中的文武百官向唐肃宗上表，询问太上皇唐玄宗的生活起居。应该说，出于礼节和关心，颜真卿询问太上皇的日常生活是符合常理的，因为他曾经也是唐玄宗的臣子，曾经深得唐玄宗的器重并委以要职。不巧的是，此时李辅国已经假传唐肃宗的诏令，把唐玄宗从兴庆宫迁到西内苑。接到颜真卿等人的上表后，唐肃宗才知道此事。于是，这件事情让李辅国恼羞成怒，开始痛恨颜真卿，后来就随便找个借口诋毁颜真卿，并将颜真卿贬为蓬州刺史。

宝应元年（762年）四月，唐玄宗去世，唐肃宗因为悲伤过度，一时病危，卧床不起。当时的太子李豫非张皇后所生，张皇后害怕太子一旦登上皇位，会危及自己的利益，于是，就暗中把自己的儿子越王李系召进宫中，想密谋废立太子。但是，张皇后的计划被宦官李辅国和程元振知道了。李辅国和程元振就手持皇帝的令牌，擅自调动禁军，逮捕了越王李系，并当着唐肃宗的面抓走张皇后，将她幽禁起来。当时，病榻上的唐肃宗已经奄奄一息，一句话都说不出来，经过这样的惊吓，唐肃宗立刻怒气攻心，很快就驾崩了。于是，李辅国和程元振扶持太子李豫即位，史称唐代宗。

因为李辅国辅佐唐代宗登基有功，所以他除了担任兵部尚书、元帅行军司马外，唐代宗还尊称他为"尚父"，晋封他为司空兼中书令。然而，自此之后，李辅国开始居功自傲、骄横狂妄、不可一世。唐代宗准备重用名将郭子仪，在以李辅国为首的一干宦官的反对下，只好作罢。唐代宗批阅所有奏章，处理一切政事，都要先征求李辅国的意见，处处受制于李辅国。李辅国甚至还大言不惭地对唐代宗说："陛下，您尽管放心待在宫中，外面的事情都交给我来处理吧！"李辅国最终激怒了唐代宗，唐代宗下诏削夺他的兵部尚书、元帅行军司马等职务，让他迁居到宫外，随即又派人暗中将他杀死。

李辅国死后，程元振接替了他的位置。程元振当初也拥立代宗有功，被封为元帅行军司马，统领禁军，后来又加封为镇军大将军、右监门卫大将军。有唐代宗为靠山，程元振专横跋扈、为所欲为，不管是谁得罪了他，就别想有好日子过，朝中大臣对他的畏惧甚至远远超过曾经对李辅国的畏惧。程元振还是一个嫉妒心非常强的人，对朝廷中的有功之臣，他都会想方设法进行陷害。

本来，在唐玄宗时期，驻守在西北边防的唐军兵强马壮，战斗力非常强。后来，为了平定安史之乱，西北边防驻军被陆续调入中原地区，致使西北边关兵力空虚。这就导致吐蕃乘虚而入，占领了河西、陇右等地方。广德元年（763年）九月，吐蕃军又大举入侵，西北边防再三告急，战报一封接一封送到朝廷。程元振却截下这些十万火急的战报，隐瞒住唐代宗，丝毫没有上呈的意思。十月，泾州刺史高晖投降吐蕃，并带着吐蕃军打过洺州，掠夺奉天（今陕西乾县）、武功等地，步步逼近长安。吐蕃军快打到长安城下时，唐代宗才如梦初醒，知道了实情。唐代宗在匆忙之中，任命雍王李适为关内元帅，郭子仪为副元帅，率军出咸阳抵御吐蕃大军。当时长安城内已无兵可用，郭子仪赶赴咸阳时随身只带了二十骑人马，可是吐蕃大军却有二十多万人，敌众我寡，当然无能为力。眼看吐蕃军马上就要攻入长安城，唐代宗只得带着一些人，匆忙逃出长安，前往陕州避难。直到郭子仪、李光弼等大将与吐蕃军巧妙周旋，迫使吐蕃军退出长安城，唐代宗才于广德元年（763年）的年底回到长安的宫中。

鱼朝恩是四川泸州人，早在唐玄宗时期的天宝末年，他就进入了内侍省，成为一名宦官。至德元载（756年），唐肃宗派他前去大将李光进的军中担任监军。所谓监军，其实就是帮着皇帝看好李光进，监视李光进的一举一动。唐军从安史叛军手中收复长安和洛阳后，唐肃宗又任命他为三宫检责使，并且以左监门卫将军知内侍省事。此后，鱼朝恩就逐渐飞黄腾达，成为一名有权有势，深得皇帝宠信的大宦官。

乾元元年（758年），唐肃宗派九名节度使各自带兵围攻安庆绪，为了牵制这九名节度使，唐肃宗破例没有设置元帅，而是任命鱼朝恩为观军容宣慰处置使，名义上是九名节度使的统帅，实质上是让他监视九名节度使。不久后，史思明从范阳率军前来救援安庆绪，叛军攻下魏州后按兵不动，等待时机与唐军决战。李光弼分析形势后，提出要攻打魏州，以此阻止史思明对安庆绪的援救。但是，李光弼的提议招来鱼朝恩的强烈反对，导致李光弼的战略计划最后落空。鱼朝恩既没有军事才能，又刚愎自用，无法协调各军的行动，九名节度使的人马各自作战，使得兵力分散，致使唐军最终失败。后来，唐肃宗为了加强洛阳的防守，让郭子仪留守洛阳，并任命郭子仪为东畿、山东、河东诸道元帅。郭子仪的功劳受到鱼朝恩的嫉妒，鱼朝恩就在唐肃宗面前进谗言，说郭子仪的坏话。结果，听信一面之词的唐肃宗下旨把郭子仪调回长安，解除了郭子仪的军事职务。

上元二年（761年）二月，鱼朝恩听信传言，劝说唐肃宗任用李光弼为将，率军攻取洛阳。富有军事才干的李光弼对形势作出正确的判断，不赞成主动迎战。但是，唐肃宗听了鱼朝恩的挑唆，再三催逼，李光弼不得已只好出战，结果唐军大败，河阳、怀州等地相继失守。在李光弼军中担任监军的鱼朝恩也狼狈逃回陕州。

宝应元年（762年），唐代宗任命雍王李适为天下兵马元帅，在陕州聚集诸道节度使和回纥兵十多万人，准备讨伐史思明。唐代宗想再次任用郭子仪为副元帅，结果又遭到鱼朝恩等人的阻止。

鱼朝恩恃宠而骄，一手遮天，截断朝臣向唐代宗进行上奏的言路，蒙蔽唐代宗的视听，并在宦官中扶植亲信。他还在北军中私设监狱，唆使一些恶少诬告城内的富人，然后将富人捕入监狱，通过严刑拷打对他们进行敲诈勒索，逼迫他们把个人财产交入军中。鱼朝恩的胡作非为让很多人深受其害，却无人敢管。

事实上，鱼朝恩的所作所为不仅让朝中大臣和受害的百姓难以容忍，就连唐代宗本人也觉得他做得过分了。大历五年（770年），宰相元载向唐代宗上了一道密奏，请求除掉鱼朝恩，得到唐代宗的默许。于是元载精心设了一个计谋。他先用重金贿赂鱼朝恩的亲信将领周皓和皇甫温，暗中和他们结交，随时掌握着鱼朝恩的动向。然后，元载把凤翔节度使李抱玉调任为山南西道节度使，任命皇甫温为凤翔节度使，表示对皇甫温的器重，从而更进一步笼络住皇甫温。之后，唐代宗又在元载的建议下，把凤翔镇的扶风、天兴这两个郡都划归到神策军的辖区之内。等一切都准备就绪之后，元载找了个借口召皇甫温回京师，并把他留在京师中，同时和大将周皓约定诛杀鱼朝恩。到了寒食节这一天，朝廷上上下下都在举办酒宴，元载独自坐守在中书省，准备随时应付紧急之事。酒宴结束时，鱼朝恩正准备回军营，唐代宗就让人传旨说要和他商议事情。鱼朝恩体态肥胖，出入宫时总是会乘坐一辆小车，唐代宗在宫内听到车轮声后，就正襟端坐等候他。鱼朝恩一来到唐代宗的面前，唐代宗立即指责他图谋不轨，令鱼朝恩措手不及，正要为自己辩解，隐藏在殿内的周皓和侍卫们一拥而上，当即擒获他并将他缢杀。

鱼朝恩死后，唐代宗再次下旨，明确申令宦官不得领兵，并将军中的一些宦官撤回宫中。可是，唐德宗时期的泾原兵变却改变了这一形势。

唐德宗即位后，成德、淄青、魏博、山南东道这四镇联合起来，举兵叛乱。唐德宗下定决心要平藩，就派遣使者和吐蕃、回纥讲和，希望能够在边境安定的条件下，集中精力对付国内的叛乱。等边境安定下来，唐德宗就从边境地区抽调了一万多人的兵马，同时集中朔方、关中、太原等地的军队，准备全力歼灭四镇叛军。可是，四镇的叛乱还没有平息下去，淮南节度使李希烈又举兵叛乱了。建中三年（782

年）八月，李希烈的三万多人马的大军围攻了襄城。九月，唐德宗下旨征发泾原等地的兵马前去解襄城之围。十月，泾原节度使姚令言带着五千兵马赶到长安。当时的天气非常寒冷，还下着大雨，饥渴交加、疲惫不堪的士兵们原本期望能够得到朝廷优厚的赏赐，可是到长安后，唐德宗什么表示也没有。士兵们感到很失望。当这支队伍到达浐水后，唐德宗才下旨让京兆尹王翔犒赏军队，然而，王翔只准备了粗饭素食，这引起了士兵们的极度不满。于是，士兵开始哗变，一些人高喊道："我们即将去拼命，可能很快就会死在敌人的手中，可是现在我们还吃不饱。我们又怎么能够勇敢杀敌呢？听说琼林、大盈这两个仓库中堆满金帛，我们不如去取来用吧！"于是，士兵们击鼓呐喊，攻进了京城。唐德宗得到消息后，急忙下旨赏赐每个士兵两匹布帛，士兵们更加愤怒。唐德宗又让使臣前去安抚士兵，但是乱军已经到了通化门北，使臣一出城门就被乱箭射死。唐德宗又下旨赏赐士兵们二十车金帛，但乱军已经攻

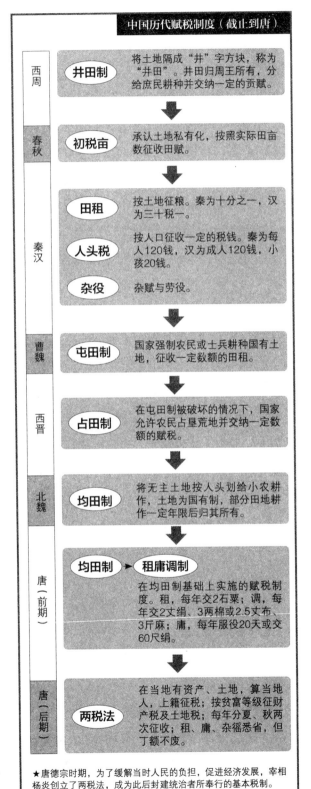

中国历代赋税制度（截止到唐）

西周	井田制	将土地隔成"井"字方块，称为"井田"。井田归周王所有，分给庶民耕种并交纳一定的贡赋。
春秋	初税亩	承认土地私有化，按照实际田亩数征收田赋。
秦汉	田租	按土地征粮。秦为十分之一，汉为三十税一。
	人头税	按人口征收一定的税钱。秦为每人120钱，汉为成人120钱，小孩20钱。
	杂役	杂赋与劳役。
曹魏	屯田制	国家强制农民或士兵耕种国有土地，征收一定数额的田租。
西晋	占田制	在屯田制被破坏的情况下，国家允许农民占垦荒地并交纳一定数额的赋税。
北魏	均田制	将无主土地按人头划给小农耕作，土地为国有制，部分田地耕作一定年限后归其所有。
唐（前期）	均田制 ▶ 租庸调制	在均田制基础上实施的赋税制度。租，每年交2石粟；调，每年交2丈绢、3两棉或2.5丈布、3斤麻；庸，每年服役20天或交60尺绢。
唐（后期）	两税法	在当地有资产、土地，算当地人，上籍征税；按贫富等级征财产税及土地税；每年分夏、秋两次征收；租、庸、杂徭悉省，但丁额不废。

★唐德宗时期，为了缓解当时人民的负担，促进经济发展，宰相杨炎创立了两税法，成为此后封建统治者所奉行的基本税制。

入城内，势不可当。唐德宗只好带着一些皇妃、太子和诸王仓皇出逃，此时曾经在东宫侍奉过唐德宗的宦官窦文场、霍仙鸣带着一百多名宦官，紧紧跟随唐德宗，保护着唐德宗一直逃到奉天。事后，唐德宗对窦文场、霍仙鸣深为感激，就破例让他们掌管宫中禁军，随后又任命窦文场为左神策军护军中尉，霍仙鸣为右神策军护军中尉，还把窦文场和霍仙鸣统领的神策军扩充到十五万人。自此之后，窦文场和霍仙鸣开始权倾天下，朝廷驻守在各个地方的军事将领大多数都来自这二人统领的军中。这一切也为后来宦官挟持兵权，掌管朝政，废立皇帝，重新埋下了祸根。

在安史之乱中，唐朝很快就失去了洛阳和长安，城内的禁军也在瞬间土崩瓦解。在回纥兵的帮助下，唐肃宗才回到长安，坐稳皇帝的宝座，随后又依靠各地节度使的力量，才最终平定了这场叛乱。由此可以看出，唐朝廷的存在离不开地方势力的支持。可是，有了安禄山的前车之鉴，后来的唐肃宗、唐代宗等人对地方军事势力总是心存疑虑。虽然他们离不开地方节度使，要依靠他们平定叛乱、安定社稷，可是又没法相信这些节度使。

刘禹锡诗歌

《秋词》

（其一）

自古逢秋悲寂寥，我言秋日胜春朝。

晴空一鹤排云上，便引诗情到碧霄。

（其二）

山明水净夜来霜，数树深红出浅黄。

试上高楼清入骨，岂如春色嗾人狂。

《堤上行》（三首之二）

江南江北望烟波，入夜行人相应歌。

桃叶传情竹枝怨，水流无限月明多。

《竹枝词》（二首之一）

杨柳青青江水平，闻郎江上唱歌声。

东边日出西边雨，道是无晴却有晴。

柳宗元诗歌

《溪居》

久为簪组累，幸此南夷谪。

闲依农圃邻，偶似山林客。

晓耕翻露草，夜榜响溪石。

来往不逢人，长歌楚天碧。

《江雪》

千山鸟飞绝，万径人踪灭。

孤舟蓑笠翁，独钓寒江雪。

《渔翁》

渔翁夜傍西岩宿，晓汲清湘燃楚竹。

烟销日出不见人，欸乃一声山水绿。

回看天际下中流，岩上无心云相逐。

刘禹锡和柳宗元皆为当时之才子，他们怀着满腔的热情与振兴大唐的政治抱负参与到唐顺宗的改革中，却不想改革很快失败，两人相继被贬。政治上的理想破灭之后，两人只能将满腹才情寄于各自的诗中。

平定安史之乱时，功劳最大的人是郭子仪。但是，唐肃宗和唐代宗都对郭子仪不放心。乾元元年（758年），唐肃宗调动九名节度使围攻安庆绪，郭子仪也在其中，但是唐肃宗宁可让对军事一窍不通的宦官鱼朝恩总揽全局，也不愿任命郭子仪为统帅。战事结束后，唐肃宗还听信鱼朝恩的诽谤和诬陷，免去郭子仪的军职。直到羌人在京西边防不断挑起事端，威胁到长安，唐肃宗为了借助郭子仪的名声平息战祸，才重新任命郭子仪为邠宁、鄜坊两道节度使。任命下达，却又不允许郭子仪离开长安，害怕郭子仪一离开长安就犹如放虎归山。宝应元年（762年），绛州的朔方军兵变，主帅李国贞被杀，唐肃宗只好任命郭子仪坐镇绛州。郭子仪一到绛州就解决了粮饷问题，整顿军纪，稳住军心，安定了动荡的人心。

在平定安史之乱的过程中，虽然担任天下兵马大元帅一职的人是皇子，但实际指挥作战的人却是副元帅。副元帅最初是郭子仪，后来是李光弼，再后来是仆固怀恩。仆固怀恩原是郭子仪麾下的大将，因为战功卓著，所以继李光弼之后担任天下兵马副元帅。安史之乱后，他受到唐代宗的猜疑，一直待在其驻地汾州（今山西汾阳）不敢进京，后来被迫叛唐，兵败病死。

总之，唐朝廷并不敢信任节度使，最后只好先通过笼络对他们进行控制，再通过削减藩镇夺走他们的军权。成德节度使李宝臣（原名张忠志）、幽州卢龙节度使李怀仙、魏博节度使田承嗣、昭义节度使薛嵩，原本都是安禄山和史思明的旧部。唐朝廷为平叛，对他们采取了笼络的手段，仍然封他们为节度使，从而导致这些藩镇拥兵自重。

另外，唐朝廷的中央统治集权受到削弱，既无力控制地方军事势力，也失去了边疆的防御能力。安史之乱后，为了平乱，朔方、陇右、河西等地的兵力大量内调，吐蕃乘机入侵，导致西北几十个州相继沦陷。广德元年（763年）九月，吐蕃再次大举进兵，一度逼得代宗逃出长安，后来经过郭子仪多方组织力量，重新组建军马，才收复了长安。

永泰元年（765年）九月，原天下兵马副元帅仆固怀恩叛唐，勾结回纥兵、吐蕃兵、吐谷浑兵、党项兵，集结了几十万人马，向长安进攻。唐代宗仍然无兵可发，只好召郭子仪驻守泾阳（今陕西泾阳），任命淮西节度使李忠臣镇守东渭桥，滑濮节度使李光庭（李光进）镇守云阳（今陕西泾阳北），镇西节度使马璘、河南节度使郝庭玉镇守渭河便桥，凤翔节度使李抱玉镇守凤翔，让宦官骆奉仙和大将李日越镇守盩厔（今陕西周至），同华节度使周智光镇守同州，鄜坊节度使杜冕镇守坊州（今陕西黄陵）。后来，郭子仪巧妙利用吐蕃兵和回纥兵之间的矛盾，对他们进行离间，扰乱他们的军心，削弱他们的战斗力，才使得这些危机得以缓和。这些事实都说明，唐朝廷已经越来越离不开藩镇和各地的节度使了。

另外，在经济上唐朝廷也离不开藩镇。唐德宗时期，长安城内的经济极为萧条，老百姓生活困难，粮食无以为继。尤其是兴元元年（784年），关中地区因为战乱，米价大幅上涨，为了平抑米价，政府不得不打开粮仓。到贞元二年（786年），关中所有的粮仓都空了，这时浙江东西道节度使韩滉雪中送炭，输运三万斛大米到陕州，解了唐德宗的燃眉之急。

当然，唐德宗为了巩固中央集权，加强自己的地位，也曾试图改变对藩镇的依赖局面，并采取过一些强硬措施，但是这都无济于事。在全国各地藩镇林立的形势下，唐朝廷已经没有力量进行自卫，更没有能力消灭藩镇，除了在军事上和经济上依赖藩镇，似乎别无出路。

第2节　从顺宗到宪宗
公元805年—公元820年

贞元二十一年（805年）正月，唐德宗去世，太子李诵即位，史称"唐顺宗"。李诵是唐德宗的长子，在做太子的26年时间里，他一直在以一名旁观者的角度，关注朝局发展，分析天下形势，对当时政治上的黑暗有着较为深刻的认识。不过，在唐顺宗即位时，他已经身患重疾了。用现代医学中的名词来说，唐顺宗患的是中风，他不能说话。即便如此，他仍然锐意改革，并拉开革新朝政的序幕。因为唐顺宗的年号是"永贞"，所以历史上称他的政治革新为"永贞革新"。

唐顺宗刚登基，就重用王伾、王叔文等文人进行革新。唐德宗时期，王伾和王叔文都是翰林学士、东宫侍读，他们经常和唐顺宗一起谈论时政，深得唐顺宗信任。在唐顺宗的授意下，王伾和王叔文开始参与朝政决策，同时，唐顺宗任命韦执谊为尚书左丞、同平章事，相当于宰相的职位。在王伾和王叔文周围，还聚集着刘禹锡、柳宗元、程异、凌准、韩泰、韩晔、陈谏、陆质、吕温、李景俭等一批有才有识之士。在这些人中，韦执谊是唐德宗时期的大臣，他是通过科举选士的方式，进入朝中做官，在唐德宗的介绍下，他与东宫侍读王伾、王叔文结为好友。刘禹锡是唐朝中晚期的著名诗人，人称"诗豪"；柳宗元是唐代著名散文家、"唐宋八大家"之一。当时的人都把刘禹锡和柳宗元合称为"刘柳"。程异精通吏治，凌准富有谋略，李景俭博闻强记、精通历史。在唐顺宗统治下，朝廷中很快就出现了一个以王伾、王叔文、韦执谊、刘禹锡、柳宗元为核心的革新党派。革新派颁布了五条主要政令：

一是罢宫市。宫市是朝廷宦官在长安城中的东、西两市掠夺百姓钱财的一种手段。在唐德宗晚年，宦官去市场上购买宫廷中需要的东西，经常都会拿宫中一些没有用的东西交换市场上的高价物品。例如，他们会用价值只有100钱的东西换取价值上千钱的物品。甚至有时候，他们看见农民用驴驮着柴在市场上卖，就会把驴和柴一起抢走，一分钱也不给农民。对老百姓来说，宫市已经成为一种灾难，在很大程度上影响了市场繁荣。所以，罢宫市有利于商业发展。

二是罢五坊小儿。所谓"五坊"是指皇宫中的雕坊、鹘坊、鹞坊、鹰坊、狗坊，"小儿"就是在这五坊中工作的人。因为五坊小儿经常以五坊所需为借口，向老百姓敲诈钱财。他们甚至还四处张网捕鸟，有时候公然把网张在老百姓的家门上，不准老百姓出入自己的家门，或者把网张在老百姓家院中的井上，不准百姓们取水，直到这些受害人拿出钱物求情才肯罢手。所以，罢五坊小儿实际上是为老百姓除了一害。

三是罢盐铁使月进钱。在唐朝后期，盐铁专卖成为朝廷的一项重要收入，由盐铁使专门负责经营。后来，朝廷又增加了所谓的盐铁月进钱，就是除必须交纳的赋税外，每月还要向皇帝进贡一些余钱，供皇帝私下使用。在此次革新中，这项收入也被取消，减轻了老百姓的负担。

四是削夺朝廷宦官的兵权。唐顺宗任命素有威望的老将范希朝为左右神策京西诸镇行营兵马节度使，任命度支郎中韩泰为左右神策军行军司马，打算取代神策军中的宦官。遗憾的是，宦官得知消息后，提前做好了准备，所以这项改革最终没能施行下去。

五是抑制藩镇的势力。当时，剑南西川节度使韦皋派人到长安，向朝廷明确要求兼领剑南东川、西川和山南西道这三个地方的节度使，还扬言说："如果给我这三个地方，我会以死相助朝廷。如果不给我这三个地方，那也应该给我一定的钱财作为赏赐。"结果遭到王叔文的坚决拒绝。

这些改革措施，都起到了积极的作用。但是，历史上的任何一场政治革新，都必然会触及一些人的利益，永贞革新也一样。革新派颁布的那些措施，触动了宦官、藩镇军阀、保守派大地主大官僚的切身利益，并遭到他们强烈的抵制和反对。永贞元年（805年）三月，革新派众人就被朝廷中一直强烈反对变革的侍御史窦群、御史中丞武元衡等人列为异己进行排挤、打击；同时，在改革中被触及了利益的宦官也在暗中处处为革新派设置障碍。当时，朝廷中除了韦执谊，另外还有高郢、贾耽、郑珣瑜这三位宰相，三人对形势洞若观火，谁也不愿惹祸上身。高郢得过且过，无所作为；贾耽和郑珣瑜都借口有病不再上朝。因为改革也触及了他们的利益，所以，他们也以各种方式拒绝和革新派合作。六月，剑南节度使韦皋、荆南节度使裴均、河东节度使严绶等人，先后向唐顺宗上奏，诋毁、攻击革新派。七月，革新派内部也出现分裂，韦执谊和王叔文发生意见分歧，韦执谊不愿再听命于王叔文。再加上顺宗病重，无力统领全局，致使这场政治变革越来越艰难，难以继续施行下去。

七月二十八日，在宦官的挟持下，唐顺宗下诏，任命彭滋事、杜黄裳为宰相，取代了高郢、郑珣瑜等人。八月，以俱文珍为首的一干宦官强迫唐顺宗逊位，迁居兴庆宫，太子李纯在宣政殿即位，史称"唐宪宗"。唐顺宗在位的时间实在太短暂了，前前后后总共也就200天左右。

唐宪宗是唐顺宗的长子，他从小就接受继承皇统的教育。据史书中的记载，在他六七岁时，有一次祖父唐德宗把他抱在膝盖上，问他："你是谁的儿子啊，为什么在我的怀中啊？"结果他响铮铮地回答说："我是第三天子。"听了他的回答，唐德宗非常惊异，从此更加喜欢他。贞元四年（788年），他被封为广陵王；永贞元年（805年）四月，他被册立为皇太子。

唐宪宗被宦官拥立即位后，下旨贬王伾为开州司马，贬王叔文为渝州司马。不久后，王伾就死在开州，王叔文也在第二年被赐死。革新派其他代表人物也都先后被贬谪：刘禹锡先被贬为连州刺史，后贬为郎州司马；柳宗元先贬为邵州刺史，后贬为永州司马；韩泰先贬为抚州刺史，后贬为虔州司马；韩晔先贬为池州刺史，后贬为饶州司马；韦执谊贬为崖州司马；程异贬为郴州司马；凌准贬为连州司马；陈谏贬为台州司马。这就是当时有名的"二王八司马"，他们的贬谪也宣告着永贞革新的正式失败。

虽然唐宪宗是在宦官的拥立下即位的，而且他一登基就中止了父亲发动的政治革新，贬谪了革新派的人，但这并不意味着他就是一个庸碌的皇帝。相反，他经常阅读历朝历代的政治实录，对唐太宗贞观年间和唐玄宗开元年间的事迹非常仰慕，并立志以他们为榜样，做一个圣君。

首先，唐宪宗重用人才。他重视发挥朝中群臣的作用，大胆任用和倚重宰相。他每次和宰相议事，都会到很晚才退朝。他先后任用了一批进士出身、年轻有为、忠诚有才、力主削藩、反对宦官干政的宰相。同时，他的周围还聚集着一批极言直谏、维护政治清明的大臣，像著名诗人、翰林学士、左拾遗白居易，东台御史、著名诗人元稹，著名散文家、"唐宋八大家"之一、吏部侍郎韩愈等。

和唐肃宗、唐代宗、唐德宗时期相比，在唐宪宗时期，虽然朝廷的财政收入有所改善，但是财政仍然比较拮据。藩镇割据、庞大的军队、庞大的官僚队伍，都需要大量的钱财，从而成为唐宪宗时期财政上的巨大包袱。后来，唐宪宗任用裴垍为宰相，采取了一系列措施，整顿江淮地区的财政收入。当时，江淮地区是全国最富庶的地区。通过整顿，一方面减轻了江淮百姓的赋税负担，另一方面增加了朝廷中央的财政收入。李绛担任宰相期间，在北方边防地区营田养兵，既加强了边关防守能力，也减轻了朝廷在财政上的开支。唐宪宗还任用了一批擅长理财的官员，如李巽、程异、李鄘等人，由于唐宪宗用人得当，对财政及时作出整顿，对各项措施进

唐宪宗曾任用过的宰相		
姓名	生卒年	主要事迹
李吉甫	758—814	反对宦官操纵朝政，极力主张夺取淮西地区。
杜黄裳	738—808	坚决主张讨伐西川节度使刘辟，用法律管理诸侯，铲平藩镇。
裴垍	？—810	力主贬唐宪宗最宠信的宦官吐突承璀，罢其军权，先后任用李绛、崔群、韦贯之、裴度、李夷简等一批能臣。
李绛	764—830	运筹分化河北藩镇，不战收服魏博，当朝臣柳公绰、白居易等人受陷害时，得到了他的帮助。
武元衡	758—815	坚决主张削夺割据一方的藩镇李锜，主张对淮西用兵，后被藩镇李师道派人刺杀。
裴度	765—839	坚决支持唐宪宗讨伐淮西，亲自挂帅督战平定淮西，在淮西决战阶段，废除监军制，将兵权归于将帅，获得胜利。
崔群	772—832	翰林学士出身，有才识，为官正直。

行有效的梳理，使得财政危机稍微得到了缓解。

唐宪宗在位期间，他最主要的功绩是削藩。元和元年（806年），唐宪宗刚即位，西川节度使刘辟就起兵叛乱。唐宪宗派遣左神策行营节度使高崇文、神策京西行营兵马使李元奕等人率军讨伐刘辟，最后将刘辟俘虏，送到长安斩首。

元和七年（812年）八月，魏博节度使田季安去世，按照惯例，他的儿子田怀谏被封为副大使、知军务。当时，田怀谏只有11岁，还不能够主军，军政事务都由田季安的家仆蒋士则等人来决定。于是，唐宪宗想让左龙武大将军薛平担任郑滑节度使，进而控制魏博。宰相李绛向唐宪宗上疏，建议利用藩镇自身的矛盾收服魏博，得到唐宪宗的认可。不久后，魏博发生兵变，牙内兵马使田兴率兵杀死蒋士则等人，把田怀谏迁到军外。唐宪宗任命田兴为魏博节度使，重赏了田兴和魏博其余将士，魏博得以重新归顺唐朝廷。魏博的归顺，在实力强大的藩镇如河北、山东、淮西等地，皆引起不小的震动。

元和九年（814年），彰义（淮西）节度使吴少阳去世，他的儿子吴元济隐匿不报，自己掌握了兵权，当朝廷派遣使者前去吊祭时，也被吴元济拒绝了。接着，吴元济又举兵叛乱，对唐朝东部地区构成威胁。元和十年（815年）正月，唐宪宗决定对淮西用兵。因为淮西节度使驻蔡州汝阳（今河南汝南），地处中原地区，有着相当重要的战略地位，而这个地方自从李希烈以来，一直保持着半独立状态，所以唐宪宗对淮西用兵的消息引起了很大的震动。淄青节度使李师道感受到威胁，就在表面上支持唐宪宗征讨吴元济，暗中又支持吴元济，试图靠这种方式巩固自己的地位。李师道先派人暗中潜入河阴漕院（今河南荥阳北），杀伤十多个人，烧掉三十多万匹绢帛、三万多斛谷物，还把江、淮地区集中在这里的租赋都烧毁了。接着，他又派人到京师暗杀力主对淮西用兵的宰相武元衡。不久后又派人潜入东都洛阳，打算在洛阳焚烧宫阙，杀掠市民，由于事情败露，才没有能够得逞。尽管受到多方阻挠，唐宪宗对淮西用兵的态度仍然很坚决。元和十二年（817年）七月，他下旨让自愿亲赴前线的裴度以宰相的身份兼任彰义节度使。裴度赶到淮西后，和随邓节度使李愬等人联合兵力，大举进攻吴元济。九月，李愬的大军趁着夜色攻破蔡州，大败淮西吴元济军。吴元济没有料想到唐军来得这么快，在毫无防备的情况下束手就擒，持续三年的淮西叛乱就这样结束了。吴元济被杀，李师道心怀恐惧，打算献地归顺唐朝，还让长子到长安做人质。但最终他还是走上了举兵叛唐这条路。

元和十三年（818年）七月，唐宪宗调动宣武、魏博、义成、武宁、横海各镇的人马前往讨伐。在大兵压境的情况下，李师道的内部矛盾也进一步激化，李师道很快就被都知兵马使刘悟杀死。从此以后，江州等地区重新归唐朝所有。

元和十四年（819年）七月，宣武节度使韩弘两次入朝，向唐宪宗贡纳了大量的绢帛、金银、马匹，并且要求留在京师。唐宪宗任命韩弘为司徒，兼中书令，并任用吏部尚书张弘靖为宣武节度使。魏博节度使田弘正因为讨伐李师道有功，唐宪宗让他兼任侍中，为了向唐宪宗表示忠心，他让自己的兄弟子侄都到朝廷中做官。

总之，在唐宪宗时期，通过一系列措施，政府的财政收入有所好转，社会经济得到复苏，老百姓的负担有所减轻，各地藩镇势力得以削减。并在制约藩镇的同时，陆续将藩镇占有多年的河南、山东、河北等地重新收归唐朝中央政府管辖，使得唐王朝重新统一起来。因为唐宪宗的年号是"元和"，所以历史上把这段时期称为"元和中兴"。

不过，此时的唐王朝，仍然存在着许多问题未能得到解决。在唐宪宗的晚年时期，他宠信宦官，维护着宦官在神策军中的兵权。同时，地主官僚对老百姓的剥削和压迫仍然很严重，大量贫苦农民背井离乡，流离失所，严重影响了社会生产的发展。另外，唐宪宗还喜好神仙之术，追求长生不老，并宣召在全国各地寻求神仙方士，让人为他冶炼能够让人长生不老的丹药。元和十五年（820年），唐宪宗在服食丹药后，性情脾气开始变化，日益喜怒无常，侍奉他的宦官只要稍不如他的意，就会被他赐死，宫中人人自危。没过多久，唐宪宗就因服食丹药过多在中和殿去世，享年43岁。

第3节　朋党之争

公元808年—公元835年

唐朝晚期的朋党之争，始于唐宪宗时期。所谓朋党之争，就是指封建统治阶级集团内部为争夺权力进行的派系斗争。当时的朋党之争主要是以牛僧孺、李宗闵为代表的牛党和以李德裕为代表的李党之间的对立斗争。

牛僧孺，生于建中元年（780年），逝于大中二年（848年），元和元年（806

唐年表4		
皇帝（朝）	时间	主要事件
唐德宗（9）	779	代宗卒，德宗即位，任命杨炎为宰相。
	780	开始实行杨炎制定的两税法，均田制彻底瓦解。
	781	郭子仪卒；宰相卢杞逼杀杨炎。
	782	河北诸镇结盟称王；淮西节度使李希烈反，自称天下都元帅、建兴王。
	783	诏颜真卿宣慰李希烈，被其扣留；泾原兵在长安哗变，德宗出奔奉天，泾原节度使朱泚遂据长安称帝。
	784	德宗下《罪己诏》；李希烈在汴州称楚帝；颜真卿被杀害；李晟收复长安。
	796	以宦官窦文场、霍仙鸣为护军中尉监北军。
	801	淮南节度使杜佑进献《通典》，凡九门二百卷。
唐顺宗（10）	805	德宗卒，皇太子李诵即位，是为唐顺宗；王叔文进行时政改革，但不久即告失败；宦官俱文珍掌权；顺宗退位，自称太上皇；太子李纯即位，是为唐宪宗。
唐宪宗（11）	806	西川节度使刘辟叛乱，命神策军讨之。
	808	宪宗下诏征直言极谏，并举行策试，应试者牛僧孺、李宗闵指陈朝政之失，得罪宰相李吉甫，遂种下日后"牛李党争"之因。
	817	李愬雪夜袭蔡州，平定吴元济叛乱。
	819	韩愈谏迎佛骨，被贬为潮州刺史。
唐穆宗（12）	820	宪宗被宦官所害，暴卒；皇太子李恒即位，是为唐穆宗。
	823	牛僧孺拜相，与李德裕嫌隙日深，"牛李党争"拉开序幕。
唐敬宗（13）	824	穆宗服方士金石之药而死，太子李湛即位，是为唐敬宗。
	826	宦官刘克明等杀敬宗；宦官王守澄杀刘克明等，拥立皇弟江王李涵即位，更名李昂，是为唐文宗。
唐文宗（14）	830	以李德裕为西川节度使。
	832	牛僧孺罢相。
	833	李德裕拜相，牛李党争日趋激烈。
	835	以仇士良为左神策中尉；李训拜相；鸩杀王守澄；甘露之变爆发；文宗被宦官仇士良所控制。
唐武宗（15）	840	文宗卒，仇士良拥立颍王李瀍即位，改名李炎，是为唐武宗；召李德裕入朝为相。
	842	武宗闻白居易名，欲以之为宰相，李德裕素恶白居易，另荐白敏中。
	846	武宗病卒，皇太叔李忱即位，是为唐宣宗；李德裕遭贬，李宗闵去世，"牛李党争"终告结束。
唐宣宗（16）	849	吐蕃三州、七关归降。
	858	岭南、湖南、江西、宣州相继爆发兵变，朝廷陆续发兵，后悉数讨平。
	859	宣宗病卒，宦官拥立郓王李温即位，改名李漼，是为唐懿宗；浙东裘甫起义。
唐懿宗（17）	863	南诏攻陷交趾。
	866	高骈破南诏、平安南。
	873	懿宗迎佛骨；懿宗卒，宦官拥立普王李俨即位，是为唐僖宗。

年）进士及第，历经德宗、顺宗、宪宗、穆宗、敬宗、文宗、武宗、宣宗等朝代，曾经在穆宗和文宗时代担任宰相，他是牛李党争中牛党的代表人物。李宗闵，出生年不详，逝于会昌六年（846年），他是唐高祖李渊第十三子郑王李元懿的后代，先后担任过洛阳尉、监察御史、礼部员外郎、中书舍人等职。李宗闵和牛僧孺的关系很好，在牛李党争中，是牛党坚定的支持者。李德裕，生于贞元三年（787年），逝于大中四年（850年），宪宗时期的宰相李吉甫的儿子，先后在宪宗和武宗时期担任宰相。

元和三年（808年），唐宪宗举行"贤良方正直言极谏科"的策试，主持这次策试的人是吏部员外郎韦贯之。在这里要略微解释一下，所谓"贤良方正直言极谏科"，是当时科举考试中的一个科目，主要就是考察考生的德行是否贤良，口才是否伶俐，有没有直言上谏的勇气等。在策问中，牛僧孺、李宗闵二人极力陈述朝政过失，指责当时施行的一些时政措施，言辞慷慨大胆，受到韦贯之的称赞。可是，二人写在策问试卷中的一些内容却得罪了当时的宰相李吉甫，对牛僧孺、李宗闵二人表示赞赏的韦贯之等人，都先后被李吉甫贬官。这大概就是牛李之争的开端。

元和九年（814年）十月李吉甫去世，他的儿子李德裕继续带着一干人和牛党进行斗争。这时，牛李党争已经愈演愈烈了。牛党和李党只要一有机会就互相攻击。长庆元年（821年），右补阙杨汝士和礼部侍郎钱徽主持贡举考试，西川节度使段文昌、翰林学士李绅分别给杨汝士和钱徽写信，要求他们照顾一下和自己有关系的人，但是遭到杨汝士和钱徽的拒绝。段文昌、李绅怀恨在心，对在这次贡举考试中被礼部录取的进士大肆进行攻击，说这些被录取的人都毫无真才实学。在这次被录取的人中，有一个人名叫苏巢，他是牛党代表李宗闵的女婿。于是，李党趁机攻击牛党营私舞弊，把主考官杨汝士和钱徽也划分到牛党阵营之中。李德裕当时任宰相，他是靠着父亲李吉甫的关系才飞黄腾达的，在他看来，科举考试未必能够录取到有真才实学的人，公卿子弟熟悉朝廷礼仪制度，更有利于从政。他还认为，通过科举进入仕途的人，主考官和门生之间的师生关系，有一系列烦琐的礼节，都是没有必要的，应该除掉。毫无疑问，他把矛头直接指向了牛僧孺、李宗闵这些通过科举考试进入官场的人。在李德裕等人的揭发下，唐穆宗派人复试中榜的十四人，竟然真的只有三人勉强及第，杨汝士、钱徽、李宗闵都因此被贬，两党之间的恩怨更深了。

大和五年（831年）九月，吐蕃维州（今四川汶川西北）副使悉怛谋带着部属跑到成都，向唐朝投降。此时，李德裕已由朝廷宰相调任西川节度使，宰相则由牛僧孺担任。李德裕接受了悉怛谋的投降，还派兵占据维州。然而，宰相牛僧孺出于一己私心，对此极力反对，并通过唐文宗下旨，迫使李德裕把维州交还给吐蕃，并把悉怛谋送回到吐蕃去。结果，悉怛谋和所有降唐的吐蕃人一回到吐蕃，都遭到残杀。

牛李党争前后长达四十多年，两派各有胜负。但不管哪一派取得政治斗争的胜利，都不能够改变唐朝日益衰落的事实，反而使得日益严重的社会危机进一步加剧。

除了牛李党争，唐朝廷内部还存在着南衙和北司的对立。南衙是指以宰相为首的朝廷机关，北司是指宦官集团。在唐玄宗以前，国家的军政大权掌握在宰相的手中。自从安史之乱以后，朝廷中宦官的势力日益膨胀，宦官不仅掌握了军政大权，而且操纵着皇帝的废立。当时，凡是稍有作为的皇帝，都想利用宰相集团来压制宦官集团；但是宦官集团也不甘示弱，总是会伺机反扑。就是在这样的政治形势下，逐渐形成了南衙和北司之间的对立局面。

唐文宗曾经一度想利用宰相李训、凤翔节度使郑注的力量对宦官进行打击。李训是唐肃宗时期的宰相李揆的族孙，长庆三年（823年）进士及第，宝历元年（825年）被流放象州，大和元年（827年）唐文宗即位后大赦天下，李训才回到东都洛阳，并得到郑注的引荐。郑注出身贫寒，曾经流落江湖，靠医术为生。元和十三年（818年），在一个偶然的机会中，郑注投靠了当时的襄阳节度使李愬。通过李愬，郑注又结识并投靠了宦官王守澄。大和八年（834年），唐文宗患了风疾，不能开口说话，郑注通医术，王守澄就把他举荐给唐文宗。在郑注的医治下，唐文宗的病情逐渐好转，郑注也因此获得唐文宗的信任。随后，唐文宗任命郑注为太仆卿兼御史大夫，后来又封他为昭义节度副使、工部尚书、翰林侍讲学士、凤翔节度使等职。

郑注先把李训推荐给王守澄，王守澄又将李训带进宫中举荐给唐文宗。唐文宗在含元殿召见李训问话，李训总能对答如流。唐文宗询问他对朝政和时局的看法，他也回答得井井有条，由此得到了唐文宗的赏识。大和八年（834年），唐文宗不顾宰相李德裕和其他大臣的反对，授李训国子监四门助教之职。不久后，李德裕调任山南西道节度使，离开了朝廷，李训随即被晋封为翰林侍讲学士。

唐文宗表面上对宦官和和气气，表现出莫大的恩宠，内心里却一直很痛恨宦官，对宦官的专权干政早已深怀不满。唐文宗为了能够一举除掉宦官，一直以来都在暗中物色合适的人选，李训的出现坚定了唐文宗要除掉宦官的决心。唐文宗知道，要除掉宦官这个心头之患，就必须有能够倚重的人，而李训正是这样的人。于是，在唐文宗的旨意下，李训的官职屡次升迁。大和九年（835年）七月，他被封为兵部郎中、知制诰，兼任侍讲学士；九月，他被提升为礼部侍郎、同平章事，此时的李训已官至宰相。

李训做了宰相后，立即着手帮助唐文宗整顿朝纲和吏治。这时，朝廷中的党争也已经到了白热化的时期。为了消除党争，整顿吏治，李训按照唐文宗的旨意，提拔了一批不属于任何党派的人士，并重用他们。处于党争旋涡中的牛党领袖李宗闵、李党领袖李德裕等人，则先后被贬出朝廷。李训采取的这一系列措施，在朝廷内部的文武百官中，引起了不安。李训察觉到大家的情绪，于是，为了稳定人心，李训劝说唐文宗下诏书，在诏书中说，凡是李德裕、李宗闵的亲旧和门生故吏，除在这之前被贬谪的人以外，对其余的人一概不再予以过问。得到这道旨意后，人心才渐渐稳定下来。

为了帮助唐文宗剪除宦官，李训最先使用离间计。他通过宦官之间的矛盾，对他们进行分化、瓦解，让宦官与宦官之间互相争斗、残杀。利用离间计，唐文宗和李训或诛杀、或贬谪，成功驱逐、清除了一些大宦官。最后，李训又设下计策，杀了他曾经一度勾结并倚靠的宦官头领王守澄。杀死王守澄后，李训踌躇满志，准备再接再厉，将剩余的宦官全部剪除。

大和九年（835年）十一月，唐文宗在紫宸殿上朝。等文武百官都在朝殿上站好以后，金吾大将军韩约走上前对唐文宗说："陛下，昨天晚上，金吾左仗院内的石榴树降下甘露，这是吉祥之兆啊，请陛下前去观看。"听了韩约的话，宰相李训等人也带着文武百官向唐文宗祝贺，并劝说唐文宗亲自前去观看。唐文宗先派中书省和门下省的官员去看，等两省的官员看完回来后，李训对唐文宗说："陛下，石榴树降下的甘露可能不是真正的甘露。"唐文宗又让宦官仇士良、鱼志弘带着所有宦官再去察看。等到宦官都走出去后，李训立刻调兵遣将，部署伏兵，准备把宦官全部诛杀。仇士良等人来到左仗院，发现韩约的神色很紧张，脸色有些异常，心里就不由得有了猜疑和提防。这时，正巧刮来一阵风，把院内的帷幕吹了起来，结果躲藏在帷幕后面的伏兵就暴露了出来。仇士良等人一看，立刻就明白是怎么回事了，宦官们慌忙转身外逃，门卫想关门拦住他们，但已经来不及了。仇士良等人跑回含元殿，李训急忙召集金吾兵护驾。仇士良见情势危急，想挟持唐文宗后抄近路进入内殿，李训却一直抓住唐文宗的乘辇不放。仇士良扑上前去和李训厮打起来，不慎跌倒在地上。李训正想刺杀跌倒在地上的仇士良，几名宦官就跑了过来，救起仇士良。双方处于激战之中，已经有好几十名宦官被金吾兵杀死了。李训一直紧紧抓着唐文宗的乘辇，把唐文宗的乘辇拖到了宣政门。这时，另外一个名叫郗志荣的宦官乘乱将李训打倒在地上，抢过乘辇。于是，仇士良等人簇拥着唐文宗迅速进入东上阁，然后关闭阁门。李训见事情不成功，就脱下官服，骑着一匹马逃走了。李训逃走时，仇士良调动了五百多名禁军开始进行报复，对中书省、门下省的官员大肆屠杀，两省官员和没有来得及逃走的金吾士兵总共六百多人被杀，导演了一幕尸横遍野、血流成河的惨烈场景。参与这次事件的朝中大臣舒元舆、王涯等人都被宦官杀害。李训逃出京城后，投奔了终南山僧人宗密，宗密本来想让李训剃发为僧，可是寺中的僧徒们都不同意，宗密只好作罢，李训被迫离开山寺，奔往凤翔。李训在奔往凤翔的途中被擒获，并被押送京师。行至昆明池时，因为不愿意被送到神策军中受酷刑凌辱，李训就说服了押送的人，砍下他的首级送往神策军。这就是唐朝历史上有名的"甘露之变"。这场变故以宦官的胜利宣告结束。从此以后，宦官在朝廷上更加专横跋扈，唐朝的政治更为腐败。

第4节　唐末农民起义
公元859年—公元884年

事实上，朋党之争、南衙和北司的对立、宦官专政等问题，都错综复杂地交织在一起。朝廷的各级官吏贪污成风，许多人的官职都是用钱买的，甚至还有人买通宦官出任节度使。拿钱买官做的人，等做了官后，又变本加厉地搜刮钱财，压榨百姓，更进一步加剧阶级矛盾。久而久之，这样的吏弊，就犹如长在人身上的一个毒瘤，毒瘤不除，积疾难医。同时，土地兼并的现象也越来越严重，富人家的田地一片连一片，看不见田地的边际；穷人却无一块立足之地。富有的人越来越富有，贫穷的人越来越贫穷。没有土地的农民，丧失了赖以为生的生活来源，又无一技之长，只好四处逃亡、乞讨，甚至抢劫。农业生产停滞，手工业和商业萧条，社会经济不景气，国家的财政收入锐减，朝廷为增加财政收入，又把那些逃亡农民应该缴纳的赋税，转嫁到没有逃亡的百姓头上。这样一来，被迫逃亡的人更多，到最后，唐朝中央政府的税收来源完全断了，百姓们也穷得难以生活。老百姓走投无路之时，剩下的一条路就只有造反，推翻已经腐朽不堪的封建王朝及其政权。

唐宣宗大中十三年（859年）十二月，裘甫率先起义，掀开了唐末农民起义的序幕。裘甫出身于一个贫苦的农民家庭，早年贩卖过私盐。唐朝末年，朝廷为增加收入，不仅赋税繁重，而且加重了盐、茶、酒等行业的税收，致使民不聊生。在无路可走的情况下，裘甫就干脆带着一百多人在象山（今浙江象山）起义，并攻下象山县城，接着向宁海、奉化等地进军。起义军一路之上攻城略地，令唐朝的地方官员闻风丧胆。明州（今浙江宁波）的地方官日夜提心吊胆睡不着觉，就命令守卫城门的将士昼夜紧闭城门，既不允许老百姓进城，也不允许百姓出城，生怕一时不慎让起义军夺走城池。咸通元年（860年）的正月，裘甫带着起义军在天台山桐柏观（今浙江天台境内）大败唐军，接着又乘胜攻破剡县（今浙江嵊州），打开剡县府库，开仓赈粮，招募士卒，起义军很快就发展到几千人。浙东观察使郑祗德集合了浙东地区所有的唐军，兵分数路包围起义军，准备一举歼灭。面对强大的敌军，裘甫采取诱敌深入、各个击破的战略，在剡县两边的山谷拦截溪水，等到敌军一进入埋伏圈就下令放水。唐军始料未及，被大水淹没，军心顿时变得慌乱。一直埋伏着的起义军见机冲了出来，杀得慌乱的唐军四处溃逃。

郑祗德被起义军打败后，唐懿宗任命前安南都护王式为新的浙东观察使，替代郑祗德。王式向朝廷请求增派军队，但是在朝廷中把持大权的一些宦官认为增派军队会增加开支，不愿给王式增兵。王式向唐懿宗上疏说："兵力多的话，我们就能迅速取胜，看似增加了费用，实际上是在减少队伍的开销。但是，如果我们的兵力不强，战胜不了起义军，就只能拖延时间，时间延长，军队的费用更会大幅增加。而且在这期间，起义军的势力也会不断发展壮大，江淮地区就有可能会全部落入起义军之手。朝廷的财政收入主要靠江淮地区，一旦起义军占据江淮，朝廷就会丧失这笔收入。"王式在奏折中分析得合情合理，唐懿宗权衡再三后，采纳了王式的意见，正式下旨宣召忠武、义成、淮南各地的军队赶往浙东地区。

当时，在唐朝廷中，王式是一个比较有影响力的人物，唐懿宗对他寄予了厚望，裴甫起义军对他也高度戒备。王式率军到达浙东地区后，一边开仓放粮，赈济穷人，借此笼络人心；一边整顿军纪，加强守备，并对地方政府和军队内部那些与起义军有来往、有交情、有关系的官员，都进行了清理。为了加强兵力，王式还在江淮地区招募吐蕃人、回纥人充当骑兵，并征调"土团"（地主武装）和官军配合，共同镇压裴甫起义军。

在起义军的内部，针对应该如何对付王式和他的官军，分成了两派，各持不同意见。起义军将领刘眭认为，起义军应该向西攻取浙西地区，然后向北攻取扬州，再占据石头城，随之向南夺取福建，把东南富庶之地全部据为己有，并以东南地区为根据地，与朝廷的官军相抗衡。另一名起义军将领王辂则认为，只有在天下大乱的时候，才适合像三国时期的孙权那样，在东南地区割据称雄。现在国家统一，要想割据一方，成功的可能性并不大，还不如据险自守。面对手下的分歧，裴甫犹豫再三，最后放弃了刘眭主动进攻的策略，选择了王辂被动消极等待的战略。

咸通二年（861年）五月，官军对裴甫起义军发起大规模的进攻。官军首先攻克了宁海，随后又占据海口，截断起义军从海上逃走的通路。六月，官军进攻剡县，这是起义军最后的据点。官

唐年表5		
皇帝（朝）	时间	主要事件
唐僖宗（18）	873	懿宗卒，宦官拥立普王李俨即位，是为唐僖宗。
	875	王仙芝起义。
	875	黄巢起义。
	878	王仙芝战死死黄梅；黄巢转战南方；沙陀人李国昌反。
	880	黄巢破潼关，入长安，即皇帝位，国号大齐，改元"金统"；僖宗出逃。
	882	宰相王铎率诸道兵逼长安；黄巢部将朱温（后赐名朱全忠）降唐；以李克用为雁门节度使。
	883	李克用击败黄巢，黄巢撤离关中；以李克用为河东节度使。
	884	黄巢逃至狼虎谷，自刎而亡。
	885	僖宗还京师；王重荣、李克用兵逼关中，宦官田令孜挟僖宗奔凤翔。
	886	邠宁节度使朱玫奉襄王李煴监国，自为宰相；李克用、王重荣等共讨之；朱玫、襄王李煴败死。
	887	淮南军乱，节度使高骈被杀，杨行密自立为留后；河中军乱，节度使王重荣被杀。
唐昭宗（19）	888	僖宗卒，宦官杨复恭拥立寿王李杰即位，改名李晔，是为唐昭宗。
	890	李克用叛乱，朱全忠、王镕等共讨李克用，失败。
	903	昭宗还京师，大诛宦官；朱全忠晋爵梁王。
	904	朱全忠逼迫昭宗迁都洛阳；朱全忠杀昭宗，立辉王李祚为太子，改名李柷，于灵柩前即位，是为唐哀帝。
唐哀帝（20）	907	朱全忠迫使哀帝禅让，自己更名朱晃，将汴州改为开封府，即皇帝位，国号大梁，改元"开平"，大唐帝国覆灭。

军先截断起义军的水源，起义军竭尽全力进行反攻。这场战事整整持续了三天，在这三天中，大大小小的战斗一共有83次，打得两败俱伤。虽然最终的结局是起义军失败了，但是官军的损失也相当惨重。剡县决战，裴甫等人没有能够成功突围出去，起义军将领刘盱、刘庆等人战死，裴甫被俘，然后被送到京师斩首，前后历时七个月的浙东农民起义就这样失败了。

虽然裴甫起义失败了，但是全国各地的农民起义运动开始陆续爆发，令统治阶级有应接不暇之感。咸通四年（863年），南诏对唐朝廷构成了威胁，边关告急。唐懿宗下旨从徐州、泗州等地紧急招募二千兵士前往邕州驻守。在这二千名兵士中，有八百人被安排驻守在桂州。本来，按照朝廷的规定，这些前去戍守边关的士兵只需要在边关驻守三年就能换防。可是由于朝廷兵力不足，他们在边关足足驻守了六年，仍然不能还乡。徐州和泗州的观察使崔彦曾也以经费困难为由，拒绝派人去替换他们。这些边防戍兵再也无法忍受，就联合起来，杀了都将王仲甫，推举粮料判官庞勋为首领，直接离开边关北归。

咸通九年（868年）七月，庞勋带着兵士们行走在回乡的路上。朝廷表面上赦免了他们，实际上却在准备派兵前去镇压。庞勋一行人来到潭州（今湖南长沙），潭州监军按照朝廷的授意，企图在这里设下陷阱，解除他们的武装。山南东道节度使崔铉也接到朝廷的命令，严阵以待，准备一举消灭他们。庞勋等人预感到了前面的危险，此时才发现形势的严峻。为了保存实力，他们没有和官兵硬碰硬地决战，而是选择从湖南沿江东下，经过浙西进入淮南。

一路之上，不断有人加入庞勋的队伍，他们大多数人都是贫苦的农民和被迫逃亡的士卒。庞勋的队伍越来越壮大。同时，庞勋开始组织人手制造兵器，加强军备，准备随时和官军作战。同年十月，庞勋的起义军攻陷宿州后，把得到的财物全部分给百姓，得到宿州老百姓的支持。在宿州，又有好几千人加入了庞勋的起义队伍。接着，庞勋带着起义军到达彭城（今江苏徐州），彭城内的老百姓都盼望庞勋迅速攻城，并推着草车去堵塞城门，然后放火焚烧城门，在里应外合之下，庞勋大军很快就攻破了城池，俘虏了观察使崔彦曾。在彭城中，又有一万多人加入了庞勋的队伍。庞勋继续招兵买马，百姓们都踊跃报名参加。但遗憾的是，此时的庞勋，并没有打算再接再厉、一鼓作气地消灭唐军，推翻唐朝的统治，反而还幻想能被朝廷招安，回到朝中做官。

到了十一月，唐懿宗颁下诏书，任命右金吾大将军康承训为义成节度使、徐州行营都招讨使，神武大将军王晏权为徐州北面行营招讨使，羽林将军戴可师为徐州南面行营招讨使，共同率军镇压庞勋起义军。同时，康承训还要求沙陀、吐谷浑、鞑靼、契苾等各部族的酋长率兵前来支援，也得到了唐懿宗的同意。

戴可师带着三万多人马在都梁城（今江苏盱眙东南）和庞勋的起义军打了一场大仗。面对来势汹汹的官军，起义军先放弃城池，接着趁官军进入空城立足未稳之时，在一个浓雾弥漫的天气中突然发起反攻，杀得官军措手不及、大败而逃，戴可师也被杀死。庞勋起义军的胜利使得朝野震惊，淮南地区的地主、官吏纷纷逃向江南。打赢这场大仗后，庞勋开始骄傲起来，他自以为天下无敌，开始产生轻敌情绪。那些和庞勋一起在桂州起义的老兵也自以为功劳大、资格老，开始不遵守军纪，肆意抢夺百姓财物，影响了和老百姓的关系。这时，淮南节度使令狐绹为了自保，向庞勋表示愿意奏请唐懿宗，为他们封官加爵。一心想等朝廷招安、

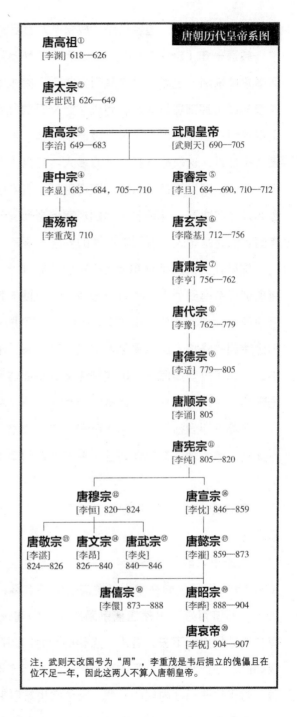

唐朝历代皇帝系图

唐高祖① [李渊] 618—626

唐太宗② [李世民] 626—649

唐高宗③ [李治] 649—683 ══ 武周皇帝 [武则天] 690—705

唐中宗④ [李显] 683—684，705—710

唐睿宗⑤ [李旦] 684—690，710—712

唐殇帝 [李重茂] 710

唐玄宗⑥ [李隆基] 712—756

唐肃宗⑦ [李亨] 756—762

唐代宗⑧ [李豫] 762—779

唐德宗⑨ [李适] 779—805

唐顺宗⑩ [李诵] 805

唐宪宗⑪ [李纯] 805—820

唐穆宗⑫ [李恒] 820—824

唐宣宗⑯ [李忱] 846—859

唐敬宗⑬ [李湛] 824—826

唐文宗⑭ [李昂] 826—840

唐武宗⑮ [李炎] 840—846

唐懿宗⑰ [李漼] 859—873

唐僖宗⑱ [李儇] 873—888

唐昭宗⑲ [李晔] 888—904

唐哀帝⑳ [李柷] 904—907

注：武则天改国号为"周"，李重茂是韦后拥立的傀儡且在位不足一年，因此这两人不算入唐朝皇帝。

到朝中做官的庞勋，抱着幻想，放松了对官兵的警惕。

咸通十年（869年）正月，康承训带着七万多人马驻守在徐州西南的柳子（今河南永城东南）之西，并在从新兴（今河南永城西南）到鹿塘（今河南永城南）的30里战线上都部署好人马，包围了起义军的驻地徐州，对徐州构成威胁。二月，起义军将领王弘立带着三万多人夜袭鹿塘寨，但由于王弘立轻敌，事前准备不足，结果损失惨重，这次战斗死了两万多人。三月，康承训的官军又在柳子和起义军激战了几十次，起义军都没有能够取得胜利。直到这时，庞勋才放弃对朝廷的幻想，与唐朝廷彻底决裂，并杀了被俘的观察使崔彦曾、监军张道谨、宣慰使仇大夫、僚佐焦潞、温庭皓等人，得到老百姓的支持。这时，起义军的人数又增加了三万多人。

庞勋让父亲庞举直和大将许佶留下驻守徐州，自己亲自率军向西袭击康承训。康承训提前得到消息，早有所准备，这一仗庞勋再次失利，战死了好几万人，被迫退回徐州。咸通十年（869年）八月，官军进攻宿州，驻守宿州的起义军将领张玄稔是唐朝的降将，这时看见官军又攻打过来，于是背叛起义军投降唐朝。庞勋处处被动，为了改变局面，他再次把庞举直和许佶留在徐州驻守，自己带着队伍向西袭击宋州（今河南商丘），接着向南袭击亳州（今安徽亳州），但都没有取得胜利。庞勋打算再回到徐州时，徐州已经被官军攻陷，庞举直、许佶等人已经战死。官军对庞勋穷追不舍，最后在蕲县（今安徽宿州南）一战中，庞勋也战死，起义军宣告失败。

尽管庞勋起义也被唐朝政府镇压下去了，但是，一场更大的风暴正在酝酿中，即将来临。

咸通十四年（873年），关东地区发生旱灾，庄稼颗粒无收。咸通十五年（874年）正月，翰林学士卢携向唐僖宗上奏，请求唐僖宗下旨停征欠税，发放救灾粮，赈济百姓。虽然唐僖宗采纳了他的建议，并且也颁下诏令，可是诏令却没有被有效地推行下去。看来，唐朝的社会问题已到了连皇帝也无法解决的地步。不仅如此，南衙和北司之间的重重矛盾，朝廷连年用兵，繁重的赋税，官吏的横征暴敛，对于这些朝廷内部的问题，唐僖宗也难以解决。

乾符二年（875年）五月，濮州（今山东鄄城东北）人王仙芝在濮阳（今河南濮阳西南）聚集了几千人起义。王仙芝自称"天补平均大将军兼海内诸豪都统"，他发布檄文，指责朝廷官吏贪污、赋税繁重、赏罚不公，号召全天下的老百姓都起来造反。六月，王仙芝的起义军接连攻陷濮州、曹州（今山东定陶西南）等地，起义队伍很快就壮大到好几万人。接着，冤句（今山东菏泽）人黄巢也聚集了几千人，响应王仙芝的起义。黄巢曾经贩卖过私盐，擅长骑射，曾经多次参加朝廷组织的科举考试都没有考中。他看到唐朝政治腐败，就放弃了进入仕途的打算，和本族中的兄弟八人以及外甥林言等人，一起参加了王仙芝的起义军队伍。

十一月，王仙芝的起义军接连攻下十多个州，人马迅速发展壮大，唐僖宗匆忙颁下诏书，集合淮南、忠武、宣武、义成、天平五地的官军，对起义军一边进行军事镇压，一边进行招抚。十二月，王仙芝起义军进攻沂州（今山东临沂），平卢节度使宋威主动要求带军讨伐，得到唐僖宗的同意。唐僖宗任命宋威为诸道行营招讨草贼使，还赏赐他三千名禁军和五百名甲骑，让他统领指挥河南地区的藩镇一同镇压起义军。

乾符三年（876年）七月，宋威带领官军和王仙芝起义军在沂州城下大战，起义军失利，王仙芝逃离沂州。宋威四处找不到王仙芝，就向唐僖宗上报说王仙芝已经死了，然后遣散各个地方的官军，自己也回到青州（今山东益都西北）。可是，就在朝廷庆贺胜利之时，王仙芝又突然出现，继续在各地召集起义军，四处袭击唐朝的地方政府。八月，王仙芝的起义军攻陷阳翟（今河南禹县）、郏城（今河南郏县），直接威胁东都洛阳。接着，王仙芝起义军进逼汝州（今河南临汝），距离洛阳越来越近。朝廷百官惊恐，唐僖宗急忙调忠武节度使崔安潜带兵前去镇压，又让昭义节度使曹翔带军保卫皇宫，让左散骑常侍曾元裕驻守洛阳，还命令山南东道节度使李福驻守汝州和邓州的交通要道，调任邠宁节度使李侃、凤翔节度使令狐绹分别驻守陕州、潼关。

九月，王仙芝攻陷汝州，俘虏了刺史王镣，洛阳城内震惊，文武百官纷纷出逃，凡是富有之家都举家逃出城去。唐僖宗感到形势越来越严峻，就下诏赦免王仙芝、尚君长等人，许诺给他们官爵，想把他们招降。但是，王仙芝对朝廷的招降不予理睬，并率军迅速攻陷了阳武，接着攻打郑州。十一月，起义军攻陷郢州、复州。十二月，起义军先后攻克申州、光州、寿州、庐州、舒州、蕲州等地。就在这时，起义军的内部，王仙芝和黄巢出现意见分歧，最终黄巢带着自己的人马离开王仙芝，两人开始各自行动。

乾符四年（877年）正月，王仙芝攻破鄂州。七月，王仙芝和黄巢联合起来进攻宋州，但是作战失利，最后只好撤围远去。八月，王仙芝先后攻下安州、随州，俘获随州刺史崔休徵，接着转战于复州、郢州等地。十一月，唐朝招讨副使、都监杨复光在邓州对王仙芝再次进行招降，王仙芝派尚君长前去接洽，结果尚君长在途中被朝廷重新起用的宋威劫持。十二月，宋威上奏唐僖宗，说自己在颍州作战时生俘尚君长，杨复光揭穿宋威的谎言，二人都想争功求赏，互不相让。唐僖宗派人调查，也难以查明真相，最后只好杀了尚君长，迫使王仙芝继续和唐军战斗。乾符五年（878年）二月，唐朝的招讨使曾元裕在黄梅和王仙芝起义军决战，王仙芝战败被杀，其余人在尚君长之子尚让的率领下参加了黄巢的起义军，并尊黄巢为冲天大将军，设置官署，建立起农民政权。

唐僖宗再次对黄巢进行招降，并任命黄巢为右卫将军，让黄巢到郓州就任。但是对唐僖宗的招降诏书，黄巢根本不予理睬。三月，黄巢率军从滑州进攻宋州、汴州，接着又进攻卫南，攻打叶翟、阳翟，直接威胁东都洛阳。唐僖宗急急忙忙从河阳调来一千多人马连夜赶赴洛阳，接着又征调荆州、襄州地区的驻兵，让驻守在荆州和襄州的大将曾元裕带领驻兵迅速赶到洛阳，还命令左神武大将军刘景仁为东都洛阳的应援防遏使，统率河阳、宣武、昭义三镇的兵力守卫洛阳，同时加强对洛阳外围各个重要据点的守备。

唐僖宗加强了洛阳的战略状态，为避免不必要的损失，黄巢没有强攻洛阳，而是制定了一个出乎唐朝统治者意料的策略：他直接带军南下，横渡长江，接二连三攻下虔州（今江西赣州）、吉州（今江西吉安）、饶州（今江西鄱阳）、信州（今江西上饶）等地。八月，黄巢起义军向宣州（今安徽宣州）进军，受到官兵阻挠，随后黄巢大军向浙东进军，开辟出一条七百里的山路，并通过这条山路进入福建地区。十二月，黄巢起义大军攻下福州，坐镇福州的观察使韦岫弃城逃走。乾符六年（879年）九月，黄巢起义军又攻克了广州，并且俘虏了广州节度使李迢。在广州的这段时间内，由于黄巢起义军中大多数都是北方人，初到南方，一时不能适应广州的气候，很多人都染上疾病死去了。看见军中的情况不利，黄巢就带着起义军队伍向桂州出发，并且沿着湘江而上，在潭州城全歼守城的官军。同时，黄巢手下大将尚让又乘胜带兵逼临江陵城下。

乾符六年（879年）十一月，黄巢的起义大军向襄阳城进军。这时，山南东道节度使刘巨容和江西招讨使曹全晸联合起来，派官军在荆门对起义军进行阻击。刘巨容带着官兵在黄巢大军必经之道两旁的树林中设下埋伏，曹全晸则率领一部分人马正面迎战，然后，曹全晸假装败退逃走，把后面追赶的起义军引诱到埋有伏兵的地方。等到起义军一进入埋伏圈，躲藏在树林中的官军就突然杀了出来，打得起义军措手不及，损失惨重。战后，黄巢重新整顿队伍，带着剩下的人员渡江东走。这时，有人劝刘巨容继续追赶黄巢，把起义军一举剿灭。但是，此时的刘巨容却有了私心，他担心在黄巢起义军被彻底剿灭之后，自己对朝廷就不再有作用，就难以再受到提拔和重用。相反，只要黄巢的起义军继续存在着，他就有用武之地，朝廷仍然需要倚重他，他就还能够继续向朝廷要求富贵荣华。就这样，黄巢的起义军才得以脱身而去。

黄巢大军渡过江后，又先后转战于鄂州、饶州、信州、池州、宣州、歙州、杭州等地方，各个地方都有贫苦的老百姓参加起义队伍，起义军的人数一度多达二十万。

广明元年（880年）五月，黄巢把军队驻扎在信州。淮南节度使高骈又对黄巢进行招降，表示愿意向朝廷上疏，为黄巢申请官职，并想让黄巢归附自己。原本这个时候，昭义、感化、义武等地的官军都已经到达淮南，但高骈不愿意自己的功劳被抢，就向朝廷上奏说自己很快就能够平定黄巢叛乱，请求皇帝下旨让其他各军都返回原地。唐僖宗相信了他的话，想也没想就同意了。黄巢得知这一情况，他等到各路前来支援淮南的官军都撤退后，就迅速调动人马，和高骈展开一场殊死决战，打得高骈落花流水，黄巢起义军的声威再一次大振。七月，黄巢大军北渡长江，进攻天长、六合。高骈见自己势单力薄，就不敢出战，只好一面加强防守，一面向朝廷上奏告急。十月，黄巢的起义大军攻陷申州，接着转战于颍州、宋州、徐州、兖州等地，起义军所到之处，官僚地主四处逃亡，官兵纷纷投降，老百姓热烈拥护。十一月，黄巢攻破汝州，自称"天补大将军"，把进攻的矛头直接对准唐僖宗，准备对唐朝的中央朝廷和地方政府之间的力量进行瓦解分化。

在黄巢大军逐渐逼近东都洛阳的形势下，唐僖宗急忙召集宰相商讨对策，但此时宰相们也无计可施。最后，唐僖宗只好让观军容使田令孜、左军马军将军张承范、右军步军将军王师会、左军兵马使赵珂等人，负责防守潼关。起义大军很快就攻陷了洛阳，向长安进军。

在张承范等人带领的神策军中，绝大多数人都是平时募集起来的长安城中的富豪子弟，他们不懂军事，不会打仗，他们是通过贿赂宦官才取得军籍，只是为了得到丰厚的赏赐。如今却要他们出征打仗，一个个都灰头土脸，惶惶如丧家之犬，只好回到家里和家人抱头痛哭。其中一些人不惜重金雇用穷人代替他们去打仗。像这样的军队又怎么可能有战斗力呢？十二月初，张承范带着二千人赶赴潼关，此时黄巢的起义军已经抵达潼关脚下，张承范立即和大将齐克让共同坚守潼关。但是，齐克让初次和黄巢起义军交战就宣告失败，率军退到关内。起义大军一鼓作气，乘胜破关，挥师直向长安。士气高昂的起义大军一路浩浩荡荡地向长安挺进，距离长安越来越近。眼看长安城就要被破，田令孜带着一干宦官和五百多名神策兵，保护着唐僖宗逃离了长安。

这时，金吾大将军张直方投降了起义军，并带着朝中的几十名文武大臣迎接黄巢军进城。起义军进入长安城，城内的百姓夹道欢迎。在黄巢的授意下，大将尚让向长安城内的百姓们宣布，起义军将秋毫无犯，凡是碰到贫穷的人，起义军都会赠送财物。而唐朝的官吏，尤其是唐朝宗室的大多数人，都被起义军杀了。例如宰相豆卢瑑、崔沆及左仆射于琮、右仆射刘邺、太子少师裴谂、御史中丞赵濛、刑部侍郎李溥、京兆尹李汤等藏匿民间，被义军搜出杀死，库部郎中郑綦拒不投降，举家自杀；张直方虽然表面上投降黄巢，但暗中仍然密切联络唐朝官吏，最终被黄巢杀死。就这样，黄巢在长安城内建立起大齐政权。

广明二年（881年）正月，唐僖宗一行人逃到成都。二月，唐僖宗任命凤翔节度使郑畋为宰相兼京城四面诸军行营都统，与起义军抗衡。当时，在关中各个地方还残留着几万唐军，郑畋派人四处联络，试图将这些零散的军队重新组织起来，和黄巢分庭抗礼。另外，郑畋还派人和朔方节度使唐弘夫、泾原节度使程宗楚等人相约，准备共同举兵讨伐黄巢起义军。黄巢派人对他进行招降，他杀了黄巢派去的使者，表示自己坚决不会投降。四月，唐朝的各路官军联合起来，逼近长安，黄巢主动放弃长安城，率领起义军转移到霸上。唐军进入长安城后，肆意抢掠，使得城内的秩序一片混乱。趁着官军纪律松散、人心不团结、士气低落之时，黄巢带着起义军乘机反攻进城，杀得官军溃不成军，程宗楚、唐弘夫等人都被起义军杀死。这次胜利再次助长了起义军的声威。不过，让人遗憾的是，黄巢起义军再次攻克长安之后，并没有继续巩固战绩，扩大战果，一鼓作气将周围的唐军彻底消灭，仍然只是占据着以长安为中心的部分地区。

中和二年（882年）四月，以中书令兼诸道行营都统王铎为首，各路唐军又一次联合起来，逼近长安。这时，黄巢新建的大齐政权正在面临危机：由于官军的反攻，起义军统辖的地区不断被官军收回，此时只剩下从长安到同州（今陕西大荔）、华州（今陕西华县）一带的地区。再加上起义军人数大增，农业生产受到战争的影响，长安城内的粮价大幅上涨，一斗米竟然卖到了三十缗钱。九月，黄巢的手下大将、驻守同州的防御使朱温向唐朝投降，对大齐政权犹如雪上加霜。十二月，沙陀首领李克用又率领四万多人马渡过黄河，来到关中同州。中和三年（883年）二月，李克用和其他唐军，与尚让率领的十五万起义军在乾阬、梁田陂一带激战，最后起义军失败并损失了好几万人。起义军东西两面受敌，李克用还不断派人潜入长安城，暗中离间人心。

中和三年（883年）四月，黄巢带着起义军与李克用的官军在长安进行了一番激战，失败后，黄巢带着人马撤出长安，并经过蓝田、商州等，向东而去。五月，黄巢手下大将孟楷率军攻打蔡州，迫使蔡州节度使秦宗权投降，紧接着又继续攻打陈州，不过，陈州刺史赵犨早有防备。他不仅加强了城防力量，还在城中存积粮草，招募大批勇士，大大提高了陈州的防御能力。所以，起义军初战失败，孟楷也在战斗中牺牲了。十二月，赵犨向周围驻守其他城池的官军求援，许州节度使周岌、武宁节度使时溥、宣武节度使朱温都派兵前去增援。但是，援军的力量仍然不敌起义军，赵犨又向河东节度使李克用求救。中和四年（884年）二月，李克用带着五万多名蕃兵和汉兵，从陕州、河中地区渡过黄河。李克用的军队和许州、汴州、徐州、兖州的各路官军会合后，于四月攻克了黄巢起义军在陈州以北的据点——太康，接着攻陷了黄巢起义军在陈州以西的据点——西华，起义军被迫撤退到故阳里，陈州之围被解了。五月，黄巢的起义军向大梁挺进，朱温向李克用求援，两人的联军打败了起义军，起义军大将尚让投降。起义军原本十多万人，经过无数场战斗、无数次失败，损兵折将，此时余下的起义军已经不足一千人。黄巢带着剩下的人马向兖州而去。六月，黄巢起义军到达狼虎谷（今山东莱芜西南）后，面对严峻的形势，黄巢感到势单力薄，难以东山再起，就自刎而死。黄巢死后，虽然他的侄子黄浩带着余部继续斗争，但没坚持多久，最后也失败了。

在这场轰轰烈烈的农民起义战争中，起义军采用流动作战的方式，避实就虚，足迹遍及今天的山东、河南、安徽、浙江、江西、福建、广东、广西、湖南、湖北、陕西等广大地区，彻底动摇了唐王朝的黑暗统治。但是，起义军长期流动作战，没有稳定的后方，始终在战争中求生存，缺乏经济保障和群众基础，所以难以持久。唐朝政权虽然摇摇欲坠，但是仍然能够得到各个地方势力的支持。这些原因都导致了起义军最终的失败。

虽然这场农民起义战争失败了，但是其历史功绩却不可磨灭。起义军沉重打击了唐朝的黑暗统治，在很多地方都惩罚了一些罪大恶极、民愤很大的地主官僚，助长了劳动人民反压迫反剥削的志气，灭了地主官吏的威风。虽然唐朝政权继续存在，但其实已经名存实亡，成为藩镇手中的傀儡。

第 5 节　大唐王朝的覆亡

公元885年—公元907年

经过黄巢起义军的打击后，唐朝几百年的基业已经摇摇欲坠，全国各地都处于藩镇割据的状态中，唐朝廷实际能够控制的地方只有河西、山南、剑南、岭南西道等地。

光启元年（885年）正月，唐僖宗从川中地区启程，三月重新回到长安。按道理说，经过几年的动荡生活、颠沛流离，朝廷应该安定下来了。可是这时，由于宦官田令孜企图夺走河中节度使王重荣手中的池盐，两人产生了矛盾。田令孜一向深得唐僖宗的宠信，他仗皇帝宠信，与邠宁节度使朱玫、凤翔节度使李昌符联合起来，向王重荣宣战。王重荣向驻守太原的李克用求救，两人联合打败了朱玫和李昌符，带军逼近长安。田令孜手下的神策军溃不成军，他只好又带着唐僖宗逃到凤翔（今陕西省宝鸡）。王重荣、李克用的大军进入长安城后，烧杀抢掠，无恶不作。这时，各个地方的节度使都对田令孜极为不满，纷纷对他进行排挤、打击。朱玫本来想劫持唐僖宗，因为唐僖宗及时逃脱，于是，他就把因病没有跑掉的襄王李煴挟持到长安做了傀儡皇帝，尊唐僖宗为太上皇。光启二年（886年），唐僖宗打着"正统"的旗号，争取了王重荣和李克用的支持，反攻朱玫，并密诏朱玫的手下大将王行瑜率军对付朱玫。同年十二月，王行瑜杀了朱玫及其同党，率领官兵进入长安城。傀儡皇帝李煴在一些官员的陪同下逃到河中，王重荣假装迎接，擒住李煴把他杀死。

这一番折腾之后，唐僖宗病倒了。光启四年（888年）二月，唐僖宗抱病回到长安，三月病逝。唐僖宗病逝后，他的儿子年幼，于是，在宦官的拥立下，寿王李晔登基为帝，史称唐昭宗。李晔原名李杰，他是唐懿宗的第七子，唐僖宗的同母兄弟。

唐昭宗年轻、聪明，具有一定的才能。他对当时唐朝的形势作过全面的分析和判断，立誓要复兴大唐王朝。然而，他也只是空有一番热血和抱负而已。在他登基之时，唐朝廷早已经名存实亡了，皇帝的手中根本没有任何实权，到最后，他也不得不受制于节度使朱温。

朱温，宋州砀山午沟里（今安徽砀山县）人。朱温幼年丧父，家中贫穷，靠母亲给人帮佣为生。朱温长大成人后，凶猛彪悍，横行乡里，乡里人都不怎么喜欢他。乾符四年（877年），他参加了黄巢的起义军，但是后来又叛变投降唐朝。中和三年（883年），他被封为宣武军节度使，并带着官军打败了黄巢。龙纪元年（889年），他被封为东平王，两年后又晋封为梁王。

天复元年（901年），唐昭宗被宦官韩全诲幽禁，宰相崔胤召朱温前去救驾。等朱温赶到后，韩全诲已经带着唐昭宗投靠了凤翔节度使李茂贞，朱温便带着人马攻打李茂贞。双方实力不相上下，难分胜负，所以一直都处于对峙状态，直到天复三年（903年），李茂贞杀死韩全诲，与朱温达成和解，并护送唐昭宗出凤翔城，朱温将唐昭宗迎回了长安。不久后，朱温杀死宫中所有的宦官，废除神策军，完完全全控制了皇室。天复四年（904年），朱温杀死宰相崔胤，并不顾大臣们的反对，迫使唐昭宗迁都洛阳，接下来又对各地的藩镇进行镇压。同年八月，朱温让人杀掉唐昭宗，立唐昭宗的第九子李柷为帝，史称"唐哀帝"。

天祐二年（905年），朱温见灭唐的时机已经成熟，就在亲信李振的煽动下，把朝中所有的大臣召集到滑州白马驿（今河南滑县境内）。在白马驿，朱温一夜之间杀了左仆射裴枢、右仆射崔远、吏部尚书陆扆、工部尚书王溥、兵部侍郎王赞等三十多人，并把尸体全部扔进河里，历史上称这场惨变为"白马驿之祸"。

天祐四年（907年），朱温逼迫唐哀帝禅位，将其降为济阴王，自己登基称帝，国号大梁，史称"后梁"，朱温就是后梁太祖。从此，立国总共290年的唐王朝正式宣告覆灭，中国从此进入魏晋南北朝以来的又一次大分裂时期——五代十国。

附录 名家论史

　　本部分精心收录了三篇历史名家的学术论文及隋·唐·五代十国大事年表。其中，《唐朝的初盛》政事谈论相对较少，着重军事，在唐朝的对外征伐中展现出盛世帝国的辉煌成就；《从魏晋到唐的政治制度和社会情形》为我们介绍了从魏晋时期至唐朝的政治制度、经济发展、社会民情、宗教学术等各方面的基本情况；《唐朝的分裂和灭亡》分析了安史之乱后，唐朝黑暗的政治局势与发生原因。

唐朝的初盛

文/吕思勉

第 1 节 唐太宗灭突厥

唐高祖的得天下，大半由于秦王世民之力，而即位之后，却立建成做太子，于是有"玄武门之变"。高祖传位于世民，是为太宗。玄武门之变，可用《通鉴纪事本末》参考。然而这件事情的真相，是不传的。

唐太宗是一个贤主，历史上称他勤于听政，勇于纳谏，能用贤相房玄龄、杜如晦，直臣魏徵。在位之时，天下太平，百姓安乐，至于"行千里者不赍粮"，"断死刑仅三十九人"这种话，虽然不免有些过情，而且未必合于事实，譬如断死刑之所以少的，一定是由于官吏希旨，粉饰太平，这是可以推想而得的。然而"贞观之治"，总要算历史上所罕见的了。唐朝的治法，是集魏晋南北朝的大成，这个且待后面再讲。而唐朝一朝，和域外诸民族，关系尤大。现在且述个大略。

唐朝的对外，最重要的还是和北族的关系。突厥启民可汗死后，子始毕可汗立，部众渐强。这时候，又值中国丧乱，边民避乱的，都逃奔突厥。于是突厥大盛，控弦之士数十万。割据北边的人，都称臣于突厥。唐高祖初起，也卑辞厚礼，想得他的助力。然而却没得到他多少助力。天下已定之后，待突厥还是很优厚的。然而突厥反格外骄恣。大抵游牧民族，总是"浅虑"而"贪得无厌"的。而且这种人所处的境遇，足以养成他"勇敢""残忍"的性质。所以一种"好战斗"的"冲动"，极其剧烈。并不是一味卑辞厚礼，就可以和他"辑睦邦交"的。而且一时代人的思想，总给这个时代限住，这也是无可如何的事。"前朝的遗孽，想倚赖北族，北族也把他居为奇货。"这种事情，"齐周""周隋"之间，已经行过两次了，已经行之而无效的了。然而隋唐之际，还是如此。突厥内部，有个义成公主，煽惑他犯边。而外面却也有个齐王暕，可以给他利用。始毕死后，弟处罗可汗立。处罗死后，弟颉利可汗立。从启民到颉利四代，都妻隋义成公主。这是北族的习惯如此。到颉利，就迎齐王暕，置之定襄。在如今山西朔州市平鲁区西北。没一年不入寇，甚至一年要入

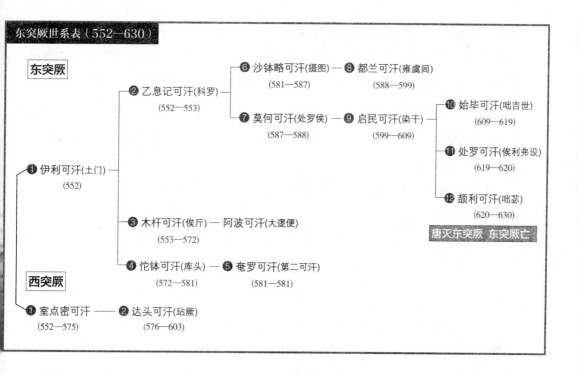

东突厥世系表（552—630）

寇好几次，北边几千里，没一处不被其患。高祖几乎要迁都避他。而唐朝对待他的法子，也还是抄用隋朝的老文章，这个真可谓极天下之奇观了。处罗可汗的儿子，主治东方，仍称为突利可汗。太宗和他，本来是认得的，于是设法离间他。而颉利这时候，又失掉铁勒的心。北方的铁勒，一时叛他。推薛延陀回纥为主。而国内又遇着天灾，于是国势大衰。前一二八三年（629年），颉利拥众漠南，想要入寇。太宗遣李靖等分道伐他。李靖袭破颉利于铁山，在阴山之北。颉利遁走。为唐行军总管张宝相所擒。于是突厥之众，一时奔溃。也有北降薛延陀的，也有西走西域的，而来降的还有十几万。太宗初时，想把他处之塞内，化做中国人。当时魏徵主张把他迁之塞外，温彦博主张把他置诸中国，化做齐民。辩论的话，具见《唐书·突厥传》。太宗是听温彦博的话的。著《唐书》的人，意思颇有点偏袒魏徵。然而温彦博的话，实在不错。唐朝到后来，突厥次第遣出塞外，而且不甚能管理它，仍不曾实行魏徵的政策。然而突厥接连反叛了好几次，到默啜，几乎恢复旧时的势力，边患又很紧急，这都是"放任政策"的弊病。——"唐朝驾驭突厥的政策，和他的效果"，这件事情，颇有关系，可惜原文太长，不能备录。读者诸君，可自取《唐书》一参考。后来见他不甚妥帖，才用突厥降人李思摩为可汗，叫他还居河北。这时候，薛延陀的**真珠可汗**，已徙居突厥故地，真珠可汗，名夷男。突厥还没灭亡的时候，太宗就册封他做可汗，以"树突厥之敌"。突厥灭后，就徙居突厥故地。**形势颇强**。李思摩不能抚驭，依旧逃归中国。前一二六八年（644年），真珠可汗卒，子拔灼立。薛延陀内乱，太宗趁势又把他灭掉。于是回纥徙居薛延陀故地。铁勒的强部，本来只有薛延陀和回纥，薛延陀既亡，回纥还没强盛。对于中国，奉事唯谨。于是北方的强敌，又算暂时除掉。

至于西突厥，则到高宗手里，才给中国征服的，见下节。

第2节　藏族的兴起

唐朝所谓西域，和汉朝的情形，又大不相同了。后汉和西域的交通：葱岭以西，从永初以后就绝掉；葱岭以东，直到桓帝延熹以后才绝。两晋时代，只有苻坚盛时，曾命吕光征服西域。也只及于葱岭以东。详见《晋书·吕光载纪》和西域诸国的传。后魏到太武时，才和西域交通，兼及于葱岭以西。当时西域分为四域："葱岭以东，流沙以西为一域"，这就是所谓"狭义的西域"。"葱岭以西，海曲以东为一域"，是如今的伊朗高原。"者舌以南（详见《元史译文证补》二十七上）月氏以北为一域"，是如今吉尔吉斯旷原之地。"两海之间，水泽以南为一域"，是如今土耳其之地。其详可参考《北史》。然而后魏和西域，没有多大的关系。隋炀帝时，曾招致西域诸国入贡，共四十余国。惜乎当时的记录，多已失传，所以"史不能记其详"。总之，中国和西域的关系，汉朝以后，是到唐朝才密切的。

要晓得魏晋以后西域的情形，就得晓得月氏和嚈哒。月氏从占据大夏故地之后，东西域算做大国，文明程度也颇高。中国的佛教，就是从月氏输入的。到西元五世纪后半，前一三六一年（551年）至前一三一二年（600年）。梁简文帝大宝二年，至隋文帝开皇二十年。才给嚈哒所破，支庶分王，便是《唐书》所谓昭武九姓。《北史》："康国者，康居之后也……其王本姓温，月氏人也。旧居祁连山北昭武城，因被匈奴所破，西逾葱岭，遂有其国。枝庶分王。故康国左右诸国，并以昭武为姓，示不忘本也。"《唐书》："康国，君姓温，本月氏人。始居祁连山北昭武城，为突厥所破，稍南依葱岭，即有其地。枝庶分王；曰安，曰曹，曰石，曰

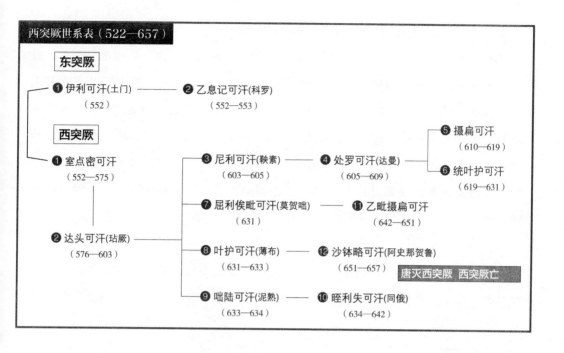

西突厥世系表（522—657）

东突厥

❶ 伊利可汗(土门) ——— ❷ 乙息记可汗(科罗)
（552）　　　　　　　　　（552—553）

西突厥

❶ 室点密可汗
（552—575）

❷ 达头可汗(玷厥)
（576—603）

❸ 尼利可汗(鞅素) ——— ❹ 处罗可汗(达曼)
（603—605）　　　　　　　（605—609）

❺ 摄扁可汗
（610—619）

❻ 统叶护可汗
（619—631）

❼ 屈利俟毗可汗(莫贺咄) ——— ⓫ 乙毗摄扁可汗
（631）　　　　　　　　　　　　（642—651）

❽ 叶护可汗(薄布) ——— ⓬ 沙钵略可汗(阿史那贺鲁)
（631—633）　　　　　　（651—657）

唐灭西突厥　西突厥亡

❾ 咄陆可汗(泥熟) ——— ❿ 晖利失可汗(同俄)
（633—634）　　　　　　（634—642）

米，曰何，曰火寻，曰戊地，曰史，世谓九姓。并姓昭武。"按：康居没有住过祁连山北，月氏西徙，也远在突厥勃兴以前。《北史》说康国是康居之后，明系误谬。《唐书》"为突厥所破"，突厥也明系匈奴之误。月氏为嚈哒所破，中国史不载其事，西洋史也不详。但月氏西徙以后，分其国为五部翕侯，后来贵霜翕侯并四部为一，明有统一的共主。照《北史》《唐书》所载，只有枝庶分王，明是统一政府给嚈哒灭掉以后的情形。康国，亦称萨末鞬，又作飒秣建，元魏称悉万斤，就是如今的撒马尔罕。安，又称布豁，亦作捕喝，就是如今的布哈拉。东安，亦称小安，又称喝汗，在安东北四百里。曹，又称西曹，亦称劫布咀那，在米国之北，西三百余里而至何国。东曹，亦称率都沙那，又作苏对沙那，苏都识匿，北至石，西至康，皆四百里。

中曹，在康之北，西曹之东。石，亦称柘支，又作柘析，又作赭时，就是如今的塔什干。米，又称弥末，又作弭末贺，北距康百里。何，亦称屈霜你迦，又作贵霜匿，在劫布咀那西三百余里。火寻，亦作货利习弥，又作过利，就是后来的花剌子模。戊地，《西域记》作伐地，在布豁西四百余里。史，亦称佉沙，又称羯霜。南有铁门山，就是《明史》所谓渴石，如今的加尔支。以上昭武九姓诸国释地，据《唐书·西域记》，参照《元史译文证补》和近人丁氏谦的《大唐西域记考证》。

《北史》又有乌那遏，都乌浒水西（如今的阿姆河）。东北去安四百里，西北去穆二百里。又有钹汗国，《唐书》作宁远，都葱岭之西五百余里。东距疏勒千里，西去苏对沙那，西北去石国，各五百里，国王也都姓昭武。又《北史》另有大月氏国，都剩蓝氏城，小月氏，都富楼沙城。总而言之，月氏虽为嚈哒所破，以至土崩瓦解，然而枝庶分王，依旧到处都是，实在还不止《唐书》所载昭武九姓。诸国的全亡，当在大食东侵以后，史书阙略，无可详考了。然则嚈哒又是什么呢？

"西藏古时候唤做什么？" "就是唐朝的吐蕃。"这种问答，是很容易得到的，是人人以为不错的，然而实在太粗略了些。按《唐书》：

吐蕃，本西羌族……居析支水西。祖曰鹘提勃悉野，健武多智，稍并诸羌，据其地。蕃、发声近，故其子孙曰吐蕃，而姓勃窣野氏。或曰：南凉秃发利鹿孤之后，二子：曰樊尼，曰傉檀，傉檀嗣，为乞伏炽盘所灭。樊尼挈残部臣沮渠蒙逊，以为临松太守。蒙逊灭，樊尼率兵西济河，逾积石，遂抚有群羌云。

这两说，都说吐蕃就是羌。如今的藏族，和历史上的羌人有一个大异点。便是藏族是"一妻多夫"，羌人是"一夫多妻"。然则为什么历史上"一妻多夫"的种族，不把他算做藏族的祖宗，反要拉一个"一夫多妻"的羌人呢？

如今的青藏高原，在地文地理上，可以分做四个区域。

(1)后藏湖水区域。其地高而且平。

(2)前藏川边倾斜地。雅鲁藏布江以东，巴颜喀拉山脉以南，大庆河以西，诸大川上游的纵谷。兼包四川、云南的一部。

(3)黄河上游及青海流域。

(4)雅鲁藏布江流域。喜马拉雅、冈底斯两山脉之间。

（2）（3）都是羌族栖息之地。（4）是吐蕃发祥之地。（1）就是藏族的居地了。藏族见于历史上的，凡三国，都有"一妻多夫"的风习的：一是嚈哒，一是女国，《唐书》作东女（对于西女而言之。"西女，西北距拂菻西南际海岛……拂菻君长，岁遣男子配焉。俗产男不举。"亦见《唐书》），又称苏伐剌拏瞿呾罗（《西域记》同）。《西域记》又云：其地在大雪山中，北距于阗，东接吐蕃，正是如今后藏之地。女国的结果，《唐书》本传不详，《南诏列传》南诏给韦皋的信，有"西山女王，见夺其位"两句，可见女国系为吐蕃所灭了。一是《唐书·南蛮传》中的名蔑。原文云"其人短小，兄弟共取一妻。妇总发为角，以辨夫之多少"。而嚈哒最大。

嚈哒的事迹，中史阙略，西史也不详，但约略晓得西元五世纪中，是嚈哒的全盛时代。他的疆域，西至波斯，东至天山南路。都城在吐火罗，就是如今巴尔赫。《北史》把吐火罗嚈哒，分做两国，是误谬的。据丁氏《大唐西域记考证》、《南史》"滑国，车师别种"，《北史》"大月氏之种类，亦曰高车之别种"，都是误谬的。嚈哒盛强的时候，曾征服西北两印度。前一三九〇年（522年）顷，北印度乌苌国，有超日王出，把嚈哒逐之境外；而突厥亦兴于北方，攻击嚈哒；嚈哒腹背受敌，前一三五〇年（562年）顷，国遂分崩，突厥代领其地。

以上是葱岭以西的情形；葱岭以东，从后汉以后，诸小国就开了一个互相吞并的局面，其兴亡不甚可考。到唐时，高昌、焉耆、龟兹、于阗、疏勒，五国较大。高昌，就是汉朝车师之地，其王是中国人。详见《晋书》和《北史》，兹不备举。也役属于西突厥。唐太宗时候，对于高昌、焉耆、龟兹三国，都用过兵。初设安西都护府于高昌，后来徙治焉耆。这时候，葱岭以东，要算绥服，到前一二五九年（653年），高宗灭掉西突厥，把西突厥的属地，都分置羁縻府州。西至波斯，唐朝对于西域的威声，这时候要算极远了。

第3节　印度雅利安人入藏

如今要说到吐蕃了。讲吐蕃人的历史，自然要以吐蕃人自述的话为据。《蒙古源流考》一书，是蒙古人既信喇嘛教之后，把旧有的《脱卜赤颜》，硬添上一段，算是蒙古人系出吐蕃王室的。拿来讲蒙古的历史，极不可靠；却是其中述吐蕃王室的来历，都是吐蕃人自己说的话。据原书：原书文理极劣，且全录太繁，所以加以删润。

巴特沙拉国乌迪雅纳汗生一子；善占之"必喇满"占之，曰：此子克父，必杀之。而锋刃利器，皆不能伤，乃贮以铜匣，弃之恒河中。外沙里城附近种地之老人，见而收养之。及长，告以前事；此子遂向东方雪山而去。至雅尔隆赞，唐所有之四户塔前，众共尊为汗；时岁次戊申，戊子后一千八百二十一年也。是为尼雅特赞博汗。胜四方部落，为八十八万土伯特国王。传七世，至智固木赞博汗。按"赞博"，都是"赞普"的异译。为奸臣隆纳木所弑。其长子置特，逃往宁博地方。次子博啰咱，逃往包地方。三子布尔特齐诺，逃往恭布地方，一本作恭博。按这个人，就是后文硬把他算做蒙古的始祖的。隆纳木据汗位一载，旧日数大臣诛之；迎立博啰咱，是为六贤汗之首。六贤汗后，又传衍庆七汗，妙音七汗，而至名哩勒丹苏隆赞。名哩勒丹苏隆赞，以丁丑年生，实戊子后二千七百五十年。二十三岁，己丑，即汗位。

名哩勒丹苏隆赞，就是《唐书》的松赞干布。即位之年，岁在己丑，是唐太宗贞观三年。前一二八三年（629年）。生年丁丑，应当是隋炀帝的大业十三年。前一二九五年（617年）。这一年是戊子后二七五〇年，则尼雅特赞博汗始王土伯特的戊申，是周赧王的二年了。前二二二四年（前313年）。《蒙古源流考》的世次年代，固然全不可据。然而这所谓土伯特，如今西藏人自称，还是如此。异译作唐古特、图伯特。"土伯"二字，就是吐蕃的对音。"蕃"读如"播"。"特者，统类之词"，见上节引拉施特《蒙古全史》。所谓恒河、雪山喜马拉雅山，都在印度地方。和如今研究"西藏学"的人，说"西藏地方的贵种，是印度雅利安人，由喜马拉雅山峡路，迁入西藏"的话也相合。然则所谓土伯特，就是我上节所说"藏族"的名称。至于吐蕃的王室，自出于巴特沙拉国，并不是土伯特。

然则藏族的"藏"字，又是从何而来的呢？我说这就是"羌"字。"羌""藏"，古都读作"康"。到"羌"字的读音改变，就写作"藏"字；"藏"字的读音又变，就又写作"康"字了。土伯特本只占领后藏高原的地方；从印度迁入的雅利安人，和吐蕃王室同族。更只占领雅鲁藏布江流域。自此以外，前节所举的（2）（3）两个区域，都是羌人分布的地方。汉时的所谓羌人，据地本在青海和黄河上游流域。这一带地方，到晋朝时候，为鲜卑、吐谷浑所据，吐谷浑是慕容廆的庶兄。和廆不睦，西徙附阴山。后来逐渐迁徙，而入于如今的青海地方。他的子孙，学中国"以王父字为氏"的例，就把"吐谷浑"三字，做了国名。详见《晋书》《南史》《北史》。羌人都被他征服。其独立的部落，还有宕昌，《北史》：

"在吐谷浑东，益州西北。"邓至，在平武（如今四川的平武县）以西，汶岭（岷山）以北。党项，东接临洮（如今甘肃的岷县）、西平（如今甘肃的西宁市），西拒叶护——指突厥的辖境而言。都是在岷山以北的。其岷山以南，诸大川的上游，则有嘉良夷、附国、薄缘夷等。《北史》："嘉良有水，阔六七十丈；附国有水，阔百余丈；并南流，用皮为舟而济。"应当是如今的鸦龙江和金沙江。"附国西有薄缘夷。其西为女国。女国东北，连山绵亘数千里，接于党项，往往有羌。"女国在如今的后藏，女国东北的山，应当是长江、怒江之间的山了。此外，《北史》和《唐书》，所载琐碎的名字还很多，今不具举。都在"深山穷谷，无大君长"。所以吐蕃强盛以后，就都为所役属。

从印度侵入的雅利安人，因为做了土伯特王，就改称土伯特（吐蕃），而他种族的本名遂隐。吐蕃王室强时，羌人都被他征服，和中国交涉，都是用"吐蕃"出名，"羌"字的名词，就暂时冷落。但是羌人毕竟是一个大种族，他所占据的地方也很大，这"羌"字的名词，毕竟不会消灭的。到后世同中国交涉，就又用"羌"字出名。

但是这时候，"羌"字的读音，已经改变了；就照当时的口音，把它译作"藏"字。到后来，"藏"字的读音，又改变了，于是"藏"字又变作地理上的名词，而向来"译作羌字藏字的一个声音"，又照当时的口音，译作"康"字。于是把西藏一个区域，分作康、藏、卫三区，而"康"字、"藏"字，遂同时并行，变作地理上的名词。如果推原其始，则有"一妻多夫的风习"的这一个民族，应当正称为土伯特（吐蕃），不得借用"藏"字。从印度侵入的这一支人，更应当加以区别，或称作"吐蕃王室"，或称作"雅利安族"；现在一概称为藏族，不过是随俗的称呼，学术上精密研究起来，这种笼统的名词，是不能用的。"现在的所谓藏族"，依我剖解起来是如此，不知道对也不对，还望大家教正。

羌族和土伯特所处的地方，都是很瘠薄的，所以文明程度不高。吐蕃王室，从印度侵入，它的文明程度，自然要高些，所以就强盛起来了。吐蕃的信史，就起于名哩勒丹苏隆赞，以前的世次，都是不足信的。唐太宗时，吐蕃因求"尚主"不得，曾经一攻松州，如今四川的松潘县。太宗派侯君集把他打败。但是旋亦许和，把宗女文成公主嫁他。这位文成公主，和吐蕃的开化，大有关系。如今西藏人还奉祀她。文成公主好佛，带了许多僧侣去；松赞干布又打破泥婆罗，如今的廓尔喀。

娶了他一个公主，这位公主，也是好佛的；吐蕃从此，才信奉佛教，而且派人到中原、印度留学，定法律，造文字；也都见《蒙古源流考》。松赞干布，可认为一个热心文化的人。后来吐蕃和中国构兵，都是松赞干布死后，专兵权的大臣所为。松赞干布对中国，始终很为恭顺。看《唐书》本传自知。

因为和吐蕃交通，而中国的国威，就宣扬于印度，这也是一件偶然的事情。这时候玄奘，游历到印度，对乌苌国的尸罗逸多王，陈述"太宗神武，中国富强"。尸罗逸多便遣使交通中国。前一二六四年（648年），尸罗逸多死了，其臣阿罗那顺自立。中国使者王玄策适至，阿罗那顺发兵拒击。王玄策逃到吐蕃边境，调吐蕃和泥婆罗的兵攻他，生擒阿罗那顺，下五百余城。中国和印度，发生兵争的关系，在历史上就只这一次。

第4节　唐朝和朝鲜、日本的关系

从隋炀帝东征失败以后，高句丽就格外骄傲；联合百济，屡侵新罗，新罗无法，只得求救于中国。唐太宗初时，也无意于为他出兵；到前一二七〇年（642年），高句丽大臣泉盖苏文弑其主高建武。建号荣留王，是婴阳王的兄弟。立其侄宝藏王高藏。太宗以为有隙可乘，想趁此恢复辽东，就出兵以伐高句丽。《唐书》载太宗谓臣下："今天下大定，惟辽东未宾……朕故自取之，不遗后世忧也。"可见得这一次用兵的动机，全不是为新罗。

太宗的用兵，自然和隋炀帝不同；然而这时候，中国用兵于高句丽，有种种不利之点；所以以太宗的神武，也犯了个"屯兵于坚城之下"的毛病，不能得志。太宗以前一二六七年（645年）二月出兵。四月，渡辽河，克辽东；进攻安市；在如今盖县境。破高句丽援兵十五万于城下。然而安市城小而坚，攻之遂不能克。九月，以辽左早寒，遂班师。这一次，虽然没打败仗；然而兵威的挫折和实际的损失，是不待言而可知的。太宗深以为悔。

御驾亲征，手下的人把这件事看得太隆重了，用兵就不觉过于持重，不能应机，也是失败的一个原因。所以反不如偏师远斗的厉害。前一二五二年（660年），高宗因高句丽、百济攻新罗益急，遣苏定方自成山在如今山东的文登市。渡海攻百济，破其都城。百济王义慈降，百济人立其弟丰，求救于高句丽、日本。前一二四九年（663年），刘仁轨大破日本兵于白江口。如今的锦江。丰奔高句丽。百济亡。前一二四六年（666年），泉盖苏文死。三子争权，国内乱。明年，高宗遣李勣伐高句丽。前一二四四年（668年），也把他灭掉。于是朝鲜半岛，只剩了新罗一国。唐朝在平壤设了个安东都护府，以统治高句丽、百济的地方。这时候，中国对东方的声威大振，日本和中国的交通，在此时也称极盛。

第5节　从魏晋到唐中国和南洋的关系

以上所说的，是东西北三方面的情形。还有从魏晋到唐，中国和南方诸国的交涉，也得大略说一说。中国的海岸线，是很长的。闽、浙、广东，当时且兼有越南的一部分。等省，曲折尤富。南方的国民，在海上所做的事业也不少。可惜中国历代，都注意于陆而不注意于海；就是盛强的时候，国力也只向西北一方面发展。这许多冒险的国民，做了国家的前驱；不但没有国力做他的后盾，使他的事业发扬光大；连他们的姓名事迹，也都在若有若无之间了。现在且根据着历史所载，把当时南方诸国的情形，大略说一说。

按当后汉时，中国交州的境域，大约包括如今越南的北部。从广和城以北。分为交趾、九真、日南三郡。三国时，分为交趾、新兴、武平、九真、九德、日南

玄武门四次宫廷政变					
时间	发动者	玄武门守将	对象	经过	结果
武德九年（626）六月	李世民	何常	李建成李元吉	李世民买通玄武门守将何常，派亲信尉迟敬德于玄武门内设伏，自己亲自带队诛杀了太子李建成及齐王李元吉。	两月后，李渊退位，李世民登基。
神龙元年（705）正月	张柬之	李多祚	张易之张昌宗	武后病重，宰相张柬之联合左羽林军将领李多祚由玄武门攻入皇宫，将张易之、张昌宗斩于廊下。	武则天退位，太子李显重登皇位。
神龙三年（707）七月	李重俊李多祚	刘仁景	韦皇后安乐公主	韦后专权，太子重俊率兵攻打皇宫，杀了武三思及武崇训后，却被中宗、韦后及安乐公主拦于玄武门之外。	李重俊与李多祚皆被杀，政变失败。
景龙四年（710）六月	李隆基太平公主	韦播韦璿高嵩	韦皇后安乐公主	李隆基集结了羽林万骑诸营长葛福顺、陈玄礼等人，杀死了韦后安插在玄武门的亲信韦播、高嵩等人，攻入了皇宫。	韦后和安乐公主皆死于乱军中，睿宗李旦重掌皇位。

六郡。晋初因之。晋初，日南的南境，据地自立，这个便是林邑；其都城，就是如今的广和城。唐至德以后，谓之占城国。林邑的南边，就有扶南，在澜沧江下流临暹罗湾。真腊，如今的柬埔寨。赤土，如今的地那悉林。这都是后印度半岛较大的国。其顿逊、毗骞、诸薄、马五洲、自然大洲，却是因扶南而传闻的。《南史》：扶南，"其南界三千余里，有顿逊国。在海崎上，地方千里。城去海十里。有五王，并羁属扶南"。"顿逊之外，大海洲中，又有毗骞国。去扶南八千里。""又传扶南东界，即大涨海海中有大洲，洲上有诸薄国。国东有马五洲。复东行涨海千余里，至自然大洲。" 顿逊，当在马来半岛的南端。毗骞，似在苏门答腊。诸薄国，马五洲，或者是婆罗洲。自然大洲，或者是巴布亚。史称扶南王范蔓，"做大船，穷涨海，开国十余，辟地五六千里"。想是因此而传闻的……范蔓是中国人。

此外当南北朝时候，通贡于南朝有：

诃罗陁。

诃罗单。《宋书》说他都阇婆洲，怕就是阇婆达。

婆皇。

婆达。

阇婆达。《唐书》："诃陵，亦曰社婆，曰阇婆。"《地理志》：海峡（如今的马六甲海峡）之南岸为佛逝国，佛逝国东，水行四五日，至诃陵国。则当在今苏门答腊的东南端。

盘盘。据《唐书》，在哥罗西北。哥罗在海峡北岸，则盘盘当在马来半岛南境。

丹丹。《唐书》说："在南海，北距环王，限小海，与狼牙修接。"亦当在马来半岛南端。

干陀利。

狼牙修。如今的苏门答腊。

婆利。如今的婆罗洲。

当隋朝时候和中国有交涉的，又有一个流求，就是如今的台湾。此外见于《唐书》的便有：

甘毕。在南海上，东距环王。（环王即是林邑。）

哥罗舍分。在南海南，东距堕和罗。

修罗分。在海北，东距真腊。

僧高。在水真腊西北。

武令、迦乍、鸠密。这三国当与僧高相近，故《唐书》以其名连举。

富那。和鸠密同入贡的。

投和。自广州西南，海行百日乃至。

堕和罗。在投和之西，亦名独和罗。南距盘盘。自广州行五月乃至。

昙陵陀洹。都是堕和罗的属国，昙陵在海州中。陀洹，又名耨陀洹，在环王西南海中，和堕和罗接。

罗越。在海峡北岸。

瞻博。《唐书》说北距兢伽河。（恒河）当在今阿萨密附近。

堕婆登。在海岛上，在环王之南，东距诃陵。

宝利佛逝。在海峡南岸。

罗刹。在婆利之东，与婆利同俗。

诛奈。在环王之南，泛交趾海，三月乃至。

甘棠。《唐书》但说居大海南，无从知为何地。

诸国的种族，大抵分为两种：一种裸跣、黑色、鬈发、垂耳的，是马来西亚种，仍有食人的风俗。一种深目高鼻的，是印度西亚种，宗教文化，都属印度一系。其和中国交通，从晋到唐，大概没有断绝。可惜历史上的记载，只有宋文帝、梁武帝、唐中叶以前，三个时代较详。欲知其详，可自取从《晋书》到《唐书》的《四裔传》参考。

当这时代，最可注意的，是中国曾经和西半球交通。按《南史》：

扶桑国。齐永元元年，其国有沙门慧深来至荆州，说云：扶桑，在大汉国东二万余里；地在中国之东……名国王为乙祁。贵人：第一者为对卢，第二者为小对卢，第三者为纳咄沙……其衣色，随年改易：甲乙年青，丙丁年赤，戊己年黄，庚辛年白，壬癸年黑……其婚姻：婿往女家门外作屋，晨夕洒扫。经年而女不悦，即驱之；相悦，乃成昏。昏礼：大抵与中国同。亲丧，七日不食；祖父母丧，五日不食；兄弟，伯叔，姑，姊妹，三日不食。设坐为神像，朝夕拜奠。不制衰絰。嗣王立，三年不亲国事。

这一国政教风俗，虽和中国相类。然"婿往女家门外作屋"，是新罗俗；贵人名对卢，是高句丽语，大抵是朝鲜半岛的人民移植的。文身国，在倭东北七千余里。大汉国，在文身国东五千余里。扶桑在大汉东二万余里。明明是南北美洲。近人余杭章氏《法显发现西半球说》。见《章氏丛书·太炎文集》中。据法显《佛国记》，说法显所漂流的耶婆提国，就是如今南美洲的耶科陁尔。法显不但发现西半球，而且还绕地球一周。然而《佛国记》说耶婆提国，"外道""婆罗门"兴盛，佛法无足言。则法显以前，印度人已有到西半球的。《南史·扶桑传》又说其国"旧无佛法。宋大明二年罽宾国有比丘五人，游行其国，流通佛法经像，教令出家，其俗遂改"。可见朝鲜半岛的人到西半球，又在印度人以前了。

第 6 节 武韦之乱和开元之治

以上所述，要算是唐朝全盛的时候；如今便要经过一个中衰期了。这便是"武韦之乱"。

太宗以前一二六三年（649年）崩，高宗即位。高宗的初政，也是很清明的。所以史家说"永徽之治，媲美贞观"。然而从前一二五八年（654年），纳太宗才人武氏为昭仪。明年，废王皇后，立武氏为后，褚遂良、长孙无忌等谏诤都遭贬斥。从此以后，朝政渐乱。高宗有风眩的毛病，不能视事。件件事情，都叫武皇后干预，实权就渐入于武后之手。

高宗以前一二二九年（683年）崩，高宗的太子名忠，非武后所生，武后把他废掉，立了自己的儿子弘。弘卒，立了他的兄弟贤。又把贤废掉，立了他的兄弟显。这时候，显即位，是为中宗。明年，武后把他废掉，立了他的兄弟旦。睿宗。迁中宗于房州。如今湖北的郧阳县。前一二二二年（690年），以旦为皇嗣，改姓武氏。自称则天皇帝，国号周。前一二一四年（698年），还中宗于京师，立为太子。前一二〇七年（705年），武后有疾，宰相张柬之和崔元暐、敬晖、桓彦范、袁恕己等谋。运动宿卫将李多祚，举兵杀武后嬖臣张易之、张昌宗，奉中宗复位。然而中宗的皇后韦氏，又专起权来。韦后的女儿安乐公主，嫁给武后侄儿子武三思的儿子武崇训。三思因此出入宫掖。还有替武后掌文墨的上官婉儿，中宗立为婕妤，和韦后都同武三思交通。武氏的权势，又盛起来。张柬之等五人，反遭贬谪而死。中宗的太子重俊，不是韦后所生。韦后和武三思等，日夜谋摇动他。重俊又怕又气，举兵把武三思、武崇训杀掉。自己也给卫兵所杀。前一二〇二年（710年），韦后弑杀中宗，想要临朝称制，相王旦的儿子临淄王隆基，起兵讨诛韦后。奉相王即位，是为睿宗。然而这时候，政治上的空气，还不清明。武后的女儿太平公主，向来干预惯政治的。在政治上，还颇有实权。又想要谋危太子。睿宗立临淄王为太子，就是玄宗。直到前一二〇一年（711年），才算把她安置于蒲州，而命太子监国。明年，把太平公主召还赐死。睿宗也传位于太子，是为玄宗。"武韦之乱"，到此才算告一结束。

武后以一女主而"易姓革命"，君临天下十五年。看似旷古未有之事。然而这时候，朝廷上并没有什么特殊势力，自然没有人去反抗她。唐朝的宗室，只有越王贞、琅邪王冲，想起兵反抗她。异姓之臣，只有徐敬业曾一起兵。都是并无凭借的人，自然不能成事。这时候，政治界上的情形，却给她搅得稀乱。从越王贞、琅琊王冲起兵之后，她疑心唐朝的宗室，都要害她，就大杀唐宗室。从徐敬业起兵之后，更其"杯弓蛇影"。于是大开"告密"之门。任用周兴、来俊臣、索元礼等酷吏。滥用刑诛，贻累人民，实为不浅。又滥用爵禄，收拾人心，弄得政界上，全是一班"干进无耻"，喜欢兴风作浪的小人。中宗复位以后，直到睿宗禅位以前，政界上的空气，总不得清明，都是她一手造成的。颇像近时的袁世凯。

既然一味注意对内，对外一方面，自然无暇顾及。于是突厥遗族骨咄禄，颉利的疏族。就强盛起来。骨咄禄死，弟默啜继之，复取漠北。回纥度碛，南徙甘凉间。恢复颉利时代的旧地。大举入攻河北，破州县数十。契丹李尽忠、孙万荣，也举兵背叛，攻破营、平二州，侵及冀州。朝廷发大兵数十万讨之，都不能定。还有吐蕃，当高宗时候，就破党项，灭吐谷浑；又取西域四镇。龟兹、于阗，焉耆、疏勒。武后时，总管王孝杰，虽然把四镇恢复，然而吐谷浑故地，毕竟为吐蕃所据，中宗时，又把河西九曲的地方，赏给吐蕃。而且许其筑桥于河，以通往来。于是河洮之间，被寇无虚日。

内政外交，当这个时代，都糟透了。玄宗出来了，总算是小小清明。玄宗任姚崇、宋璟为相。宋璟罢后，又任用韩休、张九龄，内政总算是整饬的。对外呢？突厥默啜死于前一一六九年（743年），毗伽可汗立，用老臣暾欲谷的话，和中国讲和。毗伽死后，突厥内乱。前一一六八年（744年），朔方节度使王忠嗣，出兵直抵其庭，把他灭掉。对于吐蕃，玄宗初年，就毁桥守河。吐蕃也请和好。后来兵衅复启，玄宗饬诸军进讨，到前一一五九年（753年），就复取河西九曲之地。这要算唐朝国威最后的振起。到前一一五七年（755年），安禄山反以后，情形就大变了。

（本文节选自《白话本国史》第二篇《中古史下》）

从魏晋到唐的政治制度和社会情形

文/吕思勉

第1节 官制

从魏晋到唐的制度，是相因的。唐朝的制度，只算集魏晋南北朝的大成。从三国以后，中国的政府，有四百年，在军阀和异族手里。要看这时候的政治，在它的施政机关上，就最看得出。

汉朝从武帝以后，宰相就渐渐失其实权。这种趋势，从魏晋以后，愈趋愈甚。魏朝建国之初，置了一个秘书省，受禅之后，改为中书省。于是中书亲而尚书疏。南北朝以后，因侍中常在禁近，时时参与机务，于是实权又渐移于门下省。总而言之，魏晋南北朝，机要是在中书、门下两省的，尚书不过执行政务罢了。中书、门下，像后世的内阁。尚书像后世的六部。到唐朝，就用三省的长官，中书令、侍中、尚书令，但尚书令是太宗做过的，所以不以授人，就把次官仆射，改做长官。后来又不甚真除，但就它官加以同中书门下三品，同中书门下平章事等名目，便算做宰相。作为宰相。中书面受机务，门下省掌封驳，尚书承而行之。虽有此制，三省常合在一个政事堂内议事，并没有三个机关分立的样子。尚书省分六部，是吏、户、礼、兵、刑、工。这个制度，相沿到清朝。未曾改革。六部之分，是沿袭后周的制度。后周的制度，是苏绰定的。都以《周礼》为法（六部就是仿的天、地、春、夏、秋、冬六官）。这种制度，隋朝没有沿袭它。中叶以后，所谓翰林学士，和天子十分亲近，又渐渐地握起实权来。学士之名，本是因弘文、集贤两馆而起的（参看下节）。翰林院，本是艺能技术之流杂居之所，以备天子宴闲时的召见。玄宗时，才于翰林院置待诏、供奉，命与集贤院学士，分掌制敕（本来是中书舍人的职务）。又于翰林院之南，别立学士院以处之；于是与杂流不相混处，而其地望遂清。然其官则仍称为翰林学士。王叔文的用事，就是居翰林中谋划的。总而言之，

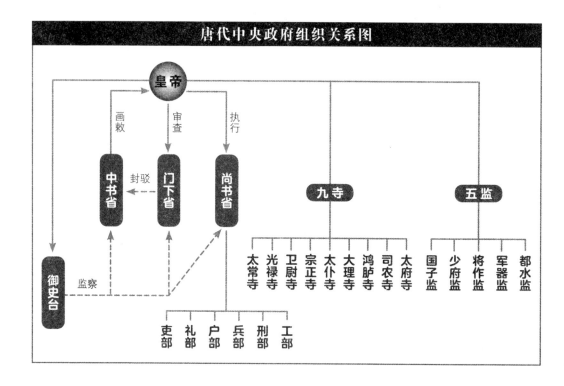

唐代中央政府组织关系图

皇帝
画敕
审查
执行
中书省
门下省
尚书省
封驳
御史台
监察
九寺
太常寺 光禄寺 卫尉寺 宗正寺 太仆寺 大理寺 鸿胪寺 司农寺 太府寺
五监
国子监 少府监 将作监 军器监 都水监
吏部 礼部 户部 兵部 刑部 工部

翰林学士的握权，和前此的中书省如出一辙。明清时代的殿阁，也不外此理，这等处，须要通观全局，自然明白。

九卿是历代都有的，然而都失其职。实权都在六部。为避繁起见，不再详叙。御史一官，却威权渐重。武后时，改为肃政台。分置左右。左察朝廷，右澄郡县。中宗复位后，复名御史台。仍分左右。睿宗时，命两台都察内事，旋又把右台废掉。贞观末，御史中丞李乾祐，奏于台中置东西二狱，从此以后，御史台就多受词讼，侵涉了司法的权限。

至于外官的变迁，则和内官正相反。内官的权限，日趋于轻；宰相九卿等，有独立职司的官，职权多见侵夺。外官的权力，却有日趋于重之势。秦汉时代的两级制，郡县。到汉末改设州牧，就变成三级制。东晋以后，疆域日蹙，而喜欢多置州郡，以自张大。于是"侨置"的州郡甚多。往往有仅有空名，实无辖境的。于是州郡愈多，辖境愈小。然而这时候是个军阀擅权的世界；军阀的地盘，是利于大的；州郡虽小，有兵权的，往往以一个人而都督许多州的军事，其辖境仍旧很大。隋朝统一以后，当时的所谓州，已经和前此的郡，区域大小，并无分别了。于是把州、郡并做一级。唐朝也沿其制，而于其上再设一个道的区域。一道之中，是没有长官的。中

唐·中央官制表			
机构		长官名称	职掌
三省	中书省	中书令	掌管皇帝诏令的起草、拟定与撰写
	门下省	门下侍中	对皇帝诏令进行审查
	尚书省	尚书令	具体执行皇帝的诏令
六部	吏部	吏部尚书	掌五品以下文官选拔、勋封、考课之政
	礼部	礼部尚书	掌礼仪、祭祀、贡举之政
	户部	户部尚书	掌天下财政、民政，包括土地、人民、婚姻、钱谷、贡赋等
	兵部	兵部尚书	掌六品以下武官选授、考课，主持武举、军令、军籍和中央一级的军训
	刑部	刑部尚书	掌律令、刑法、徒隶，评议国家禁令
	工部	工部尚书	掌土木水利工程和国家农、林、牧、渔业之政，以及诸司官署办公用品
御史台		御史大夫	掌监察之职
九寺	太常寺	太常卿	掌宗庙礼仪祭祀等
	光禄寺	光禄卿	掌郊祀、朝宴之膳食供设
	卫尉寺	卫尉卿	掌仪仗、兵器、宫廷宿卫
	宗正寺	宗正卿	掌天子宗族谱牒及外戚事务
	太仆寺	太仆卿	掌天子、王公车马养护选择之事
	大理寺	大理卿	掌刑狱案件审理
	鸿胪寺	鸿胪卿	掌宾客及凶仪之事
	司农寺	司农卿	掌仓储委积及农林园苑管理之事
	太府寺	太府卿	掌财货、粮食贮藏与贸易诸事
五监	国子监	国子祭酒	掌儒学训导之政
	少府监	少府监	掌百工技巧之政
	将作监	将作监	掌土木工匠之政
	军器监	军器监	掌缮造甲弩
	都水监	都水使者	掌川泽、津梁、渠堰、陂池之政

宗复位的这一年，分天下为十道，每道各设巡察使。睿宗景云二年，前一二〇一年（711年）。改为按察使。玄宗开元二十七年，前一一七三年（739年）。又改为采访处置使。肃宗至德前一一五六（756年）、前一一五五年（757年）。以后，把天下分做四十余道，各置观察使。这种使官，都称为监司之官。他的责任，只是驻于所察诸郡中的大郡，访察善恶，举其大纲，并不直接理事，颇和汉朝刺史的制度相像。然而到后来，往往侵夺州郡的实权，州郡不敢与抗。而且这时候，已经是军人的世界了。有军马的地方，就都设了节度使。凡有节度使的地方，任凭有多少使的名目，都是他一个人兼的。这正和近代的督军兼省长等等一样，又有谁敢和他相抗呢？于

是中央政府，毫无实权，可以管辖地方，又成了尾大不掉的情形了。监司官的名目，还有许多，欲知其详，可参看《文献通考》第六十一、第六十二两卷。

唐朝的官制，中叶以后，又有宣徽南北院和枢密院，其初特以处宦者，并没有什么重要的职权。后来宦者的威权日大，这两种官的关系，也就渐重。到五代以后，都变做了大臣做的官。又地方自治的制度，从汉魏以后，日益废坏。汉朝时候，重视三老、啬夫等职的意思，丝毫没有。而役法日重，这一等人，反深受了苦役之累。这个也是一个极大的变迁。

第2节　教育和选举

教育制度，从三国以后，是很衰颓的，无足称述。《三国志·王肃传》："自初平之元，至建安之末。天下分崩，人怀苟且。纪纲既衰，儒道尤甚。至黄初……之后，……太学始开。……至太和青龙中，中外多事，人怀避就，虽性非解学，多

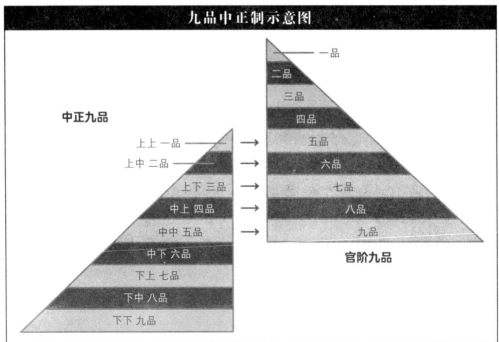

九品中正制示意图

中正九品

上上一品
上中二品
上下三品
中上四品
中中五品
中下六品
下上七品
下中八品
下下九品

一品
二品
三品
四品
五品
六品
七品
八品
九品

官阶九品

★　九品中正制依据士人的德才、门第（《史记》上多依据门第），把士人分为九品。这种中正品和官阶是互相对应的，按照日本学者的观点，中正品和官阶差四级。如被中正品评为一品的人，做官可以五品起家；被评为二品的人，做官可从六品起家；以此类推。由此形成了"上品无寒门，下品无世族"的局面。

求诣太学。太学诸生有千数。而诸博士，率皆粗疏，无以教弟子；弟子本亦避役，竟无能习学。冬来春去，岁岁如是……正始中，有诏议圜丘，普延学士。时郎官及司徒领吏，二万余人，虽复分布，见在京师者，尚且万人。而应书与议者，略无几人。又是时朝堂，公卿以下，四百余人。其能操笔者，未有十人。多皆相从饱食而退……"这是后汉以后，学校就衰的情形。从此到南北朝末，虽亦设有国子学、太学、四门小学，或又置有博士，然皆无足称述。唐太宗时，"屯营飞骑，亦令受经；高句丽、新罗、高昌、吐蕃，皆遣子入学"。表面上似乎是很盛的，然而实际，士人社会的视线，已经移到科举上了。

要晓得科举制度的由来，就要先晓得九品中正。九品中正之制，起于魏文帝时。这时候，"三方鼎立，士流播迁，四民错杂，详覆无所"。尚书陈群，就于各州郡皆置中正，品评其本地的人物，分为九等。上上、上中、上下、中上、中中、中下、下上、下中、下下。而尚书用人时，凭以复核。这种制度的可行，原因为后汉时代，清议极重，乡评特为有力之故。史称"晋武帝时，虽风教颓失，然时有清议，尚能劝俗。陈寿居丧，使女奴丸药，积年沉废。郡讼笃孝，以假葬违常，降品一等"。然而乡评的有力，是一种风俗，风俗是要随时势改变的。九品中正，是一种制度，比较的总觉流于硬性。于是就生出种种弊病来。扼要些说，便是：

（一）中正的权力太大，而又并无赏罚之防。就不免有徇私、趋势、畏祸、私报恩仇等事情。

（二）一地方的人，中正本不能尽识；就使尽识，也未必能知他的好坏。就使能知他的好坏，也不应当以一个人的话为标准。况且中正至多能晓得这个人的品行德望，至于当官的才能历练，是全然不知道的。

然而这还不是最大的弊病。最大的弊病就是中正都是本地方人，谁没有亲戚朋友？一个人在社会上，本没有真正完全的自由。一个阶级里的人，受这阶级的制裁，当然最为严重，谁能够真正破除情面呢？于是所选举的，总不外乎这一阶级里的人，就成了"上品无寒门，下品无世族"的局面。历代选举的制度，纵或小有改革，然大体总是相同。九品中正的制度，南至梁、陈，北至周、齐，都是有的，直到隋开皇中方罢。这种制度，与两晋南北朝的门阀阶级，是很有关系的。参看第七节。

"隋唐以后科举"的前身，便是两汉时的郡国选举。原来郡国选举的制度，到两晋以后，也弊坏得不堪了。东晋初年，为了抚慰远方的人士起见，州郡所举

古代科举考试流程表

头名称状元
进士 次名称榜眼
三名称探花

殿试

贡士 头名称会员

会试
次年举行，亦称春闱

举人 头名称解元

乡试
三年一试，亦称秋闱

监生 **生员**（秀才）

院试

童生

乡试、府试

一个普通的读书人要想考中进士必须经过层层选拔，若能在乡试、会试、殿试上皆夺得第一名，则称为"连中三元"，历史上只有不到二十人达到如此成就。

的孝廉、秀才，都不试就用。后来实在弄得不堪了，于是要试之以经。秀才、孝廉，就都不敢进京。到京的，也都装病不考。于是宽限五年，令其补习。九品中正的制度既不可行，于是不得不加之以考试。既然凭考试为去取，就索性"毋庸郡国选举，而令他怀牒自列于州县，州县加以考试，合格的再把他送进京去应考"。就变成隋唐以后的科举制度了。唐以后的科举，最重的是进士科。这一科，是起于炀帝大业中的（当时还是试的策）。这件事，《隋书》不载。只见于《唐书》所载杨绾疏中。大约当时还不甚看重它。

"唐制，取士之科……有三：由学馆者曰'生徒'，由州县者曰'乡贡'，皆升于有司而进退之。……其天子自诏者曰制举，所以待非常之才焉。"其科目，有秀才、明经、进士、俊士、明法、明字、明算、一史、三史、开元礼、道举、童子等等，然而取之最多的，只有进士、明经两科。进士试"诗""赋""论""策"，明经试"帖经""墨义"。这时候，崇尚文词的风气已成。明经所作的帖经墨义，又是毫无道理的，大家都看不起它。就有"焚香看进士，瞋目待明经"的谚语。不是天资愚鲁，不会做诗赋的人，都不肯去做明经。就把天下人的聪明才力，都消磨到"声病"上去。参看第六节。

《文献通考》卷二十九凡举司课试之法：帖经者，以所习经，掩其两端，中间开惟一行。裁纸为帖，凡帖三字，随时增损，可否不一。或得四，或得五，或得六为通。后举人积多，故其法益难，务欲落之。至有帖孤章绝句，疑似参互者以惑之。甚者或上抵其注，下余一二字，使寻之难知，谓之倒拔。既甚难矣，而举人则有驱县孤绝索幽隐，为诗赋而诵习之。不过十数篇，则难者悉详矣。其于平文大义，或多墙面焉。**按这是责令默写经文。**

又卷三十……愚尝见东阳丽泽吕氏家塾有刊本吕许公夷简《应本州乡举试卷》。因知墨义之式，盖十余条。有云：作者七人矣，请以七人之名对。则对云：七人，某某也。谨对。有云：见有礼于其君者，如孝子之养父母也，请以下文对。则对云：下文曰：见无礼于其君者，如鹰鹯之逐鸟雀也。谨对。有云：请以注疏对者，则对云：注疏曰云云。有不能记忆者，则只云对未审。……

这种考试的法子，现在看起来，真正是奇谈。然而也不足为怪，这是古人研究学问的方法如此。原来古人都是把《经》就算做学问；所谓通经，又不必自出心裁，只要遵守先儒的注疏；自然就造成这种怪现象了。这种现象，一变而为宋朝的经义。再变就是明清的八股文，通看后文自明。

武举起于武后的长安二年，前一二一〇年（702年）。也用乡贡之法，由兵部主其事。

制科的科名，是没有一定的。唐制科名目和登制科的人，详见《文献通考》卷三十三。

以上所说，是取士的方法，但登科以后，还不能就有官做，还要试于吏部，谓之"释褐试"。释褐试取了，才授之以官。一登进士第，便有官做，这是宋朝的法子，唐朝却不如此。

铨选仍是历代都由尚书。唐时分为文武二选：文选，吏部主之；武选，兵部主之。文选有身、体貌丰伟。言、言辞辩正。书、楷法遒美。判文理优长。四种。"始集而'试'，观其书判。已试而'铨'，察其身言。已铨而'注'，询其便利而拟。已注而'唱'，不厌者得反通其辞，三唱而不厌，还得听其冬集。"较诸后世的铨选，似乎还要合理些。又后魏崔亮吏部侍郎创停年格。补用的人，一以他停罢后岁月为断。后世说他是资格用人之始，都不以他为然。然而他实在是迫于胡太后时候，强令武人也要入选，才创此法，以限制他的。他覆外甥刘景安的信，说："吾近面执，不宜使武人入选。请赐其爵，厚其禄，既不见从，是以权立此格，限以停年耳。"可见此法之创，实是限制武人的意思多。况且以资格年劳用人，原不算得弊政，较诸在上的任意抑扬，在下的夤缘奔竞，就好得多了。

第3节　兵制

唐朝的兵制，也是沿袭南北朝的。近人南海康氏说："中国承平的时候，可以算是没有兵。虽然有唤做兵的一种人，实在是把来供给别种用场，如以壮观瞻等，并不是要他打仗。"这句话最通。秦汉时代，承袭着战国时的余风，全国还有些尚武的风气；东汉而后，就渐渐显出无兵的样子了。从五胡乱华起，到南北朝末止，却可以算得一个长期战争，其中东西魏（周、齐）对立的时候，竞争尤其剧烈，所以产出一种略为整齐的兵制。

唐律一览			
	律名	内容	条数
1	《名例律》	总则	57
2	《衞禁律》	警卫守固	33
3	《职制律》	服务规定	59
4	《户婚律》	户籍婚姻	46
5	《厩库律》	牛马仓库	28
6	《擅兴律》	军队处罚	24
7	《贼盗律》	偷盗杀人	54
8	《斗讼律》	斗殴诉讼	60
9	《诈伪律》	欺骗诈伪	27
10	《捕亡律》	逮捕罪犯	18
11	《断狱律》	裁定断案	34
12	《杂律》	补充条款	62
总计			502

唐令一览	
唐令（33篇）	
1	官品令
2	三师三公台省职员令
3	寺监职员令
4	衞府职员令
5	东宫王府职员令
6	州县镇戍岳渎关津职员令
7	内外命妇职员令
8	祠令　道僧格
9	户令
10	学令
11	选举令
12	封爵令
13	禄令
14	考课令
15	宫卫令
16	军防令
17	衣服令
18	仪制令
19	卤簿令
20	乐令
21	公式令
22	田令
23	赋役令
24	仓库令
25	厩牧令
26	关市令
27	捕亡令
28	医疾令
29	假宁令
30	狱官令
31	营缮令
32	丧葬令
33	杂令

有名的"府兵"制，是起源于北周的。其制是籍民以为兵，但是拣其魁健才力的，并不是全数叫他当兵。——而蠲其租调。令刺史以农隙教练。合为百府，每府一郎将主之；分属二十四军。领军的谓之开府；一大将军统两开府；一柱国统二大将；共为六军。总数不满五万人（隋朝也沿袭其制，置十二卫将军）。

唐制：折冲府有上、中、下。上府千二百人，中府千人，下府八百人。每府都有折冲都尉，和左右果毅都尉，以司训练。其兵的编制：是十人为火，火有长。五十人为队，队有正。三百人为一团，团有校尉。有兵籍的人，年二十而为兵，六十而免。平时居于田亩，教练皆以农隙。有事就出去从征；事讫，依旧各还其乡。据《唐书·兵志》说：唐初，天下共六百三十四府，而在关内一道的，倒有二百六十一，所以中央的形势颇强。当时宿卫，也是靠府兵轮值的，谓之"番上"。

但是到高宗、武后时，久不用兵，府兵法就渐坏，至于宿卫不给。宰相张说，就请募兵宿卫，谓之"扩骑"。玄宗时，这种宿卫的兵，也是有名无实，诸府又完全空虚，内地竟无一兵，而边兵却日重。所以安禄山一反，竟无从抵御了。

唐初用府兵的时候，有所征伐，都是临时命将；战事既罢，兵归其府，将上其印，所以没有拥兵的人。其戍边的兵，大曰军；小曰守捉，曰城，曰镇，都有使。总管他们的谓之道，道有大总管。后来改为大都督，但行军时仍曰大总管。永徽以后，都督带"使持节"的，谓之节度使。但还没有用它做官名。睿宗景云二年，前一二〇一年（711年）。用贺拔延嗣做凉州节度，这是以节度名官之始。玄宗天宝初，于沿边置十节度经略使，安西（治龟兹，今新疆库车县）、北庭（治庭州，今新疆吉木萨尔北）、河西（治凉州，今甘肃武威市）、朔方（治灵州，今宁夏灵武市）、河东（治太原，今山西阳曲县）、范阳（治幽州，今北京市境

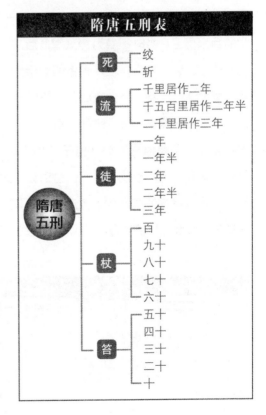

隋唐五刑表		
	死	绞
		斩
	流	千里居作二年
		千五百里居作二年半
		二千里居作三年
	徒	一年
		一年半
		二年
		二年半
隋唐五刑		三年
	杖	百
		九十
		八十
		七十
		六十
	笞	五十
		四十
		三十
		二十
		十

内）、平卢（治营州，今河北承德市）、陇右（治鄯州，今青海西宁市）、剑南（治益州，今四川成都市）九节度，岭南（治广州，今广东佛山市南海区）一经略使。边兵就此大重了。安史乱后，讨贼有功之将，和贼将来降的，都授以节度使（或沿其旧官）。于是节钺遍于内地，而"尾大不掉"之势以成。

然而制唐朝死命的，实在还不是藩镇之兵，而倒是所谓"禁军"。禁军的起源：是跟高祖起义于太原的兵，事定而后，愿留宿卫的，共有三万人。于是处以渭北闲田，谓之"元从禁军"。老不任事，即以其子弟代之。后亦与于"番上"。太宗时，在元从禁军中，选善射者百人，以从田猎，谓之百骑。武后改为千骑。睿宗又改为万骑，分为左右。玄宗用这一支兵平韦氏之乱，改名左右龙武军。又有太宗所置的飞骑，高宗所置的羽林，也各分左右。谓之"北衙六军"。与诸卫的兵，号为南衙的相对待。中叶以后，又有所谓"神策军"。其缘起：因天宝时，哥舒翰破吐蕃于临洮西的磨环川，即于其地置军，谓之神策。以成如璆为节度使。安禄山反，成如璆派军中的将，唤做卫伯玉的，带千人入援。与观军容使鱼朝恩宦者。共屯陕州。神策军的地方，旋为吐蕃所陷，于是即以卫伯玉所带的兵为神策军。和陕州节度使郭英义，俱屯于陕。前一一四九年（763年），吐蕃陷长安，代宗奔陕。鱼朝恩以神策的兵，和陕州的兵来扈卫。当时都号为神策军。后来伯玉罢官，神策军归郭英义兼带。郭英义又入为仆射，这一支兵，就入于鱼朝恩手里。是为宦官专管神策军之始。鱼朝恩后来入都，便把这一支兵，带到京城里，依旧自己统带着它。然而还不过是一支屯驻京城里的外兵，并不算作禁军。前一一四七年（765年），吐蕃又入寇。鱼朝恩以这一支兵，入屯苑中。于是声光大好，出于北衙军之上。德宗从奉天还京，都不相信大臣，而颇委任宦官，专叫他统带禁军。这时候，边兵的饷，不能按时发给；而神策兵饷糈优厚。于是边将在外戍守的，多请遥隶神策。神策军数，遂至十五万。自关以西，各处的镇将，大都是宦官手下人。所以宦官的势力，强不可制。昭宗时，想改用宗室诸王

均田制表		
受田者	口分田（死后还给国家）	永业田（不再收回）
男18~60岁	80亩	20亩
男60岁以上或残废者	40亩	为户主者有20亩
寡妇	30亩	
男18岁以下	无	

带他，始终没有成功。而宦官每和朝臣水火，就挟着神策军里几个镇将的力量，以胁制天子，诛戮大臣。到底弄得朝臣借着朱全忠的兵力，打破宦官一系的镇将李茂贞，把宦官尽数诛夷，而唐亦以亡。这都是后来的话，参看下章第四节，自然明白。禁军的始末，《唐书·兵志》不详，见《文献通考》第一百五十一卷。总而言之，亡唐朝之力：藩镇的兵，不过十分之三；禁军倒有十分之七。

第 4 节　刑制

从晋武帝颁布新律之后，张斐、杜预，又各为之注。泰始前一六四七年（265年）至前一六三八年（274年）。以后用之。然律文简约；两家的注，又互有不同；"临时斟酌，吏得为奸"。齐武帝永明九年。前一四二一年（491年）。删定郎王植之，才合两家的注为一。然事未施行，书亦亡灭。梁武帝时，齐时旧郎蔡法度，还记得王植之的书。于是叫他损益旧本，定为《梁律》。天监初，天监，梁武帝年号，前一四一〇年（502年）至前一三九三年（519年）。又使王亮等改定，共为二十篇。定罪二千五百条，刑分十五等。陈武帝令尚书删定郎范泉参定律，又令徐陵等知其事，定律三十卷，大体沿用梁法。这是南朝法律的沿革。

元魏入中原以前，刑罚是很严酷的。道武帝入中原，才命三公郎王德，除其酷法，约定科令。太武神麚中，前一四八四年（428年）至前一四八一年（431年）。诏崔浩定律。正平中，前一四六一年（451年）。又命游雅、胡方回等改定，共三百七十条，有门房之诛四，献文增其十三，孝文时定为十六。大辟百四十五，献文增其三十五，孝文时定为二三五。刑罪就是耐罪。二百二十一。献文增其六十二，孝文时定为三七七。

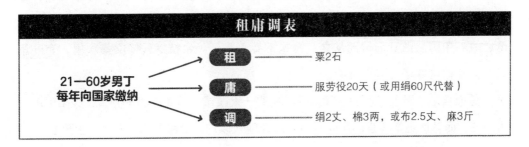

租庸调表		
21—60岁男丁每年向国家缴纳	租	粟2石
	庸	服劳役20天（或用绢60尺代替）
	调	绢2丈、棉3两，或布2.5丈、麻3斤

北齐武成帝河清三年，前一四三八年（474年）。尚书令赵郡王睿等奏上《齐律》十二篇，系杂采魏晋故事。刑名有五：一死，二流，三耐，四鞭，五杖。又有所谓重罪十条。一反逆，二大逆，三叛，四降，五恶逆，六不道，七不敬，八不孝，九不义，十内乱。不在"八议"和"论赎"之限。

北周的律，定于武帝保定三年。前一三四九年（563年）。刑分死、流、徒、鞭、杖。不立十恶的名目，而重"大逆""恶逆""不道""大不敬""不孝""不义""内乱"之罪。隋初，令高颎等重定新律。其刑名有五，也有十恶之条。一谋反、二谋大逆、三谋叛、四恶逆、五不道、六大不敬、七不孝、八不睦、九不义、十内乱。唐朝的刑法，大抵沿隋之旧。

这其中最可注意的，是刑罚的变迁。马端临说："汉文除肉刑，而以髡笞代之。髡法过轻，而略无惩创；笞法过重，而至于死亡。其后乃去笞而独用髡。减死罪一等，即止于髡钳；进髡钳一等，即入于死。而深文酷吏，务从重者，故死刑不胜其众。魏晋以来病之，然不知减笞数而使之不死，乃徒欲复肉刑以全其生。按：复肉刑的议论，两晋时代最甚。其理由所在，就是"死刑太重，非命者众；生刑太轻，罪不禁奸"两语。肉刑卒不可复，遂独以髡钳为生刑。所欲活者传生议，于是伤人者或折腰体，而才剪其毛发；所欲陷者与死比，于是犯罪者既已刑杀，而复诛其宗亲。轻重失宜，莫此为甚。及隋唐以来，始制五刑，曰笞、杖、徒、流、死，此五者，即有虞所谓鞭、朴、流、宅，虽圣人复起，不能易也。"按：隋以前"死刑有五：曰磬、绞、斩、枭、裂。流徒之刑，鞭笞兼用，数皆逾百"。隋始定鞭笞之数，死刑只用斩、绞两种。这都是较前代为文明处。

还有一层可注意的，便是隋朝的刑法。是兼采魏晋和拓跋魏两种法系（这个大概是周、齐如此，而隋朝因之）。其斟酌轻重之间，固然较旧时的法律为进步。然而精神上，也有不如旧时的法律之处。即如晋律，部民杀长官，和父母杀子的，都同"凡"论。这是两汉以后，把经学应用于法律，文明之处。父杀其子当诛，见《白虎通》。隋律却就不然。这是拓跋魏的社会，进化较浅，"官权""父权"太重之故。中国反改其旧律而从之，真是下乔入幽了。余杭章氏《文集》里，有一篇文字，专论这件事，可以参看。

总而言之：秦汉以后的法律：经晋朝的一大改革，而大体趋于完善；经隋朝的一番损益，而轻重更觉适宜。所以从西洋法律输入以前，沿用千年，大体不曾改变。

第5节　赋税制度和民生

从秦汉统一以后，直到前清海禁大开以前，两千多年，中国社会的经济组织没有什么根本上的变更。从战国到秦汉，是有一个大变的。这个时代，中国人的生计是以农业为本位。要看当时社会的经济状况就须注意于农民。但是中国史家记载平民的生活状况，是很少的。却是当时的田赋制度，便是当时"农民生活状况的反映"。

从晋到唐，其间的田赋制度，都有同一的趋向。为之代表的，便是晋的"户调式"，魏的"均田令"，唐的"租庸调制"。今各述其大略如下：

户调之式，起于晋武帝平吴以后。它的法度是：男女年十六至六十为正丁；十五以下至十三，六十一以上至六十五，为次丁；十二以下，六十六以上，为老小。男子一人，占田七十亩；女子三十亩。按这是指为户者而言。其外：丁男课田五十亩，丁女二十亩；次丁男半之，女则不课。丁男之户，岁输绢三匹，绵三斤。女及次丁男为户者半输。

后魏的均田，在前一四二七年（485年）。孝文帝大和九年。它的办法：是把田分成"桑田""露田"两种。桑田是"世业"；露田及岁而受，年老则免，身没则还。桑田的数目，有过于其应得之数的，得以卖出；不足的得以买入。但过于应得之数，及在应得之数以内的，不得买卖。大概当时把官有的地，授予人家做露田。其原有田地的，一时并不没收它；本无田地的，一时也不能补足。所以人民的桑田，有逾限的，也有不足额的。男子年十五以上，受露田四十亩；妇人二十亩。奴婢依良丁。有牛一头，许授田三十亩；但牛四头为限。

唐朝的租庸调制，高祖武德七年定，前一二八八年（624年）。是：丁男十八以上，给田一顷；以二十亩为"永业"，余为"口分"。田多可以足其人的，为"宽乡"，少的为"狭乡"。狭乡授田，减宽乡之半。工商：宽乡减半，狭乡不给。——乡有余田，以给比乡；州县同。"徙乡"和"贫无以葬"的人，得卖世业田。从狭乡徙宽乡，得并卖口分田。受田的丁，每年输粟二石，谓之"租"。看地方的出产：或输绢、绫、缯各二丈，绵二两，或输布二丈四尺，麻三斤，谓之"调"。力役每年二十日，遇闰加两日，不役的，每日折输绢三尺，谓之"庸"。《通考》："租庸调征科之数，依杜佑《通典》及王溥《唐会要》所载。陆宣公《奏议》及《资治通鉴》所言皆同。《新唐书·食货志》……疑太重，今不取。

这种制度，便是两汉时代，"富者田连阡陌，贫者无立锥之地"的反响。虽不能做到地权平均，较诸毫无法度，听其自相兼并，总好得许多。但是"徒法不能以自行"。这种制度，若要实行，行政要非常绵密。以中国行政的疏阔，和地方自治制度的废坏，从何实行起？户调之式，定后不多时，天下就大乱；究竟这种制度，曾否实行？史学家颇多怀疑。大概就是实行，时间也是很短的。均田之令，和租庸调的制度，都是定于大乱之后。当时地广人稀，无主的田很多，推行自然不十分困难。但是一两传后，人口增殖，田亩渐感不足，就难于维持了。均田令的结果，后来是怎样？史家没有明确的记载。租庸调制，则《唐书》明说它，到开元时而其法大坏，"并兼逾汉成哀"。

平均地权的制度，不能维持，却反生出一种弊病来。便是两汉时代的税，是认着田收的；虽有口税，很轻。从户调、均田令、租庸调等制度行后，人人有田，收税就只须认着人。专制时代的官吏，行政是怠慢惯了的；只要收得着税，其余就一切不问了。到后来，实际上授田的事情，已经没有了，并兼之事起了，他却还只是认着向来出税的人收税，哪里来管你实际有田没有田。（这时候，若要查明白有田的人，然后收税；就要彻底根究，叫并兼的人，把田都吐出来，还给无田的人；而且照法律上讲，不但并兼人家的人有罪，就是被人家并兼的人，也是有罪的。这

佛教十三宗					
宗名	开祖	印度远祖	初起时	中盛时	后衰时
成实	鸠摩罗什	诃梨跋摩	晋安帝时	六朝间	中唐以后
三论	嘉祥大师	龙树、提婆	同上	同上	同上
涅槃	昙无谶	世亲	同上	宋齐	陈以后归天台
律	南山律师	昙无德	梁武帝时	唐太宗时	元以后
地论	光统律师	世亲	同上	梁陈间	唐以后归华严
净土	善导大师	马鸣、龙树，世亲	同上	唐宋明时	明末以后
禅	达摩大师	马鸣、龙树，提婆、世亲	同上	同上	同上
俱舍	真谛三藏	世亲	陈文帝时	中唐	晚唐以后
摄论	同上	无著、世亲	同上	陈隋间	唐以后归法相
天台	智者大师	—	陈隋间	隋唐间	晚唐以后
华严	杜顺大师	马鸣、坚慧、龙树	陈	唐则天后	同上
法相	慈恩大师	无著、世亲	唐太宗时	中唐	同上
真言	不空三藏	龙树、龙智	唐玄宗时	同上	同上

唐朝十三经			
十三经	汉人注	魏晋人注	唐人注
《周易》		王弼、韩康伯	
《尚书》		伪孔安国《传》，王肃等所造	
《毛诗》	毛亨《传》、郑玄《笺》		
《周礼》	郑玄《注》		
《仪礼》	郑玄《注》		
《礼记》	郑玄《注》		
《左传》		杜预《集解》	
《公羊》	何休《解诂》		
《穀梁》		范宁《集解》	
《孝经》			唐玄宗御《注》
《论语》		何晏《集解》	
《孟子》	赵岐《注》		
《尔雅》		晋郭璞《注》	

件事岂不甚难？）这一来，百姓不但享不着人人有田的利益，无田的人反要负担和"有田的人一样的租税"的痛苦。在两汉时代，就只要出极轻的口税。这如何能支持？于是乎有"逃户"。逃的人逃了，不逃的人，赋税就要更重，税法就大坏了。玄宗时，宇文融为监察御史。也明晓得彻底根究，叫并兼的人把所并兼的田，统统吐出来，是办不到，就想括"籍外的羡田"，以给逃民。然而"并兼之亟"，总是起于人多而田不足之后的，哪得有许多羡田可括？而且他的办法，逃户受羡田的，又要出钱千五百；于是州县希旨：把有主的田，算作羡田；本地的人，算作客户。反变成了聚敛的政策。安史乱后，赋税紊乱的情形，更其不可收拾。德宗时，杨炎为相，才创"两税"之法。"夏输"无过六月，"秋输"无过十一月。"户无主客，以见居为簿。人无丁中，以贫富为著。"虽没有把"税人而不税田"的法子，根本改革；然而照他立法的意思，是"以人的贫富，定出税的多少"；较诸就田而税，负担偏于农民的，反觉公平。不过人的贫富，不易测定。实行起来，要求其公平，是很难罢了。陆贽说：两税以资产为宗，少者税轻，多者税重，然而有藏于襟怀囊箧，物贵而人莫窥的；有场圃囷仓，物轻而众以为富的。有流通蓄息之货，数少而日收其赢的；有庐舍器用，价高而终岁寡利的。计估算缗，失平长伪。我说：两税的法子，若真能行得公平，倒近乎一般所得税了。这个谈何容易。杨炎的法子，自然离此理想尚远。然在当时，总不失为救弊的良法。

《文献通考·田赋门》的一段按语，论秦汉到唐田赋制度的变迁，极为清楚。我如今不避繁复，再节抄在下面。因为这件事，和当时社会的生计状况，是很有关系的。是农民生活状况的反映。

　　……自秦废井田之制，……始舍地而税人。……汉时，官未尝有授田限田之法。……田税随占田多寡，为之厚薄。……人税则无分贫富，然……每岁不过十三钱有奇耳。至魏武初平袁绍，乃令田每亩输粟四升，又每户输绢二匹，绵二斤，则户口之赋始重矣。晋武帝又增而为绢三匹，绵三斤。……然晋制：男子一人占田七十亩，女子及丁男丁女占田皆有差；则出此户赋者，亦皆有田之人；……宜其重于汉也。自是相承，户税皆重。然至元魏而均田之法大行。齐周隋唐因之，赋税沿革，微有不同。史文简略，不能详知。然大概计亩而税之令少，计户而税之令多。然其时户户授田，则虽不必履亩论税，只逐户赋之，则田税在其中矣。至唐，始分为租庸调。……然口分世业，每人为田一顷。……所谓租庸调者，皆此受田一顷之人所出也。中叶以后，法制隳弛，田亩之在人者，不能禁其实易；官授田之法尽废，则向之所谓输庸调者，多无田之人矣；乃欲按籍而征之，令其与豪富兼并者，一例出赋，可乎？……授人以田，而未尝别有户赋者，三代也；不授人以田，而轻其户赋者，两汉也；因授田之名，而重其户赋；田之授否不常，而赋之重者，已不可复轻，遂至重为民病，则自魏至唐之中叶也。自两税之法行，而此弊革矣。……

　　此外生计界的情形，无甚特别的可述。但有一件可注意的，便是当这时候，中国对外的贸易，颇为发达。从魏晋到唐，中国和南洋交通的发达，已见上章第六节。魏晋北朝，和西域的关系，虽不如汉唐时代的密切，然而也没有什么战争，民间往来贸易的关系，可以推想为无甚中断的时候。中国商人的能力非常之大。譬如汉朝还没有通南越和西域，商人倒早已做了先锋队了。

　　《隋书·食货志》说："梁初，……交广之域，全以金银为货。"又说："后周时，河西诸郡，皆用西域金银之钱。"当时对外贸易的影响，及于中国的通货上。而且他说：晋自东渡以后，岭外诸酋帅，有因牲口、翡翠、明珠、犀象之饶，雄于乡曲的，朝廷多因而籍之，以收其利。这种办法，直到南朝之末，都是如此。这许多东西，也都是当时互市的商品。就可以推想贸易额的盛大了。至于唐朝：则陆路有互市监，以管西域诸国的贸易；海路布市舶司，以管南洋诸国的贸易。惜乎历史上，关于这种记载，十分阙略。近人梁启超的《广东通商发达史》，参考东西洋人的著述，述南北朝唐时候中国对外贸易的情形颇详。可惜文长，不能备录。读者诸君请自取原书参考。

第6节　学术和宗教

从东汉到魏晋，中国的学术思想界，起了一个大变迁。这个可以说从烦碎的考古时代，到自由思想时代，也可以说从儒学时代，到老学、佛学时代。

西汉的儒学，就不过抱残守缺，固守着几句相传的师说；究竟孔门的学说，还是"负荷"得不能完全。到了末年，又为着"托古改制"之故，生出许多作伪的人来。又因为两汉的社会，去古未远，迷信的色彩，很为浓厚，于是这种作伪的话里头，又加上许多妖妄不经的话。谶纬终东汉之世，是以纬为内学，经为外学。东汉的学风，虽然不必务守师说，似乎可以独出心裁。然而贾、许、郑、马等，又不免流于烦碎。打了半天官司，总是不见分晓，也不免使人厌倦。于是人心上就生出一种"弃掉这些烦碎的考据，而探求真理"的要求。

在中国旧学问里，可以当得起哲学的名称的，当然只有道家。在儒家，则一部《周易》里头，也包含着许多古代的哲学。所以这时候，研究学问的人，都是《老》《易》并称。其中最有名的，便是何晏、王弼、阮籍、嵇康、刘伶、王戎、王衍、乐广、卫玠、阮瞻、郭象、向秀等一班人。这一班人，"专务清谈，遗弃世务"，固然也有恶影响及于社会。然而替中国学术思想界，开一个新纪元，使哲学大放光明；前此社会上相传的迷信，都扫除净尽，也是很有功的（世务本来不能够都责备哲学家做的）。研究起中国的哲学史来，这一派"魏晋的哲学"，实在很有研究的价值。

中国的学问，是偏于致用的。《老》、《易》虽说是高深的哲学，要满足纯正哲学的要求，究竟还不够。于是佛学乘之而兴。佛教的输入中国，古书上也有说得很早的，然而不甚可靠。可靠的，还是汉明帝着中郎将蔡愔到西域去求佛经，前一八四五年（67年），永平十年。蔡愔同着摄摩腾、竺法兰两僧，赍经典东来的一说。然而这时候，佛教在社会上，还没甚影响。三国时，天竺僧支谶、支亮、支谦从西域来，士大夫才渐渐和它交接。东晋时，又有佛图澄，从西域来，专事译经。慧远开莲社于庐山，这是后世净土宗的初祖。士大夫和它交接得更多，然而还不过是小乘。前一五一一年（401年），姚秦弘始三年。鸠摩罗什入长安，才译出大乘《经论》。从此以后，佛教在中国（宗教界和学术界）就放出万丈的光焰。"佛教"或"佛学"，都是专门的学问。要明白它的真相，绝不是本书所能介绍。我现在且转录近人新会梁氏《中国古代思潮》里的一张表，以见得佛学入中国后盛衰的大略。若要略知佛学的门径，梁氏这一篇文章，很为简明可看。若要再进一步，则近人梁氏的《印度哲学概论》最好。这部书，把印度各种哲学和佛学对举，很可以见得佛学的"来源"、"影响"和它的"真相"。谢氏的《佛学大纲》，虽然无甚精神，抄撮得也还完备，也可看得。

以下十三宗，只有俱舍、成实两宗是小乘，其余都是大乘。其中天台一宗，系中国人所自创。

这时候，儒家之学也竟有点"道佛化"的样子。原来东汉的儒学，至郑玄而集其大成。然而盛极必衰，于是就出了一个王肃，专替郑玄为难。一定要胜过郑玄，这件事，也颇为难的。于是又想出一个作伪的法子。伪造孔安国《尚书传》《论语》《孝经注》《孔子家语》《孔丛子》五部书，互相印证。把自己驳难郑玄的话，都砌入这五部书里头，算是孔氏子孙所传，孔子已有定说的。参看丁晏《尚书余论》。这种作伪的手段，较之汉朝的古文家，更为卑劣。然而王肃是晋武帝的外祖。所以当时，颇有人附和他。譬如杜预，就是其中的一个。详见《尚书余论》。总而言之，从王肃等一班人出，而"郑学"也衰了。然而王肃这一派学问，在社会上也不占势力。东晋以后，盛行的，便是王弼、何晏这一派。这都是把道家之学去解释儒书的。再到后来的人，并不免掺杂佛家的意思。上面所列一表，是唐朝时候所定的《十三经注疏》。所取的注，其中除《孝经》为唐玄宗御注外，其余十二经，魏晋人和汉人各半。北朝的风气，变动得晚些。自隋以前，北方的学者，大抵谨守汉儒的学问。熟精《三礼》的人极多。参看《廿二史札记》卷十五。这便是郑玄一派学问。也有能通何休公羊的，这并是今文学了。至于南人，则熟精汉学的，久已甚少。所风行的，都是魏晋以后的书。然而从隋朝统一之后。北朝的武力，战胜了南人。南朝的学术，也战胜了北人。北人所崇尚的，郑玄注的《周易》、

《世说新语》所涉士族家世列表	
一级士族	**代表人物**
太原王氏	王昶—王湛—王承—王述—王坦之，王恭
温县司马氏	司马懿—司马孚—司马师—司马昭—司马攸，司马炎—司马睿—司马昱—司马德文
二级士族	**代表人物**
琅邪王氏	王衍—王导—王敦—王羲之—王献之—王徽之—王洵
龙亢桓氏	桓彝—桓温—桓冲—桓豁—桓玄—桓振
陈郡殷氏	殷羡—殷浩—殷仲文
陈郡谢氏	谢鲲—谢尚，谢安，谢玄（非直系）
新野庾氏	庾亮—庾皇后—庾冰—庾翼
三级士族	**代表人物**
陈留阮氏	阮籍—阮咸—阮瞻
陈郡袁氏	袁滂—袁涣—袁侃
高平郗氏	郗鉴—郗愔—郗超
泰山羊氏	羊祜—羊孚
★ 一级士族表明该家族自始至终百年来一直是繁荣的世族；二级士族，由中小世族发展而来。	

《尚书》，服虔注的《左传》都亡，郑玄注《左传》未成，以与服虔，见《世说新语》。则服虔和郑玄，是一鼻孔出气的。而王弼、杜预的《注》和伪孔安国的《传》，到唐朝就列于学官。这个绝不是南朝的经学，能胜过北朝（就经学论，北朝确较南朝为纯正）。不过就学术思想界的趋势而论，汉朝人的儒学，这时候，其道已穷；而魏晋以后的这一派哲学正盛。南朝的经学，是"魏晋的哲学化"了的，所以就占了优胜罢了。

还有古代的神仙家，到魏晋以后，也"哲学化"了，而成功了后世的所谓"道教"，和"儒"、"释"并称为"三教"。这件事也要一论。按：神仙家的初起，其中并没有什么哲学。他们所求的，不过是"不死"。所以致不死的手段，是"求神仙"和"炼奇药"。所谓不死，简直是说肉身可以不死。"尸解"的话，怕还是后来造出来，以自圆其说的。这一派妖妄之说，大概是起于燕齐之间。所以托之于黄帝。《史记·封禅书》说：齐威王和燕昭王，就使人入海求蓬莱、方丈、瀛洲。《史记》的《八书》，固然全不是太史公所作，然而也并不是凭空伪造的（《礼书》《乐书》，是抄的《荀子》和《小戴记》。其余略以《汉志》为本）。又《左传》，齐景公问晏婴，"古而无死，其乐如何"？除神仙家之外，没有说人可以不死的。齐景公这句话，一定是受神仙家的影响。这也可做神仙家之说，旧行于燕齐之间的一证。这一派人，和中国古代的医学，很有关系。《内经》里屡引方士之说。他们是懂得点药物学的，所以有所谓炼奇药。古代的医学，原有"咒由"一科，所以到后来，张角等还以"符水"替人治病。其说起于燕齐之间，所以有"入海的思想"，而有所谓三神山；大约海边上的蜃气，一定和这种妖教的构成，很有关系的。当秦皇、汉武时代，神仙家的势力极盛。这时候，这一派人（方士）专以蛊惑君主为事。到后来，汉武帝花了许多钱，神仙也找不到，奇药也炼不成，才晓得上了大当，"喟然而叹曰：世安有神仙"？从此以后，这一派人，蛊惑君主的伎俩，就无从再施，于是一变而愚惑平民。然而从张角、孙恩造反以后，又变做一种妨害治安的宗教，势不能再在社会上大张旗鼓；虽然还有张道陵、寇谦之等一班人，借符箓丹鼎等说，以愚惑当世，参看《魏书·释老志》。毕竟是不能大占势力的。这一种宗教，要想自存，就非改弦易辙，加上一点新面目不可。把后世道教的书来看，真像是和《易》《老》相出入的。然而请问这许多话，汉以前的神仙家有吗？譬如《淮南子》，后世认为道家的书。然而《淮南子》里，原有易九师的学说。又如《太极图》，后世认为陈抟从道家的书里取来的，不是儒家所固有。然而它的说法，可以和《易经》相通，毕竟无从否认。参看胡渭《易图明辨》。我说：这许多话，本是中国古代的哲学，保存在《易经》里头的。魏晋以后的神仙家，窃去以自文其教。所以魏晋以后的道教，全不是汉以前的神仙家的本来面目。神仙家的本来，是除了炼奇药、求神仙等，别无什么哲学上的根据的。明乎此，则可知我国"道藏"的书大有研究的价值。为什么呢？中国古代的哲学，保存在《易经》里。五经里头，只有《易经》，今文家的学说全亡，东汉人所注的《易经》，妖妄不经，琐碎无理，全没哲学上的价值。要求古代的哲学（从《易经》里去求），只有到《淮南子》等一类的书里去搜辑，然而这一类书，也所传甚少，而且残缺不完。神仙家既然窃取这一种哲学，以自文其教，当他窃取的时候，材料总比现在多。这种哲学，一定有儒家已亡，借着他们的窃取，保存在道藏里头的。把这一种眼光去搜寻，一定能寻得许多可贵的材料。

还有一种风气，也是到魏晋以后才盛的，便是崇尚文学。两汉时代，固然也有许多文学家。然而这时候，看了文学，不过一技一能，究竟还是以朴学为重。到魏文帝，就说："年寿有时而尽，荣乐止乎其身，二者必至之期，未若文章之无穷。"这种思想，全然是两汉人没有的。这是由于：（一）两汉人的学问，太觉头巾气，缺乏美感，枯寂了的反动。（二）则魏晋人的哲学，所铸造成的人生观，总是"修短随化，终期于尽，古人云：死生亦大矣。岂不痛哉"一派，总觉得灰心绝望。然而人的希望，究竟不能尽绝的。"爱惜羽毛"的人，就要希望"没世不可知之名"。隋朝的李谔说："自魏之三祖，崇尚文词。……竞骋浮华，遂成风俗。江左齐梁，其弊弥甚。贵贱贤愚，唯务吟咏。……竞一韵之奇，争一字之巧。连篇累牍，不出月露之形，积案盈箱，惟是风云之状。代俗以此相高，朝廷据兹擢士。禄利之路既开，爱尚之情愈笃。于是闾里童昏，贵游总卯，未窥六甲，先制五言。……递相师祖，浇漓愈扇。……"也可以见得这种风气的由来，和其降而益甚的情形了。因有这种风气，所以唐朝的取士，就偏重进士一科。也因为有科举制度，替它维持，所以这种风气，愈不容易改变。

文学的内容，从南北朝到唐，也经过一次变迁。从东汉到梁陈，文学日趋于绮靡，这是人人知道的。这种风气，走到极端，就又起了反动。隋文帝已经禁臣下的章奏，不得多用浮词。唐兴以后，就有一班人，务为古文，至韩、柳而大盛，就开了北宋到明的一派文学。曾国藩《湖南文征序》："自东汉至隋……大抵义不单行，辞多俪语；即议大政，考大礼，亦每缀以排比之句，间以婀娜之声。历唐代而不改。虽韩李锐志复古，而不能革举世骈体之风。……宋兴既久，欧阳曾王之徒，崇奉韩公，以为不迁之宗；适会其时，大儒迭起，相与上探邹鲁，研讨微言；群士慕效，类皆法韩氏之气体，以阐明性道。自元明至……康雍之间，风会略同。"这几句话，说自汉至清初，文学变迁的大概，颇为简明。总而言之：古文之学，是导源唐初，大成于韩、柳等一班人，到北宋才大盛的。《旧唐书·韩愈传》："大历、贞元间，文字多尚古学，效扬雄、董仲舒之述作。独孤及梁肃，最称渊奥。愈从其徒游。锐意钻仰，欲自振于一代。"《新唐书·文苑传序》："大历、贞元间，美才辈出。攓啅道真，涵泳圣涯，于是韩愈倡之，柳宗元、李翱、皇甫湜等和之，唐之文，完然为一代法。……"——韩公的"辟佛"，对于以前的学术宗教界，也要算一个反动。且留待讲宋代学术时再讲。

第 7 节　门阀的兴废

从南北朝到唐，其间还有一大变，便是门阀阶级的破除。三代以前的社会，原是一种阶级制。春秋战国之际，虽说经过一次大变迁，毕竟这种阶级制的余波，是不能扫除净尽的。读史的人，都说九品中正之制，弄得"上品无寒门，下品无世族"。然而做中正官的人，并不曾全操选举之权。不过朝廷要用人时，把他所品评的等第，来复核复核罢了。选举之权，毕竟还在州郡手里。郡国选举之制，不是魏晋以后才有的。以前虽没有九品中正之制，难道郡国选举，都是十分公正，不带一点阶级臭味的吗？梁武帝时，沈约上疏，说："顷自汉代，本无士庶之别。……庠序棋布，传经授受，学优而仕。始自乡邑，本于小吏干佐，方至文学功曹。积以岁月，乃得察举。……"可见汉朝的选举，自比魏晋以后公平；然而说毫无阶级臭味，是绝办不到的。这是绝不然的。不过不像魏晋南北朝这种盛法罢了。两晋南北朝时候，门阀阶级之严，是由于：（一）有九品中正之制，替它维持。（二）则这时候，五胡乱华，汉人和胡人，血统上不免混淆。士大夫之家，就想高标门第，以自矜异。（三）则当晋室渡江之初，文明的重心，还在北方；北方的大族，初南迁的时候，也还有高自位置的思想；以后就成了一种风气。所谓大族，必须要标明了一个"郡望"，以明其本出何郡，就是魏晋以前，阶级制度并没有消除尽净的证据。倘使你在本籍，本没有特异于人之处，迁徙之后，又何必要特标出一个郡望来呢？这种阶级制度，是到唐中叶以后，才渐次破坏，经过了五代，然后消除净尽的。破坏这种制度的力量，要算隋唐以后的科举制度最大。这是为什么呢？原来当郡国选举的时代，无论你怎样公正，无论怎样地注重于才德，这郡国所"荐举"或"拔擢试用"的人，总不得真正到社会的下层阶级里去找——固然也有例外的，然而总是例外。直到郡国选举的制度，变做了投牒自举。这时候，形式上固然还说是乡贡，然而既凭考试，这乡贡便是有名无实的话。被举的人（举人）和举他的人（州郡），其间才不发生关系。无论什么人，向州郡投牒自列，州郡就不能不考试他；考试合格了，便不能不举他。把全国的人，都聚到京城里去考试，和他的本乡，相离得很远；考试防弊的制度，又一天严密似一天；在唐朝，还没有"糊名""易书""禁怀挟"等种种制度。考官还得以采取誉望，就和士子交通，也不干禁例的。但是从唐到清，考试的制度，是一天天往严密的一条路上走的，这是考试制度的进化。应考的人，和考他的人，也再不得发生关系。这样，全国的寒畯，才真和有特权的阶级，立于平等竞争的地位。所以隋唐以后的科举制度，实在有破除阶级的大功，不可湮没的。向来读史的人，都说投牒自举，是个最坏的制度。其意，不过说这是"干进无耻"。其实不然。参与政治，是国民的一种义务，不单是权利。有服官的能力，因而被选举，因而服官，这是国民应享的权利，也就是国民应尽的义务。郡国选举和征辟的时代，有了才德，固然可以被选举、被征辟的。倘使人家不来选你、征你、辟你，便如何？若在隋唐以后，便可以怀牒自列。所以唐以后的科举制，是给予国民以一种重大的公权。——实际上应试的人，志愿如何，另是一说。从法理上论，这一层道理，是颠扑不破的。

两晋南北朝时候的阶级制度是怎样？我且引近人钱塘夏氏的一段话如下：

……其时士庶之见，深入人心，若天经地义然。今所见于史传者，事实甚显。大抵其时士庶，不得通婚。故司马休之数宋武曰：裕以庶孽，与德文嫡婚，致兹非偶，实由威逼。指宋少帝为公子时，尚晋恭帝女事言。沈约之弹王源琅邪临沂人。曰：风闻东海王源，嫁女与富阳满氏，王满联姻，实骇物听。此风勿剪，其源遂开。点世尘家，将被比屋。宜寘以明科，黜之流伍。可以见其界之严矣。其有不幸而通婚者，则为士族之玷。如杨佺期弘农丛阴人。自以杨震之后，门户承藉，江表莫比；有以其门地比王珣者，琅邪临沂人。犹恚恨。而时人以其过江晚，婚宦失类，每排抑之。然庶族之求俪于士族者，则仍不已；不必其通婚也，一起在动作之微，亦以偕偶士族为荣幸，而终不能得。如纪僧真丹阳建康人。尝启齐武曰：臣小人，出自本州武吏。他无所须，惟就陛下乞做士大夫。帝曰：此事由江敩、字叔文，济阳考城人。谢瀹，字义洁，陈郡夏阳人。我不得措意，可自诣之。僧真承旨诣敩，登榻坐定，敩命左右，移吾床，让客。僧真丧气而退。告帝曰：士大夫固非天子所命也。其有幸而得者，则以为毕生之庆，如王敬则晋陵南沙人。与王俭字仲宝，琅邪临沂人。同拜开府仪同，曰：我南州小吏，侥幸得与王卫军同拜三公，夫复何恨？甚至以极凶狡之夫，乘百战之势，亦不能力求。如侯景请娶于王谢。梁武曰：王谢高门非偶，当朱张以下访之。积此诸端观之，当时士庶界限，可以想见。……此皆南朝之例，若夫北朝，则其例更严。南朝之望族，曰琅邪王氏、陈国谢氏。北朝之望族，曰范阳卢氏、蒙阳郑氏、清河博陵二崔氏。南北朝著姓不仅此，此乃其尤者耳。南朝之望族，皆与皇族联姻。其皇族，如彭城之刘、兰陵之二萧、吴兴之陈，不必本属清门。惟既为天子，则望族即与联姻，亦不为耻。王谢二家之在南朝，女为皇后，男尚公主，其事殆数十见也。而北朝大姓，则与皇室联姻者绝少。按魏朝共二十五后，汉人居十一，而无一士族焉。……此殆由种族之观念而成。……隋文之独孤皇后，唐太之长孙皇后，皆鲜卑人也；而斛律明月称"公主满家"，则皆渤海高氏之女，皆可为此事之证。……

这种习尚，唐初还很盛。唐太宗定《氏族志》，颁行天下。而《李义府传》说："自魏太和中，定望族七姓，子孙迭为婚姻。唐初作《氏族志》，一切降之。然房玄龄、魏徵、李勣，仍往求婚，故望不减。"可见这事，竟非政治势力所能干涉。又《杜羔传》说："文宗欲以公主降士族，曰：民间婚姻，不计官品，而尚阀阅。我家二百年天子，反不若崔、卢耶？"可见中叶以后，尚有此风。然而科举制度既兴，寒门致身显贵，毕竟较以前为容易。加以物质上的欲望，总是不能没有的。所以到唐朝以后，士族贪庶族之富，而和他结婚的，就渐渐加多。再加以五代的丧乱，士族失其位置，庶族致身富贵。又丧乱之际，人民播迁，谱牒失考，因而庶族冒充士族的，也日渐加多。从宋以后，这种阶级，又渐归于平夷了。

到贵贱阶级破坏的时候，社会上好利之风，就必然日盛。唐朝时候，是这种门阀制度，行将灭亡，仅保惰力的时候。所以唐朝士大夫好利之风，实在较南北朝为甚。《文献通考》卷二十七引江陵项氏的话：

风俗之弊，至唐极矣。王公大人，巍然于上，以先达自居，不复求士。天下之士，什什伍伍，戴破帽，骑蹇驴，未到门百步，辄下马，奉币刺再拜，以谒于典客者，投其所为之文，名之曰"求知己"。如是而不问，则再如前所为者，名之曰"温卷"。如是而又不问，则有执贽于马前，自赞曰某人上谒者。……

这固然由于科举制度之兴，有以使士人干进无耻，然而贵贱的阶级平夷了，除富更无可慕，也是其中的一个原因。

（本文节选自《白话本国史》第二篇《中古史下》）

唐朝的分裂和灭亡

文/吕思勉

第 1 节　安史之乱

北宋为什么不能抵御辽金，以致于给元朝灭掉？这个根是五代种下来的。五代时候，为什么要去勾结异族，请他进来？这个根是唐朝种下来的。唐朝怎样会种下这个根？是起于有天下者好大喜功的一念，和奢侈淫欲的行为。专制政体和国家的关系，可谓大了。

唐玄宗时所设的十节度经略使，已见上章第三节。这诸镇之中，西北两面，以制驭突厥、吐蕃、奚、契丹故，兵力尤厚。唐初边将，是"不久任"、"不兼统"的。"蕃将"就有功劳，也做不到元帅。玄宗在位岁久，渐渐荒淫。始而宠武惠妃，继而宠杨贵妃，委政于李林甫。林甫死后，剑南人杨钊，又夤缘杨贵妃的门路，冒充她哥哥。于是赐名国忠，继李林甫为宰相。玄宗始而锐意边功，继而荒淫无度，军国大政完全不在心上。边将就有以一人而兼统数镇，十几年不换的。李林甫又妒功忌能，怕边将功劳大的，要入为宰相，就奏用胡人为元帅，于是安禄山就以胡人而兼范阳、平卢两镇节度使。这时候，奚、契丹渐渐强起来了。安禄山时时同他打仗，又暗招奚、契丹的人，补充自己的军队。于是范阳兵精，天下莫及。他有反心已久。以玄宗待他厚，一时还犹豫未发。到杨国忠做了宰相，和安禄山不对，说他一定要反的，玄宗不听。杨国忠就想激变安禄山，以"自实其言"，于是处处和安禄山作对。前一一五七年（755年），禄山就反于范阳。

这时候，内地是毫无兵备的。玄宗听得禄山反信，叫封常清河西节度，这时候适在京师。到东京去募兵抵御他。然新招来的"白徒"，如何和百练的精兵打仗？屡战皆败，不一月，河南、河北皆陷。禄山就称帝于东京。封常清逃到潼关，和副元帅高仙芝共守。玄宗把他杀掉，代以哥舒翰。哥舒翰主坚守，杨国忠又催他出战。前一一五六年（756年）六月，战于灵宝，如今河南的灵宝市，大败，潼关失守。玄宗出奔四川。当杨贵妃得宠的时候，还有她的姐姐秦国夫人哩，韩国夫人哩，虢国夫人哩，都出入宫禁，骄奢淫逸得了不得，后来杨国忠也是如此。军民心上，久已怨恨得不堪了。玄宗走到马嵬驿，在如今陕西兴平市。军变了，逼着玄宗把杨国忠、杨贵妃都杀掉，然后起行。又有一班父老"遮道"，劝玄宗留太子讨贼，玄宗也听了他。太子走到灵武如今宁夏的灵武市。即位，是为肃宗。

当哥舒翰守住潼关的时候，平原太守颜真卿，常山太守颜杲卿，都起兵讨贼，河北响应。贼将史思明，虽然把常山打破，将颜杲卿杀掉，而朔方节度使郭子仪，河东节度使李光弼，又连兵而出井陉，杀败史思明。安禄山一方面形势颇为吃紧。不意潼关破了，子仪、光弼，都撤兵西上，颜真卿也逃到行在。于是形势大变。幸而安禄山是个武人，所靠的只是兵强，此外别无大略。他手下的战将，也是毫无谋略的，既入长安，纵情于子女玉帛，并不出兵追赶，所以玄宗得以入蜀，肃宗也安然走到灵武。前一一五五年（757年），安禄山又给他的儿子安庆绪杀掉。安庆绪不能驾驭诸将，将卒都不听他的命令。于是兵势骤衰。

肃宗即位之后，郭子仪以兵至行在。前一一五五年（757年）二月，先平河东，以为进取两京的预备。九月，以广平王俶代宗。为天下兵马大元帅，并着回纥西域的兵，克复西京。旋进取东京。于是贼将皆降。贼将尹子奇屡攻睢阳，幸得张巡、许远坚守。后来虽然给子奇攻破，然而不久，东京就收复了。子奇为人所杀，江淮得以保全。

贼将里头，最骁悍的要算史思明。投降之后，唐朝仍以他为范阳节度使。李光弼使副使乌承恩图之。事泄，思明杀掉承恩，再反。这时候，前一一五四年（758年）。九节度之师六十万，方围安庆绪于邺，久而不克。史思明发兵来救，官军大败。李光弼的兵，在诸将中，算最整齐的，只断得河阳桥。河阳，如今河南的孟州市。思明入邺，杀庆绪。旋发兵陷东京。前一一五一年（761年），攻陷河阳及怀州，河南沁阳市。朝廷大震。幸而思明也为其子朝义所杀，贼势又衰。前一一五〇年（762年），肃宗崩，代宗立。史朝义差人去骗回纥，说唐天子已死，国无主；速南取其府库，金帛多着哩。回纥信了他，牟羽可汗，自己带兵南下，而走到路上，给唐朝人晓得了。赶快派蕃将仆固怀恩，铁勒仆骨部人。前去游说他，劝他反助唐朝。于是再派雍王适德宗。做天下兵马大元帅，和回纥的兵，一同进取东京。史朝义走幽州，幽州已降，想逃奔奚、契丹，为追兵所及，自缢而死。一场大乱，总算平定。

郭子仪、李光弼，是历史上负头等声誉的人物。我说他的兵，实在没有什么用场。这个很容易见的。进取西京的时候，官军的总数，共有十五万；回纥兵不过四千。然而为什么一定要有了回纥兵，才能收复两京？当时官军的兵力，并不薄弱，贼兵则久已腐败了；而且安禄山死了，失了统御的人；何以十几万的官军，竟不能力战取胜，一定要借助于回纥兵呢？围相州一役，没有外族兵，就以六十万的大兵，而杀得大败亏输。这时史思明的兵，只有三万。

相持几年，毕竟又靠回纥的力，才把史朝义打平。这种军队，也就可想而知了。所以我说《唐书》上所载郭李的战绩，是全不可靠的。安史的亡，只是安史的自亡。不然，安史的一班降将，何以毫不能处置，而只好养痈遗患呢？

第2节　唐中叶后的外患

唐朝因安史之乱所致的患害有两种：一种是外国骤强，一种是藩镇遍于内地。

突厥复兴的时候，回纥度碛，南徙甘凉间，已见本篇第一章第六节。突厥亡后，回纥怀仁可汗，又北徙据其地。树牙于都尉鞬山，大约在如今三音诺颜境内。怀仁的太子叶护，叶护是官名，不是人名。凡北狄的人名，有时是"名"，有时是"称号"，有时是"官名"。有时"名""号""官名"等，混杂在一起。一一分别，不胜其烦；而且有许多分别不出的，所以概不加注。特于此发其凡，读者只要不把它都认做人名就是了。助中国收复两京。原约克复西京之日，土地归唐，金帛子女归回纥。城破之日，回纥欲如约。广平王率众拜于叶护马前，请他破了东京再如约，回纥也勉强听从。代宗时候，怀仁可汗，已经死了，子移地健立，是为牟羽可汗。叶护得罪前死，所以不曾立。听了史朝义的话，自己带兵南下，走到陕州，遇见了仆同怀恩，总算是反而助唐。然而居然责雍王不"蹈舞"，把兵马使药子昂，行军司马韦少华杖杀。唐朝这时候，只得吞声忍气，无如之何。仆同怀恩，虽然是个蕃将，对于唐朝，却的确尽忠的。参看《唐书·怀恩传》。后来和河东节度使辛云京不协，唐朝却偏助云京，于是怀恩造反；兵败，逃入回纥。前一一四八年（764年），引回纥吐蕃入寇。幸而怀恩道死。郭子仪单骑去见回纥，说和了他，与之共击吐蕃，吐蕃遁去。唐朝和回纥的国交，总算没有破裂。然而这时候，回纥骄甚，每年要贡马数千匹，都是用不得的，却要赏赐他很多的金帛。回纥人留居长安的，骄纵不法，酗酒滋事，无所不为。犯了法，给官抓去，便聚众劫取，官也无如之何。后来牟羽可汗，又要入寇，宰相顿莫贺谏，不听，就弑之而自立，是为合骨咄禄毗伽可汗。德宗在陕州，是吃过回纥的亏的。即位之后，心中还有些不忿。然而这时候，中国的国力，实在不够。宰相李泌，再三婉劝，于是与回纥言和。回纥从肃代以后，和中国交通频繁，多得中国的赏赐，渐渐的"濡染华风"，流于文弱了。文宗时，年荒疫作，为黠戛斯所攻，就是铁勒十五部里的结骨。《唐书》称"其人皆长大，赤发，皙面，绿瞳"。则本来是白种。后来和铁勒相混，所以又说"其种杂丁令"。"其文字语言，与回鹘同。"其地在青山，青山在剑河之西。剑河就是谦河。可汗厣驭特勒被杀。余众走天德军名，在乌拉特旗境。振武间，盗畜牧，为唐军所破。残部五千，仰食于奚，仍为黠戛斯所虏。于是漠南北无复回纥。而其余众走西域的，蔚为其地一大族，遂成现在回族分布的形势。

吐蕃却比回纥强，所以唐朝受吐蕃的害，也比回纥为烈。安史乱时，诸将皆撤兵入援。于是吐蕃乘势尽陷河西陇右之地。前一一四九年（763年），吐蕃入寇，至便桥。在如今陕西咸阳市境。代宗奔陕州。吐蕃入长安，立广武王承弘为帝。旋以郭子仪多张疑兵以胁之，乃弃城而去。德宗初立，和吐蕃讲和，约以泾陇诸州为界。朱泚反时，吐蕃允助兵讨贼；约事定，畀以泾灵等四州。旋吐蕃军中疫作，不战而退。事平之后，却又邀赏，德宗只略酬以金帛。吐蕃缺望，又举兵为寇。兵锋直逼畿辅，诸将竟"不能得一俘"。穆宗时，其赞普达磨，"嗜酒好猎，凶愎少恩"，吐蕃国势渐衰。武宗时，赞普死，无子，妃綝氏的兄子嗣立。只三岁，綝氏共治其国。别将论恐热不服，作乱。吐蕃的鄯州节度使尚婢婢，又不服论恐热，举地来降。前一〇六三年（849年），宣宗就恢复河湟之地。明年，沙州首领张义潮等复以河西之地来归。于是唐朝复有河西陇右之地。然河湟一带，吐蕃人杂居的不少。河西也荒芜已甚。到唐朝末年，声教隔绝。河西就复为回鹘所据。陇右也入于蕃族之手。直到宋熙宁中才恢复。这是后话，且待以后再讲。

还有国不甚大，而为害却很深的，便是南诏。南诏，《唐书》说他是哀牢夷之后，其实不然。哀牢夷，在如今云南保山一带。后汉明帝时，始开其地为永昌郡。《后汉书》说他"种人皆刻画其身，象龙文"，又说他"穿鼻儋耳"，这明是马来人种。古代所谓粤族。南诏则系出乌蛮。乌蛮是和白蛮分别之称，亦谓之两爨。以南北朝时，中国有爨氏王其中。故乌蛮为东爨，白蛮为西爨。其众在金沙江大渡河流域，就是现在的猓猡。古代的濮族。唐时，其众分为六诏。蛮语谓王曰诏。蒙巂诏，在如今四川西昌市。越析诏，亦称磨些诏，在如今云南丽江市。浪穹诏，在如今云南洱源县。邆睒诏，在如今云南邓川县。施浪诏，在洱源县之东。蒙舍诏，在如今云南巍山彝族回族自治县、南涧彝族自治县全境。蒙舍诏地居最南，故亦称南诏。玄宗时，南诏的酋长波逻阁，才合六诏为一，徙治太和城。如今云南的太和县。玄宗封为云南王。天宝间，剑南节度使鲜于仲通失政。南诏酋长阁罗凤，波逻阁的儿子。北臣吐蕃。仲通讨之，大败。杨国忠调山东兵十万讨之，又大败。于是南诏北陷巂州，西昌市。兵锋及清溪关，如今在四川的汉源县。西川大受其害。然而南诏从归服吐蕃之后，赋敛甚重；吐蕃每入寇，常用其兵做先锋；又夺其险要之地，筑城置戍。南诏深以为苦。当巂州陷时，西泸令郑回，为阁罗凤所获，叫他做孙儿子异牟寻的师傅。德宗时，阁罗凤死，异牟寻嗣位，以郑回为相。郑回劝他归唐。西川节度使韦皋，也遣使招他。于是异牟寻再归唐朝，和唐朝合力，击破吐蕃。前一一一〇年（802年），西川之患始解。文宗时，异牟寻的孙子劝利在位，又举兵为寇，攻成都，入其郛。劝利死后，子酋龙立。懿宗时，称帝，国号大礼。屡攻岭南，又陷安南都护府。在如今越南的东京。唐朝用高骈做安南都护，打败他。南诏又改攻四川，唐朝又把高骈调到四川，把他打破，南诏才不敢为寇。酋龙死后，南诏也衰，和唐朝就无甚交涉了。

西突厥别部，唤做处月，西突厥亡后，依北庭都护府以居。其地在金娑山之阳，蒲类海如今新疆的巴里坤湖。之阴，有大碛曰沙陀，因号为沙陀突厥。河西既陷，安西北庭，朝贡路绝。肃代后，常假道于回纥。回纥因之，求助无厌。沙陀深以为苦，于是密引吐蕃陷北庭。吐蕃徙沙陀于甘州。久之，回纥取凉州，吐蕃疑心沙陀和回纥交通，要徙其众于河外。黄河之南。沙陀大惧。前一一〇四年（808年），其酋长朱邪尽忠朱邪二字，就是"处月"的异译。和其子执宜，悉众三万落归唐。吐蕃追之，且战且走。尽忠战死。执宜以余众款灵州塞。节度使范希朝以闻。诏处其众于盐州，置阴山都督府，以执宜为兵马使。其后希朝移镇河东，执宜举部随往。希朝更处其众于神武川北的黄瓜堆，在如今山西山阴县北。简其精锐，以为沙陀军。懿宗以后，屡次用他征讨，就做了沙陀入据中原的根本了。

第3节　肃代到穆宗时候的藩镇

安史败后，其所署置的诸将皆来降。唐朝用姑息政策，仍旧把原有的地方，给他做节度使。于是：

薛嵩据相卫军名昭义，治相州，如今河南的安阳县。薛嵩死后，弟莘立，为田承嗣所并。

李宝臣据恒赵军名成德，治恒州，如今河北正定县。

田承嗣据魏博军名天雄，治魏州，如今河北清丰县。

李怀仙据范阳军名卢龙。怀仙为兵马使宋希彩所杀，希彩又给手下人杀掉。推朱泚为节度。朱泚入朝，以弟滔知留后。

李正己据淄青军名平益，治青州，如今山东的青州市。

各缮甲兵，擅赋税，相约以土地传子孙。而山南东道梁崇义治襄州，如今湖北的襄阳市。

淮西李希烈治蔡州，如今河南的汝南县。

也和他们互通声气。

肃代两世，是专取姑息政策的。德宗立，颇思振作。前一一三一年（781年），李宝臣死，子维岳请袭，不许。维岳就和田承嗣的侄儿子悦，及李正己，连兵拒命。梁崇义也趁势造反。德宗派河东节度使马燧，神策兵马使李晟，打破田悦。李希烈讨平梁崇义。幽州朱滔，也发兵助官军，攻破李维岳。维岳之将王武俊，杀维岳以降。事已指日可定了，而朱滔王武俊怨赏薄，反助田悦，李希烈也反于淮西，于是弄得兵连祸结。前一一二九年（783年），发泾原军治泾州，如今甘肃的泾川县。讨李希烈。打从京城过，兵士心上，以为必有厚赏，谁知一点没有，而且吃局又坏。军士大怒，作乱。德宗出奔奉天。如今陕西的乾县。乱军奉朱泚为主，进攻奉天。幸得浑瑊力战，河中节度治蒲州，如今山西的永济市。李怀光，也举兵入援，朱泚方才解围。德宗所用的宰相卢杞，是奸邪的。舆论都不以为然。怀光既解奉天之围，就奏参卢杞的罪恶。德宗不得已，把卢杞贬斥，然而心实不以为然。怀光一想，这件事做得冒昧了。就也索性造反，和朱泚合兵。德宗不得已，再逃到梁州。如今陕西的南郑县。这时候，真是势穷力尽了。于是用陆贽的计策，"下诏罪己"。赦了李希烈、田悦、朱滔、李纳、李正己的儿子。王武俊，专讨朱泚。总算把长安收复，河中也打平，然而山东的事情，就到底虎头蛇尾了。

德宗从奉天还京后，一味信任宦官，注意聚敛，山东的事情，自然无心再管。传了个顺宗，只做了一年皇帝，就传位于宪宗。参看第四节。宪宗即位后，倒居然暂时振作。先是田承嗣死后，传位于侄儿子田悦。承嗣的儿子田绪，杀而代之，传位于兄弟季安。季安死后，儿子怀谏幼弱，军中推裨将田季兴为主，请命于朝。宪宗的宰相李绛，劝宪宗因而授之，而且厚赐其军。军士都欢欣鼓舞，于是魏、博一镇，归心朝廷。而淮西吴元济，李希烈虽蒙朝廷赦罪，旋为其手下的将陈仙奇所杀。希烈的爱将吴少诚，又杀掉陈仙奇，替希烈报仇，朝廷弗能讨。少诚死后，牙将吴少阳，杀掉他的儿子而自立。传子元济，不但不奉朝令，还要出兵寇掠。最为悖逆。平卢李师道、李纳传子师古，师古传弟师道。成德王承宗，王武俊传子士真，士真传子承宗。都和他互相勾结。宪宗发兵讨吴元济，淮西兵既精，而境内又处处筑有栅垒，难攻易守。从前一〇九八年（814年）用兵，到前一〇九五年（817年），还不能克。李师道屡次代元济请赦，宪宗不许。师道就派奸细，焚毁河阴转运院军储，刺杀宰相武元衡，又刺伤裴度的头。裴度仍坚主用兵，而且请自往督师。这一年十月里，唐邓节度使李愬，用降将的计策，乘雪夜袭入蒲州。执吴元济，送到京师，杀掉。明年，发诸道兵讨平李师道。卢龙节度使刘总，本以弑父自立，朱滔死，军中推刘怦为留后。传子济，济子总，弑而代之。心常不安。及是就弃官为僧。王承宗死后，他的兄弟承元，也束身归朝，肃代以后的藩镇，到此居然削平了。

然而前一〇九二年（820年），宪宗就死了。穆宗立，恣意声色，不问政事。宰相萧俛、段文昌，又以为天下已平，不复措意于三镇。于是朱滔的孙子朱克融，乘机再据卢龙。成德将王庭凑，魏博将史宪诚，亦各据镇以叛。朝廷发兵攻讨，多观望不进，粮饷又匮乏，就不得已罢兵。于是再失河北，"迄于唐亡，不能复取"。河北三镇的平定，倒没有满三年。

穆宗后的河北三镇：

（卢龙）朱克融 李载义 杨志诚 史元忠 陈行泰 张绛 张仲武 张直方仲武子 周綝 张允伸 张公素 李茂勋 李可举 李全忠可举子 李匡威全忠子李匡筹匡威弟，为李克用所破，克用代以刘仁恭。

（魏博）史宪诚 何进滔 何弘敬进滔子 何全皋弘敬子 韩允中 韩简允中子乐彦桢 罗弘信 罗绍威弘信子

（成德）王庭凑　王元逵庭凑子　王绍鼎元逵子　王绍懿绍鼎子　王景崇绍懿兄子　王镕景崇子　张为礼镕养子

第4节　宦官的专横

唐朝亡于藩镇，是人人知道的。其实藩镇之祸，还不如宦官之深。为什么呢？藩镇之中，始终抗命的，其实只有河北三镇。其余诸镇，虽也时时有抗命的事情，然而从黄巢作乱以前，显然拒命，始终不能削平的，其实没有。不过外权太重，中央政府，陷于威权不振的状态罢了。要是有有为之主，赫然发愤，原未尝不可收拾。然而从中叶之后，也未尝无有为之主，而始终不能振作，则实由于宦官把持朝局之故。宦官所以能把持朝局，又由于他握有兵权之故。所以唐朝宦官之祸，是起于玄宗，而成于德宗的。

唐初的宦官，本没有什么权柄。玄宗才叫宦官杨思勖出平蛮乱。又信任高力士，和他议论政治，于是力士"势倾朝野"。权相如李林甫、杨国忠，尚且交结他，至于太子亦"事之以兄"。然而高力士毕竟还是谨慎的。肃宗即位后，宠任李辅国。辅国因张良娣有宠，和她互相结托。后来张良娣立为皇后，又和辅国相恶。肃宗病重了。张皇后要想除掉李辅国，辅国竟勒兵弑后。代宗即位，乃阳尊辅国为尚父，而暗中遣人，把他刺杀。代宗又宠任程元振、鱼朝恩，一味蔽聪塞明，以致吐蕃入侵，兵锋已近，还没有知道，仓皇出走，几乎大不得了。然而这时候，宦官的兵权还不甚大，除掉他毕竟还容易。所以程元振、鱼朝恩，虽然威权赫奕，毕竟各伏其辜。

到德宗从奉天回来，鉴于泾原兵变时候，禁军仓促不能召集，不愿意兵权专归武将；于是就神策、天威等军，置护军中尉、中护军等官，以宦官窦文场、霍仙鸣等为之。又置枢密使，令宦官宣传命令。宦官的势力，从此就根深蒂固了。顺宗即位，东宫旧臣王伾、王叔文，居翰林中用事。引用韦执谊做宰相，杜佑做度支使，韩泰、刘禹锡、柳宗元等，参与谋议，想要减削宦官的权柄。派范希朝做神策京西行营使，以收禁军的兵权。而宦官遣人告诸将，"无以兵属人"。希朝到了奉天，诸将没有一个人理他。兵权收不回来，就弄得一筹莫展。于是宦官借口顺宗有病，逼着他传位于太子，是为宪宗。王叔文等一班人，都遭贬斥。这是士大夫和宦官斗争第一次失败。

宪宗即位，也信任宦官吐突承璀，教他带兵去征讨。宪宗太子宁早死，承璀要立丰王恽，而宪宗以恽"母贱"，立遂王宥为太子。宪宗晚年，吃了方士的金丹，躁怒无常，为宦官陈弘志所弑。并杀掉吐突承璀和丰王恽，而立穆宗。穆宗和敬宗，都是荒淫无度的。穆宗性尤褊急，左右动辄获罪，也为宦官刘克明所弑。立宪宗子绛王悟。枢密使王守澄，又杀掉刘克明和绛王，而立文宗。文宗即位之初，就用宋申锡做宰相，和他谋诛宦官。宦官诬以谋反，文宗不得已，把宋申锡贬斥。又不次擢用李训、郑注，和他谋诛宦官。于是正陈弘志弑逆之罪，鸩杀王守澄。郑注先出镇凤翔，谋选精兵入京，送王守澄葬，乘势诛灭宦官。还没到期，李训等就先动手，诈言左金吾殿后有甘露降，派宦官去看，想趁此把他们杀掉。谁知事机泄露，中尉仇士良、鱼弘志，就劫文宗入宫，以神策军作乱，杀掉李训和宰相王涯、贾𫗧，凤翔监军也把郑注杀掉，凡监军，都是宦官。于是大权尽入宦官之手，宰相不过奉行文书而已。这是士大夫和宦官斗争第二次失败。文宗一子早死，立敬宗子成美为太子。文宗病重了，仇士良、鱼弘志矫诏立武宗为皇太弟。文宗崩后，武宗杀太子而自立。武宗还算英明，即位之后，渐次夺掉仇士良的权柄。然而武宗也没有儿子。武宗病重，中尉马元贽等定计，立宣宗为皇太叔，武宗死后即位。宣宗留心政治，唐朝人称为"小太宗"。然而也并没夺掉宦官什么权柄。宣宗长子郓王温，无宠。临朝时候，把第三个儿子夔王滋属托枢密使王归长。左军中尉王宗实，又靠着兵权迎立懿宗。懿宗也没立太子，病重时候，中尉刘行深、韩文约共立僖宗。僖宗死后，群臣要立他的长子吉王保。而观军容使杨复恭，又仗着兵权，迎立昭宗。昭宗即位之后，一心要除宦官。于是宦官倚仗着方镇之力，肆行叛逆。毕竟弄得朝臣也借助于方镇，以除宦官，这是士大夫和宦官第三次斗争，就弄得宦官灭而唐亦以亡。其事都见第五节。总而言之：中央的兵权和机务，都操在宦官手里；六七代的皇帝，都是由宦官拥立，这是历代所没有的。然而其初，不过起于君主一念之差，专制政体的危险，就在这等地方。

第5节　黄巢之乱和唐朝的灭亡

藩镇跋扈于外，宦官专权于内，唐朝的天下，自然是弄不好的了。然而还借着流寇做个引线，才弄得四海分崩。

唐朝自经安史之乱，财政困难，税法大坏，参看上章第五节。百姓本已苦极不堪了。懿宗时，奢侈尤甚；加以对南朝用兵，赋敛更重。于是裴甫作乱于浙东，总算旋即敉平。前一〇五二（860年）。而徐、泗的兵戍守桂州的，又因及期不得代作乱，前一〇四四年（868年）。推粮料判官庞勋为主，北陷徐、宿、滁、和等州，进攻泗州。朝廷令康承训讨之，承训奏请以沙陀兵自随，由朱邪执宜的儿子赤心，带着前去。及战，"所向无前"，居然把庞勋打平。于是赐赤心姓，名曰李国昌，用他做大同节度使。治云州，如今山西的大同市。旋又移镇振武（治旧时的单于都护府，地在阴山之南）。沙陀就得了地盘了。徐州，如今江苏的铜山县。宿州，如今安徽的宿州市。桂州，如今广西的桂林市。滁州，如今安徽的滁州市。和州，如今安徽的和县。泗州，如今安徽的泗县。

僖宗即位时候，还只有十二岁，一切政事，都交给宦官田令孜。这时候，山东连年饥荒，前一〇三七年（875年），濮州人王仙芝起兵作乱。明年，冤句人黄巢聚众应之。又明年，仙芝在荆南，给招讨使曾元裕打死。黄巢收其余众，从宣州如今安徽的池州市贵池区。入浙东。掠福建，陷广州。旋以军士多疫，还陷潭州。如今湖南的长沙市。从潭州北陷鄂州，如今湖北的武汉市武昌区。东南陷饶、如今江西的鄱阳县。信；如今江西的上饶市。仍趋宣州。由采石渡江，北陷东都，进攻潼关。这时候的神策军，都是富家子弟，贿赂宦官，窜名军籍。借此以避赋役。实际上并"不能操兵"。用以把持朝政则有余，真个要他去打仗，就不行了。于是多出金帛，雇穷人代行，也都是"不能操兵"的，如何敌得百战的流寇？于是潼关失守。田令孜早叫他的哥哥陈敬瑄田令孜是宦官的养子，本姓陈。去做西川节度使，预备危急时候，再演那玄宗幸蜀的故事了。这时候，就挟着僖宗，出奔成都。黄巢入长安，自称齐帝。前一〇三二年（880年）。

僖宗出奔之后，宰相郑畋、王铎，先后统诸道的兵，以讨黄巢。诸军都不肯尽力，四方藩镇，也都袖手旁观，于是不得不再用沙陀的兵。李国昌做了节度使之后，他的儿子李克用，就做沙陀兵马使，戍守蔚州。如今山西的灵丘县。蔚州的兵，杀掉防御使段文楚，推他为主，入据云州。朝廷就用李国昌做大同节度使，以为克用必不能拒敌父亲。谁知李国昌也想儿子得一个地盘，倒父子联兵反起来，给幽州节度李可举打败。父子都逃入鞑靼。这时候，克用的族父李友金，替代北监军陈景思，说请赦李克用的罪，叫他来打黄巢。朝廷听了他。于是前一〇三〇年（882年）十一月，李克用带着沙陀、鞑靼的兵一万多人南来，连战皆胜。明年四月，就把长安收复。黄巢逃出潼关，去攻蔡州。节度使秦宗权，敌他不过，就投降了他，和他一同造反。前一〇二八年（884年），李克用又出关，把黄巢打死。于是历年的流寇，总算平定。然而李克用就做了河东节度使，沙陀竟进了中原了。

僖宗还京后，田令孜依然用事，垂涎着解州、安邑两个盐池的利益，想把河中节度使王重荣，移到山东。重荣不肯。令孜就结合邠宁治邠州，如今陕西的彬县。朱玫、凤翔治岐州，如今陕西的凤翔县。李昌符去攻他。谁知王重荣是李克用的亲戚，克用发兵来救，朱玫、李昌符大败。就反和李克用合兵，杀进京城。僖宗逃到凤翔，又逃到兴元。如今陕西的南郑县。后来李克用、王重荣，又愿意归顺朝廷，李昌符也和朱玫不和，三人合力，把朱玫攻杀，僖宗才算回京。田令孜逃到西川靠陈敬瑄。

前一〇二四年（888年），僖宗死了，杨复恭拥立昭宗。昭宗颇为英明。这时候，李克用攻杀昭义军节度使孟方立，昭义军，治邢州，如今河北邢台市。并邢、洺、如今河北的永年县。磁如今河北的磁县。三州，又北取云州。朱全忠和河北三镇，都请出兵攻他。昭宗想借此除掉李克用，也就出兵征讨。谁知道全忠和三镇的兵都不出，官军被克用杀得大败。只得把宰相崔濬贬谪，和他讲和。僖宗回京之后，李昌符又作乱，遣李茂贞讨平之，就以茂贞为凤翔节度使。昭宗不要杨复恭带禁军，叫他去做凤翔监军。复恭走到兴元，造反。茂贞又讨平之，于是骄恣得了不得。前一〇二〇年（892年），昭宗发禁兵讨李茂贞，茂贞和邠宁节度使王行瑜，合兵拒命，把官军杀得大败。只得把事情都推在宰相杜让能身上，把他杀掉，和他们讲和，于是朝廷一举一动，都为行瑜、茂贞所制。还有镇国军治华州，如今陕西的华县。韩建，也和他俩结为一党。前一〇一七年（895年），三人一同入朝，竟把宰相韦昭度、李溪杀掉。听得李克用要举兵来讨，才各自还镇。而李茂贞的干儿子李继鹏，做了右军指挥使，又举兵作乱。昭宗逃到石门。镇名，在如今陕西的蓝田县。幸得李克用举兵，讨斩王行瑜，昭宗才得回京。前一〇一六年（896年），昭宗置殿后四军，派诸王统带。李茂贞本是和宦官一气的，就举兵犯阙。昭宗逃到华州。韩建也和宦官结连，把诸王一齐杀掉。李克用又派兵入援，才把昭宗送还。昭宗回京后，仍和宰相崔胤，谋诛宦官。前一〇一二年（900年），中尉刘继述，就把昭宗囚了起来。立太子裕为帝。崔胤密结神策指挥使孙德昭，杀掉刘继述，奉昭宗复位。然而兵权毕竟还在宦官之手，于是乎不得不借助于朱全忠。

朱全忠，本名温，华州人，是黄巢手下的降将，唐朝用他做宣武节度使。治汴州，如今河南的开封市。这时候，黄巢虽灭，而秦宗权又强。如今的河南山东，给他剽掠得几乎没一片干净土。屡次发兵攻击朱全忠，全忠居围城之中，四无应援，而"勇气弥厉"。后来到底把秦宗权灭掉。又东灭朱瑄朱瑾，朱瑄据兖州（如今山东的南阳县），军名泰宁。朱瑾据郓州（如今山东的东阿县），军名天平。南并时溥，据徐州。北服河北三镇。西并河中，取义武，治定州，如今河北定州市。夺据邢、洺、磁三州。连年攻围太原，李克用也弄得自顾不暇。北方的形势，就推全忠独强了。

崔胤要谋诛宦官，宦官挟李茂贞以自重；崔胤就密召朱全忠的兵。前一〇一一年（901年），宦官韩全诲等，见事机已急，就劫昭宗走凤翔。这时候，韩建已降顺了朱全忠。前一〇一〇年（902年），朱全忠进兵围凤翔。明年，李茂贞抵敌不住，杀掉韩全诲等，把昭宗送到朱全忠营里。于是大杀宦官。回京城后，又杀掉八百多人。前一〇〇八年（904年），朱全忠把昭宗迁到洛阳。就是这一年，把昭宗弑杀，立了昭宣帝。前一〇〇五年（907年），就禅位于梁。

这时候，方镇割据的，便有：

淮南杨行密唐朝的庐州刺史。前一〇二六年（886年），淮南节度使高骈，给他手下的将毕师铎囚了起来。招宣州观察使秦彦到扬州，把高骈杀掉。行密讨诛秦彦和毕师铎，据了广陵。旋秦宗权的将孙儒来攻，兵力甚厚。行密不能抵御，逃回庐州，又逃到宣州。孙儒发大兵把他围起。幸得孙儒军中大疫，行密趁此把他击斩。仍据广陵，尽有淮南之地。行密死后，子渥，又尽取江西。

两浙钱镠唐朝的杭州刺史。昭宗时，越州观察使董昌造反，钱镠讨灭他。前一〇一六年（896年），就做了镇海镇东两节度，尽有浙东西之地。

湖南马殷孙儒的禅将。孙儒死后，和刘建锋逃到湖南，攻陷潭州。前一〇一七年（895年），刘建锋给手下的人杀掉，推马殷为主，尽据湖南地方。

福建王审知固始县人，哥哥王潮，做本县的县佐。寿州人王绪造反。攻破固始，用王潮做军正。这时候，秦宗权方强，问王绪要租税。王绪就带兵渡江，南入福建，据了汀（如今福建的长汀县）、漳（如今福建的龙溪县）两郡。王绪暴虐，给手下人杀掉，推潮为主。进据泉州（如今福建的晋江市）。前一〇一九年（893年），福建观察使陈岩死了，王潮就进据福州。前一〇一五年（897年），王潮死后，王审知接续下去。

岭南刘岩刘岩的哥哥刘隐，前一〇〇七年（905年），做唐朝的岭南节度使。刘隐死后，刘岩接续下去。

剑南王建王建是田令孜的养子，本来在神策军里。僖宗入蜀之后，田令孜用他做利州刺史（如今四川的广元市）。后来和田令孜陈敬瑄翻脸，前一〇一九年（893年），把成都攻破，敬瑄和令孜都被杀。前一〇一五年（897年），又攻杀东川节度使顾彦晖，就尽并两川之地。

还有个虎踞河东的李克用。就变做五代十国之世了。

（本文节选自《白话本国史》第三篇近古史上）

隋·唐·五代十国大事年表

★编者按：为了让读者在看书时有比较清晰的线索，我们在正文中曾陆续插入过一些隋唐年表。现整理一份更为详尽的隋、唐和五代十国时期的年表附于书后，供读者查阅。

581 隋文帝开皇元年
二月，杨坚称帝，是为隋文帝，国号"隋"，建都长安。
铸五铢钱，统一钱币；
颁行《开皇律》。

582 隋文帝开皇二年
于长安故城东南营建新都大兴城；
颁布均田制、租庸调令。

583 隋文帝开皇三年
迁都大兴城。
隋军击败突厥，突厥分裂为东、西两部分。
废郡制，行州县二级制。

584 隋文帝开皇四年
开凿广通渠。

585 隋文帝开皇五年
下令诸州设置社仓。
东突厥沙钵略可汗称臣于隋，南迁入塞。

588 隋文帝开皇八年
十一月，以晋王杨广为统帅伐陈。

589 隋文帝开皇九年
正月，隋军攻克建康，俘陈后主叔宝，陈朝亡。
废行台，置并、扬、益、荆四总管府。

590 隋文帝开皇十年
诏府兵入州县户籍，规定丁男年满五十，免役收庸。

599 隋文帝开皇十九年
东突厥突利可汗内附，隋称其为启民可汗，筑大利城安置其部落。

600 隋文帝开皇二十年
废太子杨勇，改立杨广为太子。
日本使者小野妹子抵隋。

604 隋文帝仁寿四年
七月，隋文帝去世，太子杨广即位，是为隋炀帝。
除妇人、奴婢、部曲之课。

605 隋炀帝大业元年
营建东都，开凿通济渠，疏通邗沟。

606 隋炀帝大业二年
迁都洛阳。

607 隋炀帝大业三年
遣羽骑尉朱宽、海师何蛮出使流求。
颁布《大业律》；
改州为郡，改部分台、省、府、寺的官名。
隋炀帝北巡至榆林，启民可汗亦来榆林朝拜。

608 隋炀帝大业四年
开凿永济渠。

609 隋炀帝大业五年
隋炀帝亲征吐谷浑，置西海、河源、鄯善、且末四郡。
伊吾吐屯设内附隋朝，以其地置伊吾郡；
高昌王麹伯雅见隋炀帝于张掖。
全国郡190，县1255，户890余万，人口4600余万。

611 隋炀帝大业七年
隋炀帝将攻高句丽，集百万大军于涿郡，又强征百万民夫运粮械。
山东邹平人王薄于长白山起义，刘霸道、孙安祖、窦建德、张金称、高士达、翟让、杜伏威等相继起义，隋末农民起义大爆发。

612 隋炀帝大业八年
二月，隋炀帝亲渡辽水，一征高句丽；
七月，隋军战败，撤兵。

613 隋炀帝大业九年
四月，隋炀帝二征高句丽，围辽东城，不下；
六月，杨玄感于黎阳起兵，围逼东都，隋炀帝被迫从高句丽撤兵；
八月，杨玄感兵败被杀。

614	**隋炀帝大业十年** 隋炀帝三征高句丽，高句丽遣使请和，隋军撤兵。
615	**隋炀帝大业十一年** 八月，炀帝北巡，被东突厥始毕可汗围困于雁门； 九月，解围，还东都。
616	**隋炀帝大业十二年** 隋炀帝巡幸江都宫，派越王杨侗等留守洛阳。 李密加入瓦岗军，瓦岗军于荥阳大败隋将张须陀。
617	**隋炀帝大业十三年** 翟让推李密为魏公，瓦岗军据洛口； 四月，瓦岗军进逼东都，与王世充相持。 五月，李渊于晋阳起事；七月，进军关中；十一月，攻占长安，立代王杨侑为帝，称"隋恭帝"。
618	**唐高祖武德元年** 三月，江都兵变，宇文化及杀隋炀帝，立秦王杨浩为帝，率军西归。 五月，李渊废隋恭帝杨侑，登基称帝，国号"唐"，是为唐高祖，隋朝亡。 东都群臣立越王杨侗，改元"皇泰"，史称"皇泰主"。 九月，李密为王世充所败，降唐。 宇文化及杀杨浩，称帝于魏县，国号"许"。 十一月，窦建德称帝，国号"夏"，定都乐寿。
619	**唐高祖武德二年** 二月，初定租庸调法。 四月，王世充废皇泰主，称帝，国号"郑"。
621	**唐高祖武德四年** 七月，窦建德败于李世民，被杀于长安，其部将刘黑闼复起义于河北。
623	**唐高祖武德六年** 正月，刘黑闼兵败被杀。 三月，唐朝廷下诏分天下民户为上、中、下三等。 八月，杜伏威余部在辅公祏率领下起义，国号"宋"，定都丹阳。
624	**唐高祖武德七年** 四月，唐颁行《武德律》及均田、租庸调法。

626	**唐高祖武德九年** 六月，李世民发动玄武门政变，杀太子李建成及齐王李元吉。 八月，李世民即位，是为唐太宗。 东突厥逼近长安，唐太宗亲临渭水，与颉利可汗结便桥之盟，突厥退兵。
627	**唐太宗贞观元年** 分全国为十道。
628	**唐太宗贞观二年** 诏各地置义仓。
629	**唐太宗贞观三年** 松赞干布即吐蕃赞普位。 薛延陀首领夷男受唐封为"真珠毗伽可汗"，建汗庭于漠北。
630	**唐太宗贞观四年** 李靖率军大败颉利可汗，东突厥灭亡。 日本首批遣唐使抵唐。
635	**唐太宗贞观九年** 各乡置乡长，诏天下民户分为九等。 李靖大破吐谷浑，其主慕容伏允及子先后被杀，唐立伏允孙诺曷钵为可汗。 东突厥遗民阿史那社尔归附唐朝。
636	**唐太宗贞观十年** 府兵军府改名"折冲府"，以折冲都尉为长官，果毅都尉为副。
637	**唐太宗贞观十一年** 颁布《贞观律令》。
638	**唐太宗贞观十二年** 高士廉等人撰成《氏族志》。
640	**唐太宗贞观十四年** 八月，侯君集攻克高昌，唐以其地置西州； 九月，置安西都护府于交河城，置庭州于可汗浮图城。
641	**唐太宗贞观十五年** 文成公主入吐蕃，与松赞干布和亲。
642	**唐太宗贞观十六年** 魏王李泰等人撰成《括地志》。
645	**唐太宗贞观十九年** 玄奘取经归国，抵达长安。 唐太宗派兵征辽东，无功而还。 铁勒九姓大首领率众降唐。
647	**唐太宗贞观二十一年** 置羁縻州府于铁勒诸部。

648	**唐太宗贞观二十二年** 黠戛斯族内附，唐置坚昆都督府。 唐赴天竺使者王玄策俘摩揭陀国王阿罗那顺归来。 契丹内附，唐置松漠都督府。 奚族内附，唐置饶乐都督府。 阿史那社尔平龟兹，唐始置安西四镇。	668	**唐高宗总章元年** 高丽内乱，唐朝趁机派李勣等灭之，俘其王高藏，以其地置安东都护府。
649	**唐太宗贞观二十三年** 五月，唐太宗去世； 六月，太子李治即位，是为唐高宗。	670	**唐高宗咸亨元年** 吐蕃陷龟兹拨换城，唐废安西四镇。
650	**唐高宗永徽元年** 蒙舍诏首领细奴逻建大蒙国，自称奇嘉王，遣使入贡于唐。	671	**唐高宗咸亨二年** 义净自广州浮海赴天竺学佛学。
651	**唐高宗永徽二年** 瑶池都督阿史那贺鲁叛唐，统领西突厥十姓之地。 大食国第三任哈里发奥斯曼遣使来唐，唐与大食的官方联系自此开始。 颁行《永徽律》。	679	**唐高宗调露元年** 裴行俭平西突厥阿史那匐延都支，重建安西四镇，以碎叶代焉耆者。
653	**唐高宗永徽四年** 长孙无忌等撰修《律疏》完成。 睦州女子陈硕真起义，自称"文佳皇帝"，乃中国第一位民间女皇帝，不久失败。	682	**唐高宗永淳元年** 后突厥骨咄禄崛起，回纥受其压迫，西徙甘、凉二州之间。
655	**唐高宗永徽六年** 废王皇后，立武则天为皇后。	683	**唐高宗弘道元年** 唐高宗去世，太子李显即位，是为唐中宗，实际政权由武则天掌握。
656	**唐高宗显庆元年** 《五代史志》（即《隋书》诸志）修成。	684	**唐中宗嗣圣元年** 二月，武则天废唐中宗，立其弟李旦为帝，是为唐睿宗。 九月，徐敬业于扬州起兵反武则天，三个月后兵败被杀。
657	**唐高宗显庆二年** 苏定万率军擒获阿史那贺鲁，西突厥灭亡，唐以其地分置崑陵、濛池二都护府，并隶安西都护。	686	**武则天垂拱二年** 唐军为吐蕃所败，安西四镇再度失守。
659	**唐高宗显庆四年** 改《氏族志》为《姓氏录》，列皇后四家为第一等； 颁布《新修本草》，为世界上第一部官修药典。	687	**武则天垂拱三年** 唐朝大将黑齿常之于黄花堆击败后突厥骨咄禄。
660	**唐高宗显庆五年** 苏定方破百济，擒其王。	690	**周武则天天授元年** 武则天废唐睿宗，称帝，改国号为"周"。
661	**唐高宗龙朔元年** 以萨珊朝波斯王子卑路斯为波斯都督府都督。	692	**周武则天长寿元年** 遣王孝杰等大破吐蕃，夺回安西四镇。
663	**唐高宗龙朔三年** 吐谷浑为吐蕃所破，其可汗诺曷钵率众归附唐朝，居于凉州。	694	**周武则天延载元年** 波斯人佛多诞将摩尼教传入唐朝。
		696	**周武则天万岁通天元年** 契丹人李尽忠与孙万荣等叛唐，陷营州，攻略河北诸州； 唐诏山东近边诸州置武骑团兵，以御契丹。
		698	**周武则天圣历元年** 置武骑团兵于河南、河北，以抗突厥靺鞨部首领大祚荣建震国。
		699	**周武则天圣历二年** 突骑施首领乌质勒遣子朝唐。
		702	**周武则天长安二年** 科举中始置武举。 分安西都护府天山以北之地为北庭都护府，治所庭州，辖西突厥十姓部落。

705	**唐中宗神龙元年** 正月，张柬之、崔玄暐等人发动政变，杀张易之、张昌宗兄弟，逼武则天退位，复立唐中宗李显； 二月，恢复国号"唐"。
706	**唐中宗神龙二年** 唐与吐蕃首次会盟。
707	**唐中宗神龙三年** 七月，太子李重俊发动政变，失败被杀。
709	**唐中宗景龙三年** 金城公主嫁于吐蕃赞普弃隶缩赞和亲。
710	**唐中宗景龙四年** 六月，唐中宗去世，韦后临朝，立李重茂为帝。 唐睿宗之子李隆基与太平公主发动政变，杀韦后及安乐公主，逼重茂逊位，拥立唐睿宗。 刘知几撰成《史通》。
712	**唐玄宗先天元年** 八月，唐睿宗禅位，皇太子李隆基即位，是为唐玄宗。
713	**唐玄宗开元元年** 太平公主密谋政变失败，被赐死。 以河北诸州刺史统领团结兵。 以靺鞨大祚荣部为忽汗州，大祚荣为都督，封渤海郡王，其地始专称"渤海"。
721	**唐玄宗开元九年** 令监察御史宇文融主持括户（清查逃匿人口）。
722	**唐玄宗开元十年** 吐蕃夺小勃律九城，小勃律首领没谨忙联合唐军大破吐蕃，唐封其为小勃律王。
723	**唐玄宗开元十一年** 采纳张说建议，募兵宿卫，号长从宿卫；改政事堂名为"中书门下"，置堂后五房。
724	**唐玄宗开元十二年** 僧一行制成铜黄道游仪。
725	**唐玄宗开元十三年** "长从宿卫"改称"彍骑"。 僧一行与梁令瓒制成铜铸水运浑仪，南宫说等人以一行之术实测子午线1°之长。
733	**唐玄宗开元二十一年** 改全国十道为十五道，各道设采访处置使。
734	**唐玄宗开元二十二年** 以裴耀卿为江淮、河南都转运使，于运河沿线置仓，分段转运江淮仓米。 唐与吐蕃会盟于赤岭，各竖界碑。
737	**唐玄宗开元二十五年** 定令1546条，共27篇、30卷，是为《开元二十五年令》。
738	**唐玄宗开元二十六年** 封南诏皮罗阁为云南王，赐姓名为"蒙归义" 《唐六典》成书。
742	**唐玄宗天宝元年** 全国兵数为57.4万名，边兵占49万。
744	**唐玄宗天宝三载** 葛逻禄、回纥两部击败拔悉密部颉跌伊施可汗，回纥部骨力裴罗自称"骨咄禄毗伽阙可汗"。
745	**唐玄宗天宝四载** 回纥灭后突厥。 玄宗下诏改波斯（景教）寺为大秦寺。
746	**唐玄宗天宝五载** 封回纥骨力裴罗为奉义王、怀仁可汗。
747	**唐玄宗天宝六载** 八月，安西四镇节度副使高仙芝破小勃律。
749	**唐玄宗天宝八载** 诏停折冲府上下鱼书，正式废除府兵制。 陇右节度使哥舒翰攻拔吐蕃石堡城。
750	**唐玄宗天宝九载** 安禄山身兼范阳、平卢、河东三节度使。 安西节度使高仙芝袭破石国。 南诏背唐，依附吐蕃。
751	**唐玄宗天宝十载** 安西节度使高仙芝与大食（阿拉伯）战于怛罗斯，兵败。
753	**唐玄宗天宝十二载** 十二月，鉴真抵日本。
754	**唐玄宗天宝十三载** 宰相杨国忠征兵全国，令剑南留后李宓进攻南诏，进至太和城，全军覆灭。 是岁，全国户9069154，为唐朝之盛。
755	**唐玄宗天宝十四载** 十一月，安史之乱爆发，朝廷诏令军事要冲置防御使。 十二月，叛军陷洛阳，唐监军边令诚奉诏杀封常清、高仙芝二将于军中。 吐蕃赞普弃松德赞即位。
756	**唐肃宗至德元载** 正月，安禄山称帝于洛阳，国号燕； 六月，叛军陷潼关；唐玄宗奔蜀，至马嵬驿，军士哗变，杀杨国忠，缢杨贵妃；太子李亨走灵武；叛军陷长安； 七月，李亨于灵武即位，是为唐肃宗。

757	**唐肃宗至德二载** 正月，安禄山为其子安庆绪所杀； 九月，唐军与回纥军收复长安； 十月，唐军攻克洛阳，安庆绪逃往邺郡。 置左右神武军，至此北衙始有六军。	**781**	**唐德宗建中二年** 正月，成德李惟岳、淄青李正己、魏博田悦三镇叛唐； 二月，山南东道梁崇义亦叛； 六月，朝廷令淮西节度使李希烈讨梁崇义。
758	**唐肃宗乾元元年** 唐以鱼朝恩为观军容使，总监郭子仪等九节度使大军数十万围安庆绪于相州（邺郡）。 置度支、盐铁、都团练使； 废采访使，更置观察使。	**791**	**唐德宗贞元七年** 吐蕃攻占西州。
		794	**唐德宗贞元十年** 阁罗凤之孙异牟寻与吐蕃绝，联合唐军击败吐蕃，受唐封为南诏王。
759	**唐肃宗乾元二年** 三月，史思明增援安庆绪，败九节度使兵于邺城，旋杀安庆绪，还范阳； 四月，史思明自称"大燕皇帝"； 九月，史思明攻占洛阳。	**796**	**唐德宗贞元十二年** 六月，置左右神策军护军中尉，以宦官为之。
761	**唐肃宗上元二年** 三月，史思明为其子史朝义所杀。	**801**	**唐德宗贞元十七年** 贾耽绘《海内华夷图》，撰《古今郡国县道四夷述》； 杜佑撰成《通典》。
762	**唐代宗宝应元年** 四月，唐玄宗去世，张皇后谋立越王李系，宦官李辅国、程元振幽禁张皇后，杀越王李系；唐肃宗受惊而亡，李辅国等人拥立太子李豫，是为唐代宗。 八月，浙东袁晁起义。	**804**	**唐德宗贞元二十年** 日本学问僧空海抵达长安留学。
		805	**唐顺宗永贞元年** 正月，唐德宗去世，太子李诵继立，是为唐顺宗；任用王叔文进行时政改革； 八月，宦官俱文珍、节度使韦皋等逼唐顺宗让位于太子李纯，是为唐宪宗，史称"永贞内禅"； "二王八司马"被贬，永贞革新失败。
763	**唐代宗广德元年** 正月，史朝义自缢，余党降唐，安史之乱结束。 十月，吐蕃攻占长安十余日，唐代宗奔陕州； 十二月，唐代宗返长安，神策军扈从，入为禁军。		
		807	**唐宪宗元和二年** 李吉甫撰成《元和国计簿》。
764	**唐代宗广德二年** 吐蕃取凉州。	**808**	**唐宪宗元和三年** 牛僧孺、李宗闵等应试"贤良方正直言极谏科"，指陈时政，遭宰相李吉甫厌恶，开启"牛李党争"之端。 沙陀人朱邪尽忠背吐蕃附唐，中途被杀，子执宜率余众至灵州，唐置其于盐州，以执宜为阴山都督府兵马使。
766	**唐代宗大历元年** 吐蕃取甘州、肃州，唐河西节度使徙治凉州。 南诏王阁罗凤立《南诏德化碑》于其都太和城。		
776	**唐代宗大历十一年** 吐蕃取瓜州。	**812**	**唐宪宗元和七年** 魏博节度使田季安卒，军中拥立牙内兵马使田兴继任节度使，田兴归命于朝廷。
779	**唐代宗大历十四年** 五月，唐代宗去世，太子李适即位，是为唐德宗。	**813**	**唐宪宗元和八年** 李吉甫撰成《元和郡县图志》。
		814	**唐宪宗元和九年** 淮西节度使吴少阳卒，其子吴元济自领军务，割据一方，唐发诸道兵讨之。
780	**唐德宗建中元年** 正月，废租庸调制，行两税法，时全国土户（主户）180万，客户130万。	**815**	**唐宪宗元和十年** 裴度为相，继续讨伐淮西。

817	**唐宪宗元和十二年** 九月，随邓节度使李愬雪夜袭蔡州，擒吴元济，淮西平。
818	**唐宪宗元和十三年** 发五道兵讨淄青李师道。
819	**唐宪宗元和十四年** 淄青平定，成德、卢龙两镇节度使自请入朝，藩镇割据局面暂时平定。
820	**唐宪宗元和十五年** 正月，唐宪宗为宦官陈弘志等所杀，其子李恒即位，是为唐穆宗。
821	**唐穆宗长庆元年** 卢龙、成德二镇复叛。
822	**唐穆宗长庆二年** 魏博镇叛，河北三镇又恢复独立状态。
823	**唐穆宗长庆三年** 唐与吐蕃会盟碑立。
824	**唐穆宗长庆四年** 正月，唐穆宗去世，其子李湛即位，是为唐敬宗。
826	**唐敬宗宝历二年** 十月，唐敬宗为宦官刘克明等所杀，其弟李昂即位，是为唐文宗。
829	**唐文宗大和三年** 南诏攻占成都，掠男女工匠数万而去。
835	**唐文宗大和九年** 十一月，唐文宗与李训、郑注等发动"甘露之变"失败，宦官大杀朝臣。
838	**唐文宗开成三年** 日僧圆仁来唐求法。
840	**唐文宗开成五年** 正月，唐文宗去世，其弟李炎即位，是为唐武宗。 回鹘为黠戛斯所灭，回鹘族人被迫迁徙：其西迁葛逻禄者与邻近部落建立哈剌汗国；西南迁西州、龟兹者称西州或高昌回鹘；西迁甘州者称甘州回鹘；亦有南迁入唐朝及吐蕃者。
844	**唐武宗会昌四年** 平定泽潞刘稹叛乱，史称"会昌伐叛"。
845	**唐武宗会昌五年** 唐武宗下令废佛，同时罢萨宝府、禁毁祆教、景教、摩尼教祠寺，僧徒并令还俗，史称"会昌废佛"。
846	**唐武宗会昌六年** 三月，唐武宗去世，皇叔李忱立，是为唐宣宗。 李德裕罢相，李宗闵去世，牛李党争结束。
848	**唐宣宗大中二年** 张义潮率沙州人民起义，逐吐蕃守将，遣使上表唐朝廷。
851	**唐宣宗大中五年** 八月，张义潮兄张议潭入朝，献沙、瓜等十一州图籍；唐宣宗令张义潮为归义军节度使。
859	**唐宣宗大中十三年** 八月，唐宣宗去世，其子李漼即位，是为唐懿宗。 十二月，浙东裘甫起义，占领象山。
860	**唐懿宗咸通元年** 二月，裘甫攻占剡县，自称"天下都知兵马使"，改元"罗平"，铸印"天平"； 八月，唐军击败起义军，裘甫被杀。
863	**唐懿宗咸通四年** 南诏攻占交趾。
868	**唐懿宗咸通九年** 七月，徐州戍卒庞勋等人于桂州起义，卷旗北归； 十月，庞勋攻占徐州。 王阶刻印《金刚经》，为现存所标年代最早的雕版印刷品。
869	**唐懿宗咸通十年** 九月，庞勋战死，起义失败。
873	**唐懿宗咸通十四年** 七月，唐懿宗去世，其子李儇即位，是为唐僖宗。
875	**唐僖宗乾符二年** 年初，王仙芝与尚让等于长垣起义，王仙芝自称"天补平均大将军兼海内诸豪都统"； 五月，黄巢起义，以响应王仙芝。
876	**唐僖宗乾符三年** 王仙芝、黄巢发生分歧，各自为战。
878	**唐僖宗乾符五年** 二月，王仙芝战死于黄梅，尚让率余众与黄巢会合，推黄巢为首领，号"冲天大将军"； 不久，义军于洛阳受阻，遂挥师南下，由浙趋闽。
879	**唐僖宗乾符六年** 九月，黄巢攻占广州；冬，义军大举北伐。

880	**唐僖宗广明元年** 十一月，义军攻克东都； 十二月，唐僖宗与宦官田令孜等奔蜀，义军入长安，黄巢称帝，国号"大齐"。 沙陀部李克用兵逼晋阳，为唐军所败，与其父李国昌逃入鞑靼。	901	**唐昭宗天复元年** 正月，唐昭宗复位，杀刘季述等； 二月，封朱温为梁王； 冬，宰相崔胤召朱温入关，谋诛宦官，宦官劫唐昭宗走凤翔，依附李茂贞，朱温兵围凤翔。
881	**唐僖宗中和元年** 唐赦免李国昌、李克用之罪，用以镇压义军。 僖宗逃至成都，田令孜总领禁军，遂专制朝政。	902	**唐昭宗天复二年** 唐封钱镠为越王，封杨行密为吴王。 南诏权臣郑买嗣杀其王舜化真，建大长和国，蒙氏南诏灭亡。
883	**唐僖宗中和三年** 四月，黄巢放弃长安东撤。 李克用任河东节度使，自此据太原；黄巢部将朱温降唐，任宣武军节度使，自此据汴州。	903	**唐昭宗天复三年** 李茂贞被迫送唐昭宗出凤翔，朱温拥其还京，废神策军中尉，以朝臣为枢密使。 唐封王建为蜀王。
884	**唐僖宗中和四年** 六月，黄巢战死于狼虎谷，起义失败。 蔡州节度使秦宗权称帝，遣军四出攻略。	904	**唐昭宗天复四年** 正月，朱温逼唐昭宗迁都于洛阳； 八月，朱温派人暗杀唐昭宗，立其子李柷，是为唐哀帝。
885	**唐僖宗光启元年** 唐僖宗返京，李克用、王重荣攻逼长安，唐僖宗再奔凤翔。	905	**唐哀帝天祐二年** 唐以刘隐为清海军节度使。 朱温贬逐朝臣，于白马驿害被贬朝官30余人，投尸于河，史称"白马驿之祸"。 杨行密卒，其子杨渥立，军政大权旁落大将徐温、张颢之手。
887	**唐僖宗光启三年** 淮南军乱，节度使高骈被杀，杨行密自立为留后； 河中军乱，节度使王重荣被杀。	907	**后梁开平元年** 四月，朱温逼唐哀帝禅让，自即帝位，改名朱晃，是为后梁太祖，改国号为"大梁"，史称"后梁"，定都开封，唐朝亡。 后梁封马殷为楚王，钱镠为吴越王，任高季兴为荆南节度使。 契丹耶律阿保机统一八部。 王建称帝，国号"蜀"，史称"前蜀"。
888	**唐僖宗文德元年** 三月，唐僖宗去世，其弟李晔即位，是为唐昭宗。		
891	**唐昭宗大顺二年** 王建攻占成都，据有西川。	909	**后梁开平三年** 后梁迁都洛阳，封王审知为闽王。
892	**唐昭宗景福元年** 唐以杨行密为淮南节度使。	912	**后梁乾化二年** 六月，朱温次子朱友珪杀父自立。
893	**唐昭宗景福二年** 唐以钱镠为镇海军节度使。 王潮攻占闽五州之地。	913	**后梁乾化三年** 二月，朱温第三子朱友贞发动政变即位，是为后梁末帝，复都开封。
896	**唐昭宗乾宁三年** 唐以马殷为湖南节度使。 李茂贞攻长安，唐昭宗奔华州，依附韩建。	916	**后梁贞明二年** 契丹首领耶律阿保机称帝，是为辽太祖耶律亿，建契丹国。
898	**唐昭宗光化元年** 唐昭宗还长安。	918	**后梁贞明四年** 刘岩改国号为"汉"，史称"南汉"。
900	**唐昭宗光化三年** 十一月，神策中尉刘季述、王仲先等废唐昭宗，立其子李裕。	920	**后梁贞明六年/契丹神册五年** 后梁陈州人毋乙、董乙起义，数月后失败。 辽太祖颁行契丹文字。

921	**契丹神册六年** 五月，辽太祖定法律，正班爵。
923	**后唐同光元年** 晋王李存勖于魏州称帝，是为后唐庄宗，国号"唐"，史称"后唐"。 十月，后唐庄宗攻入开封，后梁末帝自杀，后梁亡。 冬，后唐定都洛阳。
925	**后唐同光三年** 后唐灭前蜀，以孟知祥为西川节度使。
926	**后唐同光四年/契丹天显元年** 正月，孟知祥入成都。 十月，王延翰称王，建闽，仍称臣于后唐 渤海为契丹所灭。 七月，辽太祖死，次子耶律德光即位，是为辽太宗。
930	**后唐长兴元年** 后唐并盐铁、户部、度支三使为三司使一职。
932	**后唐长兴三年** 后唐令国子监依西京石经本校定九经，雕版印制，官府大规模刻书自此始。
934	**后唐应顺元年** 孟知祥称帝，国号"蜀"，史称"后蜀"，国都成都。
936	**后唐清泰三年** 夏，河东节度使石敬瑭上表，以幽蓟十六州为代价，换取契丹援助，叛后唐； 九月，契丹军南下，大败后唐军； 十一月，辽太宗册封石敬瑭为帝，是为后晋高祖，国号"晋"，史称"后晋"； 闰十一月，石敬瑭攻入洛阳，后唐末帝李从珂自杀，后唐灭亡。
937	**后晋天福二年** 后晋迁都开封。 徐知诰废吴帝杨溥，自即帝位，国号"大齐"。
938	**后晋天福三年** 徐知诰改名李昪，改国号为"唐"，史称"南唐"。 后晋高祖割燕云十六州与契丹。
942	**后晋天福七年** 后晋高祖卒，其侄石重贵即位，史称"出帝"或"少帝"。
945	**后晋开运二年** 南唐灭闽。
946	**后晋开运三年** 十二月，辽兵攻下开封，俘后晋帝石重贵北迁，后晋灭亡。
947	**后晋开运四年/辽天禄元年** 正月，辽太宗耶律德光入汴京，改国号"辽"。 二月，河东节度使刘知远于太原称帝。 四月，辽太宗北返，至栾城卒，其长兄耶律倍之子耶律阮即位，是为辽世宗。 六月，刘知远复都开封，国号"汉"，史称"后汉"。
948	**后汉乾祐元年** 正月，后汉高祖刘知远卒，其子刘承祐即位，是为后汉隐帝。
950	**后汉乾祐三年** 郭威自邺城起兵，攻入开封，后汉隐帝被杀，后汉灭亡。
951	**后周广顺元年** 正月，郭威于开封称帝，是为后周太祖，国号"周"，史称"后周"。 刘知远弟刘崇于太原称帝，改名刘旻，国号"汉"，史称"北汉"。 南唐灭楚。
954	**后周显德元年** 正月，后周太祖郭威卒，养子柴荣即位，是为后周世宗； 十月，周世宗大阅禁军，置殿前军，以殿前都点检、副都点检统之。
955	**后周显德二年** 周世宗下令废佛寺三万余所，僧尼括为编户，销铜佛像，铸为钱币。 后周败后蜀，得秦、阶、成、凤四州。
957	**后周显德四年** 周世宗令大臣汇编律令为《大周刑统》。
958	**后周显德五年** 南唐国主李璟献江北、淮南十四州于后周，称臣，去年号。
959	**周显德六年** 周世宗趁辽内乱，亲征，取瀛、莫、易三州及瓦桥、益津、淤口三关； 周世宗卒于北征途中，其子柴宗训即位，是为后周恭帝。
960	**后周显德七年** 正月，陈桥兵变，拥立殿前都点检赵匡胤称帝，是为宋太祖，改国号为"宋"，废恭帝，后周灭亡。